Schelbert/Müller · Schlittenhunde

Heidi Schelbert
Ernst Müller

Schlittenhunde

Eine Rasse für Mensch und Sport

Mit 32 farbigen Abbildungen
Zeichnungen von Béatrice Schmidlin

Müller Rüschlikon Verlags AG, CH-Cham / Zug

ISBN 3-275-00992-3

2. Auflage 1993
Copyright © 1990 by Müller Rüschlikon Verlags AG, Gewerbe-
strasse 10, CH-6330 Cham

Satz: Franz X. Stückle, Druck und Verlag, D-77955 Ettenheim
Druck und Bindung: Dr. Cantz'sche Druckerei, D-73760 Ostfildern
Printed in Germany

Inhalt

Vorwort

Auslöser für das vorliegende Buch war eine Anfrage des Albert Müller Verlags, die nach einem Zeitungsaufsatz über das Husky Mountaineering im Frühling 1988 auf mein Pult flatterte. Die Idee lockte: Für einmal keine kühl abgewogene, wissenschaftliche Abhandlung über wirtschaftliche Zusammenhänge verfassen, sondern bewußt Partei ergreifen und eine feurige Liebeserklärung an den Siberian Husky schreiben. Es war mir sofort klar, daß ich das Projekt nicht alleine zu einem guten Ende bringen konnte. Ernst Müller, einer der Pioniere des Schlittenhundesports in der Schweiz und langjähriger erfolgreicher Musher mit zahlreichen Europa- und Schweizermeistertiteln und unzähligen Siegen und guten Plazierungen an weiteren internationalen Rennen, ließ sich als Mitautor gewinnen. Es freut mich ganz besonders, daß Ernst bereit war, sich am Buchprojekt zu beteiligen, denn er hat mir seinerzeit die Türe zur Husky-Welt geöffnet: Albin und ich standen im Frühling 1981 als blutige Hundeneulinge im Klondike Zwinger und wurden nach eingehender Prüfung für ausreichend qualifiziert und motiviert befunden, um mit Nome und Polar unser erstes eigenes Rudel zu gründen.

Die Arbeitsteilung für das Buch ergab sich zwanglos. Ernst Müller verfaßte die Kapitel vier bis sechs über Ausrüstung, Training und Rennen sowie das letzte Kapitel mit dem Ausblick zur weiteren Entwicklung des Schlittenhundesports. Außerdem stellte er das ausführliche Sachwortverzeichnis zusammen, um den Nichtspezialisten die Übersicht zu erleichtern. In diesen Teilen kommen die große Erfahrung und das breite Wissen des kompetenten Fachmanns voll zum Zuge. Wir wollten aber kein reines Fachbuch schreiben, sondern dem Leser und der Leserin auch einen Eindruck vermitteln von der Faszination Schlittenhund und ihnen die liebenswürdigen, begeisterungsfähigen, anhänglichen und trotzdem eigenwilligen Kraftbündel näher bringen. Dazu dienen die Erzählungen über spannende, schöne, aufregende, lustige und harte Erlebnisse. Ich habe die Erfahrung mit unserem Rudel in den Kapiteln eins, zwei und drei beschrieben und dabei Fehler und Mißgeschicke keineswegs verschwiegen; denn gerade Hundeneulinge können von den Fehlern der anderen viel lernen. Außerdem habe ich das Trainings- und das Rennkapitel mit meinen Pulkaerlebnissen ergänzt.

Husky Mountaineering ist etwas ganz besonderes: Alpinisten ohne Hundeverstand sind dabei genau so aufgeschmissen wie Hundeliebhaber ohne alpine Kenntnisse. Albin und ich verfügen über eine reiche Bergerfahrung und unser tolles Team hat uns mit großem Einsatz und unermüdlicher Begeisterung unterstützt. Trotzdem liegt eine anstrengende Lehrzeit hinter uns und einige heikle Situationen haben unsere Hunde und wir nur mit etwas Glück glimpflich überstanden. Die Kapitel sieben und acht schildern die Freuden, aber auch die Mühen von winterlichen Hochtouren mit Schlitten und Pulka. Sie enthalten zahlreiche Tips zur Routenwahl, zur gebirgstauglichen Ausrüstung und zur besten Vorbereitung von Mensch und Hund. Ich habe versucht jene Dinge, die Albin und ich auf dem harten Weg gelernt haben, an die zukünftigen Liebhaber des Husky Mountaineering weiter zu geben, während Ernst Müller ein Stimmungsbild vom Juratrekking beigesteuert hat.

Bei der Entstehung des Buches haben viele mitgeholfen. Ernst Müller bedankt sich ganz besonders bei seiner Tochter **Dodo Müller** für ihr nie erlahmendes Interesse, das Manuskript zu kritisieren und zu korrigieren; bei **Heidi Müller-Ruoff** für die gute Betreuung des Klondike Siberian Husky Zwingers, ohne die seine vielen Touren und Rennerfolge nicht möglich gewesen wären; bei **Beatrice Schmidlin** für das Zeichnen der Buchillustrationen und die Benutzungsmöglichkeit ihres Macintosh-Computers und bei seinem langjährigen Trainingspartner **Peter Scherzinger** für die vielen interessanten Diskussionen unterwegs auf dem Trainingswagen.

Mein größter Dank geht an **Albin Schelbert**, meinen Ehepartner, der genau so berg- und huskyverrückt ist wie ich und der sich für jeden neu ausgeheckten »Unsinn« begeistern kann. Meine langjährigen Bergkameradinnen **Heidi Schuler** und **Regine Diethelm** haben das Manuskript kritisch durchgelesen und mich immer wieder auf den Boden zurückgeholt, wenn ich zu sehr ins Schwärmen über den einmaligen Charakter und die tollen Leistungen der vierbeinigen Topathleten geriet. **Ulrike Müller,** Halbtagsmitarbeiterin an unserem Institut und selber glückliche Hundebesitzerin, opferte ihre Freizeit, um aus dem ungeordneten Text ein korrektes Manuskript zu erstellen. Ihnen allen danke ich ganz herzlich für ihre Hilfe.

Zürich, im Juli 1990   Heidi Schelbert

1. Eine Liebeserklärung an den Siberian Husky

Die plötzliche Stille weckt mich; der Schneesturm hat sich verzogen, bereits schimmert die erste Morgendämmerung durch die mit Rauhreif bedeckten Zeltwände. Nome liegt quer über meinen Füßen, Reina bohrt mir ihre Nase in den Rücken, und im Gesicht kitzeln die langen Nackenhaare von Polar. Das kleine Hochgebirgszelt ist voller Beine, Schnauzen, Pfoten, Ohren; in der Luft liegt Zufriedenheit, der diskrete Huskyduft mischt sich mit leisem, wohligem Schnarchen.

Mein rechter Fuß ist eingeschlafen, und ich versuche behutsam, die Lage zu verändern. Wie auf Kommando ist das ganze Team hellwach. Rauhe Zungen fahren mir liebevoll übers Gesicht, und sieben Ruten klopfen begeistert den Takt dazu. Ich werde von allen Seiten bedrängt und verschwinde völlig unter dem quirligen Fellknäuel. Albin protestiert schlaftrunken gegen die Pfoten, die über seinen Schlafsack trampeln. Doch jetzt erfaßt Racy die Situation, sie knurrt kurz, aber dezidiert: Polar, Nome, Reina, Trampy, Vegy und Timber ziehen sich enttäuscht, aber respektvoll gegen den Zelteingang zurück.

Racy ist die geborene Chefin, sie besitzt die natürliche Autorität, die Albin und mir vollkommen abgeht. Wir haben von ihr gelernt, wie der Nachwuchs erzogen werden muß, wie man die notwendige Rudelordnung konsequent, mit einem Minimum an Aufwand und ohne tyrannische Allüren durchsetzt. Dieses Wissen hat sich für die Formung des jetzt aktiven Rennteams bewährt. Doch bei unseren ersten Gehversuchen war alles ganz anders. Wir kamen vor rund zehn Jahren ohne Vorkenntnisse vom Extrembergsteigen her auf den Hund. Liebe macht bekanntlich blind und so begingen wir all die Fehler, die man bei der Erziehung der Vierbeiner unbedingt vermeiden soll. Daß unser erstes Team trotzdem gut geraten ist, daß Albin bereits in der ersten Rennsaison Erfolge verbuchen konnte, haben wir dem Können von Racy sowie der Liebenswürdigkeit und Toleranz der Siberian Huskies zu verdanken.

9

Huskies besitzen einen robusten, ausgeglichenen Charakter und stecken menschliche Verhaltensfehler meistens problemlos weg. Die Welpen wachsen oft in der Geborgenheit des Rudels auf, sie werden von Hündin, Rüde und älteren Geschwistern gemeinsam erzogen; dabei läßt sie die Gegenwart des Vaters besonders instinktsicher werden. Sie können daher ideale Anfängerhunde sein: Wer genügend Zeit aufbringt und seinen neuen Kameraden an der langen Leine auf Waldläufe und Skitouren mitnimmt, wird mit einem glücklichen, unproblematischen Kumpel belohnt, der voller Begeisterung bei der Sache ist. Wer allerdings einen folgsamen, wildfrommen Begleithund sucht, der auf dem Dressurplatz brilliert und der sich sogar zum Schutzhund ausbilden läßt, ist mit einem Siberian Husky schlecht beraten. Huskies halten sich an die altbewährte Wolfsdevise: Lieber einige Sekunden feige als ein Leben lang tot. Leider ist das Märchen vom aggressiven, blutrünstigen Wolf, der sogar Menschen bedroht, nicht auszurotten. Wildlebende Wölfe sind scheu und weichen den Menschen wenn immer möglich aus. Zahlreiche wissenschaftliche Nachforschungen haben gezeigt, daß all die Schauergeschichten über hungrige Wolfsrudel, die angeblich wehrlose Menschen überfallen und zerfleischt haben, erfunden sind. Wenn heute verschiedene Hunderassen Schärfe zeigen, so ist dies das Ergebnis menschlicher Züchtung.

Ein zurückhaltender Hund ist jedoch nicht wesensschwach, wie manche Möchtegern-Rambos meinen; es handelt sich vielmehr um einen robusten, psychisch gesunden Vierbeiner, in dem das Wesen des Wolfs trotz der Domestikation, die bei manchen Hunderassen viel vom natürlichen Erbe verbogen oder gar zerstört hat, noch stark enthalten ist.

Schlittenhunde sind ausgesprochene Rudeltiere, die sich nur im Sozialverband, der ihnen ihre bestimmte Aufgabe zuweist, glücklich fühlen. Wer einen Siberian Husky als Einzelhund halten möchte, muß sich seiner Verantwortung als »Oberhund« voll bewußt sein. Er muß seinem Rudelmitglied viel Zeit widmen und interessante Aufgaben bereithalten. Wer ein ganzes Rudel besitzt, das im Freien in einem geräumigen Zwinger wohnt, hat es leichter. Das Beziehungsgeflecht im Sozialverband weist jedem Mitglied seine Stellung zu, während Training und Rennen für die spannende, gemeinsame Beschäftigung sorgen. Leider ist keine Rasse vollkommen immun gegenüber menschlichen Fehlern. Es gibt auch neurotische Schlittenhunde: Sie vergammeln, weil spannende Aufgaben fehlen; sie sind verschüchtert und werden in seltenen Fällen sogar zu Angstbeißern, weil ihr Meister selber unsicher ist, oder sie schwingen sich aus dem selben Grund zum Despoten auf, der die ganze Familie tyrannisiert.

Unsere alte Garde ist nun bereits zu langsam geworden, um vordere Plätze in den Sprintrennen erreichen zu können. Alle arbeiten aber nach wie vor begeistert vor dem Schlitten und an der Pulka; sie flippen beim Verladen in die Boxen des Hundetransporters vor lauter Vorfreude beinahe aus und warten begierig auf ihren Einsatz. Schließlich stellt man ehemalige Hochleistungssportler und gute Kameraden nicht einfach wie einen alten Schirm in die Ecke. So zogen wir denn gestern von Blatten aus unsere Spur über die Lötschenlücke und hinunter auf den Konkordiaplatz, während das Rennteam zu Hause im Emmental bereits die Nachsaisonpause genoß. Es sollte eine gemütliche Winterabschlußtour werden, doch wie immer erwies sich die Praxis als ein ganzes Stück härter.

Der Schnee ist tief und anhänglich, die Hunde pflügen einen richtigen Graben in den großen Aletschfirn. Ich fluche leise über den klebrigen Segen, der die Abfahrt von der Lötschenlücke zum Marsch werden läßt und schäme mich vor Reina und Trampy, die mir den Weg pfaden und ihre Pulka unbeirrt mit nie erlahmender Begeisterung weiter ziehen. Von allen Seiten fällt der Nebel ein, das Wetter kümmert sich wieder einmal keinen Deut um die gute Vorhersage. Befestigen der Stake-Out-Einrichtung, Aufstellen des Zeltes, Schneeschmelzen, Füttern des Teams. Wir beeilen uns angesichts des aufziehenden Schneesturms, um rasch in die Geborgenheit des warmen Schlafsacks unter dem schützenden Dach kriechen zu können. Bereits nagt das schlechte Gewissen: Unsere Hunde haben willig und mit großem Einsatz Schwerarbeit geleistet. Sie stehen mitten im Fellwechsel und verlieren die dichte, warme Unterwolle büschelweise. Jetzt heult ihnen der Sturm um die Ohren, und wir liegen geschützt im Zelt, das sie für uns hochgeschleppt haben.

Die Vierbeiner lieben uns heiß, haben wir doch in den vergangenen Jahren zusammen viele aufregende Abenteuer erlebt; das schweißt das Team zusammen. Doch Albin und ich werden als gute Kumpel und keineswegs als Vorgesetzte betrachtet. Ohne die ordnende Pfote von Racy wäre die Disziplin um einiges schlechter. Racy ist sich ihrer

Verantwortung, aber auch ihrer Vorzugsstellung voll bewußt. Normalerweise reagiert sie als Leithündin präzise auf die Kommandos, doch von Zeit zu Zeit setzt sie ihren eigenen Kopf durch. Sie besitzt eine gute Nase für den richtigen Weg, für versteckte Spalten und rutschgefährdete Hänge. Wenn Racy in heiklen Situationen, bei Nebel oder Schneetreiben, die Anweisungen ignoriert, wenn sie statt nach »gee« beharrlich nach »haw« zieht, hat dies meistens einen triftigen Grund, und Albin läßt sie gewähren.

Das Team weiß ganz genau, daß im Zweifelsfall das Kommando von Racy gilt, und das hat Konsequenzen. Während ein Trainingswagen nur mit perfekten Bremsen zu stoppen ist und ein Musher ohne Schneeanker auf dem Schlitten rasch am Ende seines Lateins wäre, kann Racy ihr Gespann in voller Fahrt anhalten. Einziges Hilfsmittel ist ihr konsequent selbstsicheres Auftreten. Die stärksten Rüden unterwerfen sich willig ihrer Leitung, nicht Muskelkraft, sondern Charakter und Köpfchen entscheiden über die Alfaposition.

Im Training passieren immer wieder die dümmsten Fehler. Eine kleine Unachtsamkeit während der aufregenden Startvorbereitung, wenn die Hunde vor lauter Begeisterung mit aller Wucht ins Geschirr springen, wenn ihr Chorgesang ohrenbetäubend wird; eine Zugleine, die reißt, ein Karabinerhaken, der zerbricht, ein garantiert sicherer Knoten, der sich löst, und schon macht sich ein Gespann selbständig auf die Reise. Jeder Musher kann mit Horrorgeschichten aufwarten: Wie er voller Panik mit dem Auto hinter seinem durchgebrannten Team nachgejagt ist, das Herz in den Hosen und schreckliche Fragen im Kopf: Wird sich ein Hund in den Leinen verheddern und womöglich zu Tode geschleift? Verläßt das Gespann den Wald und baut auf befahrener Straße einen gräßlichen Unfall? Alpträume, die glücklicherweise kaum und mit Racy nie wahr werden. Sie realisiert sofort, wenn etwas nicht stimmt, parkiert ihr Gespann geordnet hinter der nächsten Wegbiegung und wartet auf den fehlenden Musher.

Niemand ist perfekt; Racy besitzt Starallüren, wie eine echte Primadonna, und diese werden mit dem Alter ausgeprägter. Sie beschließt manchmal eigenmächtig, ihr Gespann zu wenden und zum Start zurückzufahren. Vielleicht paßt ihr etwas an der Trainingsstrecke nicht, oder sie ärgert sich über die Zuschauer am Renntrail; vielleicht mißfällt ihr ganz einfach die Schnauze eines Teamneulings, oder sie will

12

Albin nur zeigen, wer Herrin im Haus ist. Wir haben uns in der Vergangenheit auf die Führungsqualitäten von Racy verlassen. Sie hat uns auf Schlitten- und Pulkatouren im Hochgebirge und in heiklen Situationen im Training nie enttäuscht, aber Rennen lassen sich mit dieser Kompetenzdelegation keine mehr gewinnen. Albin hat die Konsequenzen gezogen, er ist im neuen Rennteam eindeutig der Boss. Nur ich suche noch immer den perfekten Pulkahund: schnell, stark, motiviert, selbständig, bereit, die Schwächen seiner Musherin auszubügeln und ihr trotzdem vorbehaltlos ergeben. Mehr über Training und Rennen, über die besten Leithunde, die meistens Hündinnen sind, und über die Schwierigkeiten, einen guten Pulkahund zu finden und optimal auszubilden, folgt in späteren Kapiteln.

Auf dem Konkordiaplatz ist es dunkel geworden, der Sturm rüttelt an den Zeltstangen und bläst uns ins Gewissen. Der Schnee war naß, die Luftfeuchtigkeit im dichten Nebel hoch. Während der Nacht sinkt die Temperatur und läßt die feuchten Haare zusammenfrieren, so daß das Fell nur noch ungenügend gegen die Kälte isoliert. Im hohen Norden, dem Heimatland der Schlittenhunde, herrscht trockene Kälte, da sind selbst Minustemperaturen von 40 oder 50 Grad Celsius kein Problem, die im locker fallenden, zweilagigen Pelz gefangene Luftschicht schützt zuverlässig. Wir machen uns Vorwürfe. Polar ist Meister im Gedankenlesen, selbst Zeltwände sind für ihn kein Hindernis. Er beginnt gedämpft, aber eindringlich zu jammern, und bald fällt das ganze Team ins vorwurfsvolle Konzert ein.

Wir schälen uns aus dem warmen Schlafsack und schlüpfen in die steifgefrorenen Schuhe. Zelten im Hochgebirge ist wunderschön, entgegen der weitverbreiteten Meinung ist es bei entsprechender Ausrüstung auch gemütlich warm. Ich friere jeweils im naßkalten Winter der Städte beim Warten auf die Straßenbahn und keineswegs im Zelt auf dem Gletscher. Wenn nur das leidige Aufstehen nicht wäre! Raus aus dem Sack und hinein in die tiefgekühlten Kleider, das braucht jedesmal Überwindung. Doch für die guten Kameraden, die draußen am Stake-Out frieren, ist kein Opfer zu groß. Das Team überfällt uns wie eine Lawine, wir kämpfen um den Platz auf den Isoliermatten, dann kehrt Ruhe ein. Das Glück läßt sich mit Händen greifen. Unsere Kameraden rollen sich zufrieden hinter, zwischen und über uns ein; sie haben ihr Ziel erreicht, das Rudel ist vereint. Gefroren haben sie draußen wohl kaum, aber eine so günstige Gelegenheit zum Kontaktliegen darf hund sich nicht entgehen lassen.

Morgens um sieben ist drinnen im übervölkerten Zelt die Welt noch in Ordnung, doch draußen ziehen feuchte Nebelschwaden auf, und der Neuschnee dürfte mindestens knöcheltief sein. Gemäß einschlägiger Alpinliteratur hüpft man im Hochgebirge spätestens um vier Uhr freudig vom Lager – Morgenstund hat Gold im Mund, oder mindestens guten Trittschnee auf dem Gletscher und in den Steilflanken. Doch wir haben keine große Lust, den Kocher in Betrieb zu setzen und den bequemen Schlafsack mit den Realitäten des garstigen Wetters zu vertauschen. Das Fiescherhorn wurde bereits gestern angesichts der miesen Verhältnisse vom Programm gestrichen, und heute erleidet das bescheidene Ersatzziel Walcherhorn das gleiche Schicksal. Trotzdem, wir müssen raus, der Rückweg über die Lötschenlücke ist lang. Er braucht auch beim rasanten Tempo der Siberian Huskies, das eine Zerreißprobe für den menschlichen Kreislauf, für Gelenke und Knochen darstellt, seine Zeit.

Unser Mißmut vermag die Begeisterung der Kameraden nicht zu trüben. Endlich geht es weiter, da können drohende Wolken, schlechte Sicht, tiefer Schnee, ein schwerbeladener Schlitten und eine übervolle Pulka die Freude nicht beeinträchtigen. Ich hetze auf den Skiern, mit einem Seil am hinteren Ende der Pulka befestigt, gegen die Lötschenlücke. Albins Schlitten mit Racy, Polar, Nome, Timber und Vegy als Antriebsmotor ist bereits im Nebel verschwunden. Reina und Trampy setzen alles daran, mit ihrer Pulka und der langsamen Musherin den Anschluß nicht ganz zu verpassen, sie überhören mein mühsames Keuchen diskret. Die Abfahrt ins Lötschental nach Blatten wird richtig fies: Der nächtliche Sturm hat einen erstklassigen Bruchharsch kreiert, Reina und Trampy stechen wie gewohnt in der Fallinie zu Tal und ich sollte die Pulka mit Kurzschwüngen abbremsen. Olympiaerprobte Skiasse können vermutlich bei allen Schneearten wedeln, doch ich bin hoffnungslos überfordert und lande kopfvoran im Harsch. Nach diversen da capos schiebe ich die Skier resigniert unter die Pulkaverschnürung, setze mich oben drauf und versuche mit den Füßen zu bremsen. Die Fahrt wird unbequem, anstrengend, holprig und vor allem naß, aber die Knochen bleiben wenigstens heil.

Schlittenhunde sind faszinierende Geschöpfe, liebenswürdige, begeisterungsfähige, anhängliche und trotzdem eigenwillige Kraftbündel. Albin und ich sind ihrem Charme hoffnungslos erlegen, deshalb hetzen wir hinter den Hunden her durchs Gebirge, obschon wir mit zwei Beinen ihrem Vierradantrieb immer unterlegen bleiben werden, und

14

deshalb stecken wir viel Zeit in den Aufbau und ins Training eines Rennteams. Auf den folgenden Seiten will ich versuchen, die Gründe für diese Begeisterung zu beschreiben. Doch zuerst eine Warnung: Schlittenhunde können den geruhsamen Tagesablauf gefährden, sie können das bisherige Leben vollkommen auf den Kopf stellen. Wer sich in den faszinierenden Charakter und die oft blauen Augen eines Siberian Huskies verliebt hat, kommt kaum mehr davon los.

2. Mit Nome und Polar fing alles an

*So kamen wir auf den Hund – Unser erstes Jahr mit Nome und Polar
und warum das Team um Trampy, Racy und Reina erweitert wurde –
Erziehungsfehler und ihre Konsequenzen – Erste Bergtouren mit
Packtasche und Pulka – Wie man Schlittenhunde beschäftigt, wenn
kein Schnee liegt*

Frühjahr 1981, Albin ist mit Kollegen auf einem spannenden Kajak-
trip in Korsika, ich sitze zu Hause und bin sauer. Das Sommersemester
hat bereits begonnen; doch um ganz ehrlich zu sein, ich wäre auch
nicht mitgefahren, wenn es die Arbeit zugelassen hätte. Wirklich verantwortlich für meine miese Stimmung ist die Einsicht, daß ich dem
ganz schwierigen Wildwasser nicht gewachsen bin. Im Kajak reichen
Begeisterung, Ehrgeiz und das Dabei-Sein-Wollen nicht aus. Block-
stellen, Walzen und Wasserfälle decken die mangelnden Fähigkeiten
schonungslos auf, und ein Umschmiß mit anschließendem Schwumm
im wilden Getöse zehrt ganz schön an den Nerven. Doch nur passiv
vom Ufer aus die starken Männer bewundern, das werde ich nie tun!
Ich beschließe trotzig, mich selbst zu verwöhnen und setze für die
Mittagspause einen ausgiebigen Stöberbesuch in der nächsten Buch-
handlung aufs Programm. Dabei stoße ich mit der Nase auf den Bild-
band, der unser Leben vollkommen umkrempeln wird. Genau genommen kamen wir auf den Hund, weil ich eine schlechte Kajakfahrerin
bin und weil gute und schöne Bücher publiziert werden.

Iditarod! Hetzjagd durch Alaska: Ein Schlittenhunderennen über
1800 Kilometer von Anchorage nach Nome, durch Schneestürme und
White-Outs, wenn man noch knapp die Hand vor den Augen erkennen
kann und nur der Spürsinn der Leithündin weiter hilft. Tagelang,
nächtelang durch die Schnee- und Eiswüste, über tiefe Verwehungen
und gefährliche Overflows; kurze Schlafpausen bei 40 Minusgraden,
mit dem Nordlicht als Nachttischlampe und dem Gesang der Wölfe als
Schlummerlied. Die besten Gespanne legen die Strecke in weniger als
zwei Wochen zurück. Ein Sport für harte Männer würde man meinen,
doch die Frauen mischen ganz vorne kräftig mit. Libby Ridels und Susan Butcher, sie gleich dreimal in ununterbrochener Folge, standen
bereits zuoberst auf dem Siegertreppchen.»Alaska, das Land, in dem
Männer noch Männer sind und Frauen das Iditarod gewinnen.«

Der Band enthält schöne, großformatige Bilder einer einsamen, herben Landschaft. Doch selbst diese einmalige, traumhafte Natur wird von den Hauptdarstellern glatt an die Wand gespielt. Ich verliebe mich Hals über Kopf in die kraftvollen Athleten mit ihren spitzen Ohren, dem dichten Fell und der buschigen Rute, die wie eine Standarte hoch über dem Rücken getragen wird. Auf anderen Fotos benehmen sich die harten Hochleistungssportler wie verspielte Schoßhunde, ihr Bedürfnis nach Streicheleinheiten scheint unbegrenzt. Jetzt oder nie! Haben wir nicht bereits seit einiger Zeit mit dem Gedanken gespielt, unseren Haushalt später einmal um zwei sportliche Vierbeiner zu erweitern?

Auch Albin ist sofort begeistert. Trotzdem besprechen wir alle Konsequenzen ganz genau; die Anschaffung eines Hundes darf nie aus einer momentanen Laune heraus erfolgen. Tiere müssen als Lebewesen ernst genommen werden; an dieser moralischen Verpflichtung ändert auch eine rückständige Gesetzgebung nichts, die noch immer auf anthropozentrischen Vorurteilen beruht und Tiere als Sachen abqualifiziert.

Alle Haustiere, ob Katzen, Meerschweinchen oder Kanarienvögel, haben Anspruch auf eine artgerechte und liebevolle Haltung, doch das Sozialwesen Hund stellt ganz besonders hohe Anforderungen an seine Menschen. Wer die notwendige Zeit für die Betreuung seines Rudelkameraden und vor allem für die gemeinsamen, spannenden Unternehmungen nicht aufbringen kann oder will, muß auf das vierbeinige Familienmitglied verzichten. Dabei ist auch an die Zukunft zu denken: Hunde haben je nach Rasse eine Lebenserwartung von 10 bis 15 Jahren. Die Planung hat diese ganze Zeitspanne zu umfassen; Hunde sind keine Sportgeräte, die man im Keller stapeln oder problemlos verschenken kann, wenn sich die erste Begeisterung über das neue Hobby gelegt hat.

An Schlittenhunderennen denken wir noch nicht, sondern »nur« an zwei aufgestellte Vierbeiner, die uns in der Freizeit überallhin begleiten sollen. Auf Skitouren werden sie keine Probleme verursachen, sondern uns das Leben durch das Tragen oder Ziehen des Gepäcks erleichtern – vom mörderischen Tempo ahnen wir noch nichts! Im Sommer sind viele gemeinsame Unternehmungen möglich. Schließlich konnte die berühmte Sennenhündin Tschingel in der goldenen Epoche des Alpinismus zahlreiche Hochtouren und sogar eine ganze Reihe von Erstbegehungen verbuchen; man munkelt, daß sie sogar – trotz ihres Geschlechts – als Ehrenmitglied in den erlauchten englischen Alpenklub aufgenommen wurde. Auch zum Training im Klettergarten lassen sich wohlerzogene Vierbeiner – wir sind optimistisch oder vielleicht nur naiv! – bestimmt mitnehmen.

Als einziges Fragezeichen verbleiben große, schwierige Ziele in den Alpen und anspruchsvollere Bergferien. Doch nach bald dreißig Jahren Extremklettern treibt uns der Felshunger nicht mehr jedes Wochenende in eine andere Wand, und von Zeit zu Zeit läßt sich bestimmt eine zuverlässige und einfühlsame Dogsitterin finden. Ein gelegentlicher Urlaub vom Hund scheint uns vertretbar, da wir die neuen Kameraden unter der Woche kaum allein lassen werden. Albin arbeitet als selbständiger Designer und Innenarchitekt viel zu Hause, und ich kann meine Zeit, abgesehen von den festen Vorlesungsstunden, flexibel einteilen. Ein Waldlauf mit Hund liegt am Nachmittag durchaus drin, wenn ich zum Ausgleich anschließend bis in den Morgen durcharbeite, um einen versprochenen Aufsatz termingerecht abzuliefern.

Nächste Hürde: Ernst und Heidi Müller vom Klondike-Zwinger sind davon zu überzeugen, daß wir Nome und Polar sportlich richtig fordern werden. Ein verantwortungsbewußter Züchter will wissen, wohin er seine Hunde verkauft. Lauffreudige Siberian Huskies brauchen sehr viel Bewegung, sie sind für eine Karriere als Schoßhunde denkbar schlecht geeignet. Trotz dem Versprechen, Nome und Polar auf viele Touren mitzunehmen und mit ihnen fleißig Waldlauf zu betreiben, hätte Ernst die beiden lieber in den Händen eines richtigen Mushers gesehen. Zuletzt willigt er doch ein, vielleicht ahnt er bereits, daß uns der Schlittenhundesport bald mit Haut und Haaren packen wird. Vorerst heißt es warten, denn Polar ist fünf, Nome sechs Wochen alt, und Siberian Huskies werden in der Regel erst mit zwölf Wochen in der neuen Familie plaziert.

Wir verbringen die Zeit mit Lesen und verschlingen kiloweise Bücher über Hunde und Hundeerziehung im allgemeinen und über Schlittenhunde im speziellen. Dabei lernen wir auch, daß der Ausdruck »Musher« eine Verballhornung des französischen »marcher« ist. Die kanadischen Pelztierjäger sind neben oder hinter dem Schlitten mitmar-

18

schiert, falls sie nicht mit ihren Schneeschuhen vorne weg den Trail brechen mußten. Heute stehen die Musher während eines Rennens auf den Kufen. In einem großen Gespann benötigen nur noch die Hunde Ausdauer. Der Mensch braucht Mut, eine ausgefeilte Kurventechnik und viel Muskel- und noch mehr Überzeugungskraft, wenn ein Leinensalat entwirrt werden muß oder ein anderes Malheur passiert ist.

Mir gefällt der skandinavische Stil besser: Die Hunde werden einzeln hintereinander zwischen zwei Stangen eingespannt und ziehen die Pulka mit dem Gepäck, während der Musher sein Gespann auf den Skiern begleitet. Diese Sportart kann auch mit einem Einzelhund ausgeübt werden und eignet sich daher ausgezeichnet für Einsteiger.

Albin und ich träumen bereits davon, mit Nome und Polar durch die winterliche Bergwelt zu ziehen. Fernab aller Hütten und menschlicher Spuren werden wir unser Zelt an versteckten, abgelegenen Ecken aufstellen: Unter einer großen Tanne am Rande einer tief verschneiten Märchenwiese irgendwo im Jura; auf einer windgepeitschten Hochebene im Schutze einiger großer Felsblöcke in den Karrenfeldern der Voralpen; auf einem weiten Firnplateau gegenüber den wilden Hängegletschern einer rassigen Nordwand im Hochgebirge. Gleich einer Schnecke, aber ohne das Gepäck selber zu schleppen, werden wir unser Schlafzimmer immer mit dabei haben und genau da übernachten, wo es uns am besten gefällt: An einem stillen, verwunschenen Plätzchen mitten in der unberührten, geheimnisvollen Natur, während die anderen Skifahrer in die überfüllten Hütten drängen, sich gegenseitig auf die Füße treten und wie Ölsardinen auf die knappen Pritschen gepackt werden. Wer den Bergen verfallen ist, bleibt auch nach dreißig Jahren Erfahrung ein unbelehrbarer Träumer, immer auf der Suche nach der berühmten blauen Blume der Romantik, doch eine Prise Schadenfreude erhöht den Genuß.

Endlich können wir Nome und Polar zu uns nach Gockhausen, in der Nähe von Zürich, holen. Albin hat im Garten der kleinen Reihenhaussiedlung, direkt vor der breiten Schiebetür aus Glas, einen Zwinger gebaut. So können die beiden artgerecht im Freien leben und haben trotzdem Sichtkontakt mit uns, wenn wir hinter der Scheibe im Wohnzimmer arbeiten. Vorerst sitzen wir jedoch meistens bei unseren Vierbeinern im Zwinger, wenn nicht gerade eine gemeinsame Entdeckungsreise in den nahen Wald angesagt ist. Nome und Polar sind anspruchsvoll, die Beschäftigung mit den beiden könnte unsere Tage mühelos füllen; um die beruflichen Termine trotzdem einzuhalten, steht viel Nachtarbeit auf dem Programm.

Obschon wir die Gefahr genau kennen – Konrad Lorenz hat das Prinzip einfach und einleuchtend beschrieben – verfallen wir prompt dem von der Natur raffiniert ausgeheckten Kindchenschema. Die Welpen sind mit ihren großen Kulleraugen, die treuherzig und erstaunt, aber auch wißbegierig in die Welt blicken, den runden, pelzigen Köpfen und den tapsigen, noch überdimensionierten Pfoten so süß und einschmeichelnd, daß jeder Versuch, konsequent zu handeln, im Keime erstickt wird. Nome und Polar wickeln uns problemlos um ihre herzigen Pfoten, und wir begehen all die Erziehungsfehler, die man laut einschlägiger Literatur unbedingt vermeiden sollte. Wir werden später von Racy lernen, mit welcher Konsequenz und Strenge, doch nie despotisch, Welpen im Rudel erzogen werden: Wer Befehle mißachtet, wird sogleich, unmißverständlich und hart in den Senkel gestellt, doch nach der notwendigen Korrektur wieder genau so liebevoll behandelt wie vorher.

Albin und mir fehlen Konsequenz und Strenge, wir besitzen nicht die natürliche Autorität, die ein gutes Leittier auszeichnet. Wir lachen über die beiden Lausbuben, wenn sie sich unseren Befehlen mit allerlei schelmischen Tricks zu entziehen versuchen, und relativieren damit die Bedeutung der Anweisungen. Nome und Polar akzeptieren uns als Mischung aus duldsamen Eltern und guten Kumpeln. Wir sorgen für das Essen und sind die geliebten Anführer – bei denen *hund* notfalls auch Schutz suchen kann – auf spannenden Ausflügen in eine neue Welt, die erforscht sein will, aber für junge Hunde auch furchterregende Überraschungen bereithält. Richtige »Oberhunde«, deren Befehle rasch und widerspruchslos befolgt werden, sind wir nicht. Es ist nicht nur der Charme unserer beiden Vierbeiner, der unsere Disziplinierungsversuche sabotiert, wir zweifeln auch grundsätzlich an der Erziehbarkeit von Schlittenhunden. In Musherkreisen ist oft zu hören, Siberian Huskies ließen sich nur schwer oder überhaupt nicht erziehen, außerdem sei Disziplin bei einem Schlittenhund gar nicht erwünscht. Wenn der Jagdtrieb durch eine erfolgreiche Erziehung unterdrückt werde, sei der Hund für seine ureigenste Aufgabe vor dem Schlitten verdorben; die Ausbildung habe seinen Vorwärtsdrang zerstört.

Wir haben in der Zwischenzeit gemerkt, daß die Aussage in dieser absoluten Form falsch ist. Die meisten Siberian Huskies sind eigenwilliger und selbständiger als die Vertreter vieler anderer Rassen. Es ist daher unwahrscheinlich, daß ein Husky sich in einem Dressurwettbewerb auszeichnen wird; die Grundlagen der Gehorsamsausbildung, die einen Hund erst zum zuverlässigen Begleiter machen, können aber auch einem Husky beigebracht werden, und seine Laufbegeisterung wird dadurch keineswegs beeinträchtigt. Da die Besitzer großer Gespanne in der Rennszene den Ton angeben, ist gut verständlich, warum sich das Vorurteil vom unerziehbaren Husky bilden konnte. Wer ein Team mit zehn oder mehr Hunden fährt, besitzt neben den momentanen Topathleten noch ein Seniorengespann und eine Nachwuchsgruppe. Das sind schnell dreißig oder noch mehr Hunde, die alle trainiert und gefüttert werden müssen; es gilt, den Kot zu entfernen und die Zwingeranlage regelmäßig abzuspritzen und gründlich zu reinigen. Besuche beim Tierarzt sind nicht nur wegen den vorgeschriebenen Impfungen notwendig, und als Höhepunkt findet während der Wintersaison jedes Wochenende ein zweitägiges Rennen statt, oft mit langen Anfahrten in den Jura, den Schwarzwald, die Voralpen oder Alpen. Da bleibt ganz einfach keine Zeit, um jedes Rudelmitglied sorgfältig als Begleithund auszubilden.

Gehorsamsübungen sind auch gar nicht notwendig, weil das Team selber für die richtige Einordnung eines jeden Mitglieds in die Gemeinschaft sorgt und der Musher seine Vierbeiner nicht als Gefährten zum Einkaufen in die Stadt oder auf einen Waldspaziergang mitnimmt. Das Zusammenleben zwischen Mensch und Hund besteht aus den gemeinsamen Erlebnissen im Training und an den Rennen; dafür sind die Vierbeiner bestens vorbereitet, und es macht ihnen riesig Spaß. Die Huskies eines großen Gespanns haben einen ganz anderen Beruf als ein Schutz- oder Spürhund oder auch ein ganz »normaler« Begleithund, der nicht selten die Funktion eines »Sozialarbeiters« erfüllt, sie benötigen deshalb auch eine andere Ausbildung. Sie werden als Sportler gefordert und sie sind begeistert von der gemeinsamen Arbeit vor dem Schlitten, obschon sie die Zuneigung ihres Menschen mit einer großen Zahl von Kollegen teilen müssen.

Die Besitzer eines Einzelhundes oder einer kleinen Gruppe, die an einem Rennen vielleicht in der Kategorie C (3-Hunde-Klasse) starten, sollten sich jedoch durch die speziellen Erfordernisse der großen Gespanne, die verständlicherweise beeindrucken und oft als Vorbild dienen, nicht verunsichern lassen. Aufschlußreich sind die Bestimmungen in Skandinavien; dort wird kein Hund für Pulkarennen zugelassen, der nicht vorher eine Gehorsamsprüfung bestanden hat, und ich weiß heute, daß es dafür gute Gründe gibt. Ein wohlerzogener Pulkahund, der auf Kommando anhält und gelassen wartet, bis ich nach einem Sturz meine sieben Sachen eingesammelt habe und wieder richtig auf den Langlaufskiern stehe, wäre ungemein beruhigend!

Außerdem kann mit gut erzogenen Hunden der Vorteil der kleinen Gruppe genutzt werden. In der warmen Jahreszeit, nach der Rennsaison, wenn es zu heiß für ein richtiges Training ist, lassen sich tolle Abenteuer erleben: Zusammen mit den Sportkamerden ohne Rennstreß querfeldein streifen, in einem versteckten Flüßchen baden, einen ausgiebigen Waldlauf absolvieren, ein unbekanntes Tobel erkunden, einen abgelegenen Hügel im Emmental erklimmen und vieles mehr, das alles können die Besitzer eines großen Teams nicht. Ihre Hunde verdösen den Sommer und träumen von neuen großen Taten in der kalten Jahreszeit. Damit soll nicht das Vorurteil geschürt werden, daß Schlittenhunde unter dem mitteleuropäischen Klima leiden. Unsere Huskies lieben ein Sonnenbad, sie lassen sich oft stundenlang richtig braten, bevor sie ein schattiges Plätzchen aufsuchen. Das dicke, zweilagige Fell isoliert gegen Wärme genau so wie gegen Kälte; das ist wichtig für nordische Hunde, denn auch hinter dem Polarkreis kann es, wenn die Sonne im Sommer während 24 Stunden vom wolkenlosen Himmel brennt, drückend heiß werden. Diese Erfahrung haben wir auf einem Kanutrip zum Nordpolarmeer selber gemacht: Auf der Fahrt nach Inuvik, dem kanadischen Eskimodorf an der Mackenzie Bay, war zur Abkühlung vor dem Einschlafen jeweils ein ausgiebiges Mitternachtsbad in den Fluten des Peel Rivers notwendig.

Doch beim Training kann das dicke Fell nachteilig sein; Hunde können nur an den Fußsohlen schwitzen und die Arbeitswärme muß vor allem über das Hecheln abgeführt werden. Sobald die Temperatur über 15 Grad steigt, oder wenn bei leicht tieferen Werten die Luftfeuchtigkeit hoch ist, reicht diese Ventilation nicht mehr aus und es kommt zum Wärmestau. Viele Schlittenhunde sind »vernünftig«, sie drosseln das Tempo, wenn es ihnen zu heiß wird. Aber manche sind so laufverrückt, um nicht zu sagen ehrgeizig, daß sie bis zum Kollaps weiterrennen würden. Deshalb schließt die Rennsaison in Mitteleuropa Ende März. Hochtouren mit Schlitten und Pulka sind anschließend bis in den Juni hinein möglich und das Wagentraining kann frühmorgens oder am späten Abend meist im September wieder aufgenommen werden. So verbleiben knapp drei Monate und für Musher ohne Alpinerfahrung sogar fünf, während denen kein Schlittenhundesport im engeren Sinn betrieben werden kann; doch »normale« Ausflüge mit den Hunden sind auch bei warmem Wetter möglich. Für Einsteiger lohnt es sich daher, ihre ersten Huskies zu akzeptablen Begleithunden zu erziehen, auch wenn es etwas mehr Mühe kostet als bei einem gut veranlagten Deutschen Schäferhund. Albin und ich haben diese Grundausbildung zum Begleithund bei Nome und Polar vernachlässigt und bedauern es, obschon die beiden vor dem Schlitten erstklassig arbeiten.

Es wird Sommer, Nome und Polar sind jetzt vier Monate alt, der richtige Zeitpunkt, um mit einem spielerischen Ausdauertraining zu beginnen, meine ich, während Albin befürchtet, daß die beiden Kleinen durch die ewige Rennerei überfordert werden. Doch Hunde laufen lieber länger, überfordert werde ich! Noch nach 20 km ist jede Steigung ein Spiel, wird jede Katze, jedes Huhn verfolgt, jede Picknick-Gesellschaft überfallen und beim Hinterherspurten ziehe ich regelmäßig den Kürzeren. Es ist nicht so, daß Nome und Polar meine Befehle einfach ignorieren. Wenn ich rufe, kommen sie meistens begeistert angerannt; sie wetzen allerdings auch herbei, wenn sie gar nicht dazu aufgefordert werden. Doch sobald eine spannende Abwechslung lockt, drehen sie höchstens von Zeit zu Zeit den Kopf, um zu überprüfen, ob ich es mit dem Herbeizitieren wirklich ganz ernst meine. Sobald sich Huhn und Katze sicher abgesetzt haben – Nome und Polar sind noch tolpatschige Jäger, doch sie sammeln Erfahrungen und machen beängstigende Fortschritte – oder die Picknick-Wurst gestohlen ist, kommen sie mit harmloser Miene angezuckelt und begrüßen mich so überschwenglich, wie wenn *ich* die beiden Lausbuben versetzt hätte und nicht umgekehrt.

Im September stößt Trampy, der anderthalbjährige Rüde aus Alaska zum Team, somit bleibt als einzige Lösung nur noch: Anleinen und zuverlässig am Klettergurt befestigen. Jetzt »werde ich gerannt«, Huskies scheinen nur ein Gaspedal und keine Bremse zu haben! Das Trio hetzt und schleift mich durch die Wälder, vor Straßenübergängen hilft nur das rechtzeitige Ansteuern eines Baumes als Prellbock. Bergauf überhole ich keuchend andere Läufer, bergab knistern die Gelenke beim verzweifelten Versuch, eine Bauchlandung zu vermeiden. Der Weg zum Schlittenhundesport ist bereits vorgespurt. In einem knappen Jahr, wenn Nome und Polar als erwachsene Rüden ihre volle Kraft entfalten, werde ich die drei zu Fuß nicht mehr bremsen können; ein Trainingswagen und für den Schnee ein Schlitten oder eine Pulka werden notwendig sein.

Trampy besitzt eine erstklassige Abstammung. Mit ihm wollte Ernst Müller die Klondike-Zuchtlinie auffrischen, doch auf dem Flug von Alaska in die Schweiz muß etwas schief gelaufen sein. Anstelle eines selbstsicheren, aufgestellten Zuchtrüden nimmt Ernst ein verängstigtes Nervenbündel in Empfang, das sich in der hintersten Ecke der Flugbox und später der Hundehütte verkriecht. Trampy hat panische Angst vor Menschen, er läßt sich nur mit Gewalt ins Freie zerren und steht dann zitternd mit eingeklemmter Rute da – ein trauriger Anblick. Ein überängstlicher Hund wird nicht angekört; er bleibt von der Zucht ausgeschlossen. Diese Vorsicht ist verständlich, denn niemand kann mit absoluter Sicherheit wissen, ob Trampys Furcht nur auf einem schlimmen Flugerlebnis beruht oder ob sie teilweise angeboren ist. Die Gefahr, daß er seine Menschenscheu weiter vererben könnte, ist nicht vollständig auszuschließen.

Ernst und Heidi Müller sind überzeugt, daß Trampy nur in einer kleinen Gruppe, und bei Menschen, die sich intensiv und liebevoll mit jedem einzelnen Rudelmitglied abgeben können, eine faire Chance besitzt, seine Angst zu verlieren und doch noch ein glücklicher Schlittenhund zu werden. Sie schenken uns Trampy, und er taut in der Gesellschaft von Nome und Polar und bei den gemeinsamen Waldläufen langsam auf. Der kräftige und ungemein arbeitswillige Rüde ist noch heute ängstlich gegenüber Fremden, doch für mich tut er alles. Wir lernten uns später auf Mittelstreckenrennen immer besser kennen: Wir waren aufeinander angewiesen und haben uns auf schwierigen Passagen gegenseitig unterstützt. Trampy hat seine Pulka, notfalls samt der müden Musherin, immer ins Ziel gezogen, ohne die geringste Schwäche zu zeigen, während andere Einzelhunde häufig vor der schweren Pulka und der langen Strecke kapitulierten und ihre Musher zur Aufgabe zwangen. Für Trampy waren unsere liebevolle Behandlung und fehlende Strenge genau richtig. Er hat mir im Schneesturm von La Pesse, in der Backofenhitze am Dachsberg und auf vielen anderen Rennen die Geduld, die zu Beginn seiner Ausbildung notwendig war, überreich vergolten; doch davon später.

Die erste zweitägige Bergtour führt im Oktober auf die Glattalp. In dieser einsamen Gegend sollen Nome und Polar, jetzt halbjährig, ihre Freiheit genießen können. So wenigstens lautet der Plan; doch sie treiben eine Schafherde gegen ein steiles Tobel, verfolgen Gemsen in gefährliche Schroffenwände und scheuchen zahlreiche Schneehühner und Murmeltiere auf. Wieder angeleint vergnügen sie sich damit, von mir »gut gesichert« über glatte Felsplatten hinunter zu rutschen. Je stärker ich bremse, um einen Kopfsprung ins Bisistal zu vermeiden, um so mehr Spaß macht ihnen ihr Spiel. Trampy benimmt sich als ausgewachsener Rüde gesitteter, er trägt stolz Zelt und Proviant in der Packtasche und trainiert mit Albin im Schlepp für die nächste Berglaufmeisterschaft. Auf einem runden Hügel über dem Schafboden mit Aussicht auf den Glattalpsee und mit der Nordflanke der Jegerstöcke als Rückendeckung bauen wir das Zelt auf. Am Morgen schiebt sich die Sonne zaghaft über die Furggele zwischen Höch Turm– in der Hangeltraverse seines Südostgrates absolvierte ich vor vielen Jahren zusammen mit einer Freundin die ersten selbständigen Gehversuche im Fels – und Ortstock. Die Sonnenstrahlen lassen den Rauhreif, der das spärliche, harte Herbstgras bedeckt, erglänzen. Auch unsere Augen glänzen, wir meinen den kommenden Winterschnee bereits zu riechen und träumen von großen Taten mit unserem Team.

Doch zuerst reist Albin ganz vernünftig als Lehrling ins Schlittenlager nach Kandersteg – damals fiel im Dezember noch genügend Schnee für die Ausbildung von Hunden und Musher vor dem Schlitten und an der Pulka. Alte, rennerfahrene Hasen nutzen die Gelegenheit für ein erstes Schneetraining und Albin hält Augen und Ohren offen. Er ist tief beeindruckt, wenn sie mit ihrem Gespann über den Trail flitzen. »Nome-Style« ist Trumpf; je größer das Team, um so eindrücklicher. Die Langläufer mit Pulka und Einzelhund oder ausnahmsweise zwei Hunden im Tandemzug führen ein Mauerblümchendasein. Albin packt das Rennfieber. Jetzt sind Nome und Polar noch zu jung, doch im nächsten Winter möchte er in der Kategorie B (damals bis 5 Hunde, heute bis 6 Hunde) starten. Er überzeugt mich am Telefon, daß uns zum vollständigen Glück noch genau die beiden zukünftigen Renner fehlen, die er dank eines günstigen Zufalls in Kandersteg reservieren könnte. Dann hätten wir die Möglichkeit, in der Saison 1982/83 gemeinsam Schlittenhundesport zu betreiben; er mit vier Hunden im B und ich mit einem Vierbeiner vor der Pulka im S.

Toni und Suzanne Schmidt vom Denali-Zwinger wurden Mitte November von einem ungeplanten Wurf überrascht. Der Rüde hatte sich neun Wochen vorher über zwei Zwingerabschrankungen hinweg zur läufigen Hündin durchgekämpft. Da die wenigsten Züchter auf den Renneinsatz der Mutterhündin verzichten können, sind Spätherbst- und Winterwürfe selten. Für uns ein Grund mehr, rasch zuzugreifen, denn Racy und Reina werden rechtzeitig vor Beginn der nächsten Wettkampfsaison zwölf Monate alt und somit rennbereit sein. Wir sind uns einig: Die beiden Welpen werden im Februar unser Rudel vervollständigen. Doch drei Hunde stellen für den Garten einer Reihenhaussiedlung die oberste Grenze dar. Fünf Huskies, die zwar kaum bellen, dafür aber wunderschön»singen« können, sind auch für tolerante Nachbarn nicht mehr zumutbar, es sei denn, sie würden selber Schlittenhundesport betreiben. Albin hat mit dem Entscheid für ein B-Gespann eine Lawine losgetreten, die sich nun nicht mehr aufhalten läßt. Er wird im Frühjahr mit den fünf Hunden ins alte und vor allem abgelegene Bauernhaus im Emmental ziehen, und ich suche mir eine kleine Wohnung zwischen Universität und Institut für unter der Woche.

Der letzte Winter ohne Wettkampfstreß ist gefüllt mit schönen, überraschenden und intensiven Erlebnissen. Ich genieße es, auch während der Woche engen Kontakt mit den beiden Halbstarken und mit meinem besonderen Liebling und Sorgenkind Trampy, der langsam Zutrauen gewinnt, zu haben. Im Januar fällt Schnee bis in die Niederungen und wir spannen mit schlechtem Gewissen – alle Bücher warnen vor der Überforderung junger Hunde – Nome und Polar zusammen mit Trampy vor die Pulka. Wir glaubten bis jetzt, erfahrene und vor allem gut trainierte Skitourenfüchse zu sein, doch das Team prüft uns hart! Aubrig, Glatten, Silberen, Biet, Muttriberg, Hohgant, Kärpf, Wildhorn, Giglistock . . . werden im Sprintertempo überrannt. Nur Neuschnee bis über beide Ohren vermag den Schnellzug etwas zu bremsen. Pikant werden jeweils die Abfahrten. Nome und Polar sausen freigelassen in der Fallinie zurück zum Ausgangspunkt. Trampy folgt mit der Pulka im Galopp in ihren Spuren und Albin macht den Abschluß als kurzschwingende, lebendige Bremse, was nicht nur bei Bruchharsch akrobatische Fahrkünste verlangt. Ich bin vollauf damit

beschäftigt, das Tempo der Spitze ohne Sturz zu halten, um ein Aus-
reißen der beiden Lausbuben zu verhindern und sie bei der Ankunft
sogleich ins Auto zu verpacken. Ein verspätetes Eintreffen meiner-
seits und Polar interessiert sich bereits eingehend für die Bewohner
eines nahe gelegenen Hühnerstalls.

Im März 1982 dürfen Racy und Reina, vier Monate jung, mit auf große
Tour und unangeleint ihre Freiheit genießen. Ihre Begeisterung während der zwei Tage ist riesengroß, meine dagegen zu Beginn ganz
klein, und das kam so:

Der Aufstieg von All'Acqua zum Cornopass folgt zuerst der tief verschneiten Nufenenstraße. Eine günstige Gelegenheit, in diesem leichten Gelände einen Versuch als Musherin zu wagen. Ich hänge an der
Pulka und bemühe mich keuchend, auf der sanft steigenden Straße mit
dem schnellen Team Schritt zu halten. Ein morsches Gummiseil reißt,
die Sicherungsleine fehlt, und schon sausen Polar, Nome und Trampy
mit der Pulka davon, während ich ohne Felle hilflos im Gelände stehe.
Racy und Reina nehmen die Verfolgung mit übermütigen Sprüngen
und fröhlichem Gejaule auf. Albins Worte sind weniger fröhlich, und
große Sprünge vollführt er beim Nachjagen auch keine. Ich folge
mühsam im Treppenschritt und nehme mir vor, die Sicherungsleine
nie mehr zu vergessen, die Stoßdämpfung aus Gummi vor jeder Tour
auf Altersschwäche zu überprüfen und die Felle immer selber zu tragen.

Wenn nur den Hunden nichts passiert! Ein Dreier-Pulkazug ist für
Touren lang und unhandlich, Verwicklungen häufig, die Hunde können sich beim Zerren und Wenden leicht an den Fiberglasstangen ver-
letzen und gegenseitig einschnüren. Leithund Polar kann mit elf Monaten unmöglich richtig reagieren, und Albin wird auch mit Fellen die
wilde Bande kaum einholen. Was geschieht, wenn das Team auch auf
der Paßhöhe nicht anhält und gleich weiter über lawinengefährdete
Hänge nach Ulrichen im Wallis zieht? Glück oder Können von Polar?
Das Gespann läuft einen weiten, flachen Bogen, kein Hals, keine Pfote wird eingeklemmt, die Pulka kippt nicht, die Ausreißer drehen und
rennen mit der gleichen ungestümen Begeisterung den Weg zurück.

Mit vorwurfsvollem Blick hängt sich jetzt Albin an die Pulka, ich soll
mit den beiden Kleinen langsamer folgen. Racy und Reina stellen die

Proportionen gleich richtig, für kurze Zeit sind noch ihre fröhlich we-
delnden Schwänze zu sehen, dann schiebe ich, hoffnungslos abge-
hängt, meine Skier allein höher. Beim Cornopaß legen wir die Stake-
Out-Kette aus und stellen das kleine Hochgebirgszelt auf. Rasch auf-
ziehende Wolken verdunkeln den bisher stahlblauen Himmel, es wird
empfindlich kalt; beim Eindunkeln schneit es bereits und ein giftiger
Wind pfeift über den Paß. Wir bekommen Gewissensbiße im warmen
Schlafsack. Sind Racy und Reina nicht zu klein für ein Biwak im
Schneetreiben? Wir holen sie ins Zelt, und sogleich beginnen die anderen drei, eifersüchtig zu quengeln. Abends um zehn kann man bereits von einem ausgewachsenen Schneesturm sprechen, und die ganze Bande hat den Zutritt ins 2 x 1,6 Meter kleine Zelt geschafft. Mitten
in der Nacht erwache ich; die Kälte kriecht vom Boden im Schlafsack
höher, während sich Polar bequem auf meiner Isoliermatte räkelt. Ich
schiebe ihn zur Seite, und er verläßt mit den anderen im Schlepp beleidigt den Unterschlupf. Der Wind heult ums Zelt und rüttelt an den
Verankerungen. Das Rudel kehrt mit einer Wolke von Schnee zurück,
schüttelt sich ausgiebig und legt sich kreuz und quer auf Isoliermatten
und Schlafsäcke. Nach diversen Wiederholungen – gut erzogene
Hunde wären eigentlich ganz praktisch! – sind die Schlafsäcke erfri-
schend feucht. Um das Übel voll zu machen, verweigert der Gasko-
cher am nächsten Morgen den Dienst, da er tiefe Temperaturen gar
nicht mag.

Doch auf dem Weiterweg, man sieht kaum die Hand vor den Augen,
wird uns schnell warm. Hunde, Pulka und zuletzt Albin verschwinden
hinter einer vermeintlichen Bodenwelle und ich finde den glücklicherweise unbeschädigten Knäuel 100 Meter tiefer auf dem gefro-
nen Cornostausee. Ein Husky-Team verhilft auch dem als harmlosen
»Langlaufberg« eingestuften Blinnenhorn zur nötigen Würze; bei
schlechter Sicht läßt sich eine Pulka mit drei Hunden im Steilhang
auch vom besten Skifahrer nicht mehr bremsen. Auf dem Rückweg
entpuppt sich der gleiche Steilhang als beinahe senkrechte, mit locke-
rem Neuschnee vollgepackte Gegensteigung. Jetzt brilliert Trampy
als ungemein williger Schwerarbeiter. Es ist, als wollte er seine Un-
entbehrlichkeit beweisen, damit er nie aus Versehen im Zwinger vergessen wird, wenn wir auf Tour gehen.

Nach dieser Stelle lassen wir Nome und Polar frei heimwärts düsen.
Wenn Trampy alleine abwärts zieht, ist es für Albin einfacher, die Pul-

ka bei schlechter Sicht im wechselhaften Schnee zu bremsen. Die beiden Kleinen versinken bis über die Ohren im Neuschnee, und wir sind wieder einmal überzeugt, daß sie durch das rasche Abfahrtstempo überfordert werden. Wir packen Reina auf die Pulka, während ich mit Racy auf den Schultern vorsichtig durch die Nebelsuppe tiefer stochere. Doch plötzlich springt sie in den Schnee und hetzt, gefolgt von den anderen, mindestens 100 Höhenmeter zurück: Das Couloir unterhalb der Cornohütte riecht herrlich nach Abfällen. Vier »Schneefräsen« graben sich zu den verborgenen Schätzen, nur Trampy, vom Pulkageschirr zurückgehalten, jault enttäuscht nach oben. Wir zweifeln langsam daran, daß sich gesunde Siberian Huskies, auch wenn sie noch längst nicht erwachsen sind, überhaupt überfordern lassen.

Gegen den Frühsommer wird aus dem Dreier- ein Fünfer-Gespann, und wir sammeln Erfahrungen, wie Spitzkehren mit einem Fünfer-Pulkazug im Steilhang nicht funktionieren. Albin pröbelt mit Fiberglas und Aluminium, mit Scharnieren und Teleskopstangen sowie mit raffiniert verknüpften Zugleinen. Es hilft alles nichts, wenn die Hunde nach einer Spitzkehre bereits nach rechts reißen, ist er immer noch dabei, die schwere Pulka mit all dem Gepäck nach links um die Kurve zu wuchten. Das ist mit Skiern an den Füßen im Steilhang nicht gerade einfach, und wenn er aus der Bindung schlüpft, versinkt er im schlecht gesetzten Schnee oft bis zum Bauch. Polar ist noch kein erfahrener Leithund; er ist zu jung und wird unsicher: Wenn es nach einer Spitzkehre nicht mehr richtig vorwärts geht, muß etwas falsch sein; also zurück, in der Fallinie nach unten geht es am einfachsten. Albin wird kopfvoran mitgerissen. In der Mulde unter dem Steilhang läßt sich das Team leicht stoppen. Albin fischt den Schnee aus dem Hemdkragen und den Hosensäcken, putzt die Brille und dreht sein Gespann wieder bergwärts; Richtpunkt sind oft die Skier, die er beim Kampf mit der Pulka ausgezogen hat und die nun verlassen weit oben im Schnee stekken.

Ich helfe, so gut es geht, doch wenn das Pulkagespann richtig in Fahrt ist, habe ich nicht die geringste Chance, Schritt zu halten. Meist sehe ich die mißglückten Versuche am Steilhang nur aus der Ferne; sie geben mir immerhin die Möglichkeit, wieder aufzuschließen. Das einsame, romantische Plätzchen mitten im Hochgebirge, wo wir unser Zelt aufschlagen möchten, will verdient sein. Wenn das Ziel erreicht ist, wenn am Abend der ganze Gletscher nur noch uns und unserem

Team gehört – wer die Tageszeiten nur von der Stadt her kennt, kann sich überhaupt nicht vorstellen, wie intensiv die Sterne in den Bergen vom dunklen Nachthimmel funkeln – würden wir mit niemandem tauschen. Doch vorher im tiefen Schnee, wenn der Schweiß in den Augen brennt, der Atem pfeift und die Pulka schon wieder kippt, weil die »blöden Viecher« auch gar nichts begreifen und beharrlich in die falsche Richtung zerren, verfluchen wir die »Schnapsidee«, ausgerechnet diese Gegend für eine Tour ausgesucht zu haben. Wir werden später lernen, daß es im alpinen Gelände vorteilhaft ist, das Material auf zwei Transportmittel zu verteilen. Eine relativ leichte Pulka, die von zwei Hunden gezogen wird, kann auch ich einigermaßen unter Kontrolle halten, während Albin den größeren Teil des Gepäcks im Schlitten, mit fünf bis sechs Hunden als Antriebsmotor, verstaut. Doch das ist Zukunftsmusik; wir stehen noch ganz am Anfang des »Husky-Mountaineerings«, und mit einem letzten Ausflug auf den Rhonegletscher ist die Skitourensaison für dieses erste Jahr endgültig abgeschlossen.

Albin hat die »glänzende« Idee, Polar, Nome, Trampy, Racy und Reina für das Training auf Waldwegen vor unser Klappvelo zu spannen. Dieses hat sich auf Kajaktouren als praktisches Hilfsmittel bewährt, um nach einer Wildwasserabfahrt das an der Einbootstelle zurückgelassene Auto zu holen; als Trainingsvehikel für fünf temperamentvolle Huskies war es wohl auch vom Hersteller nie geplant. Ich betrachte die Sache skeptisch, und Albin schimpft mich Feigling, weil ich die Fahrt nicht versuchen möchte. Dieser Vorwurf sitzt, außerdem ist der Sattel so tief eingestellt, daß *frau* bequem mit den Füßen am Boden abstützen und damit allenfalls sogar beim Bremsen nachhelfen kann. Trotz holpriger Waldwege läuft zuerst alles nach Programm, bis Polar ein Eichhörnchen erspäht und blitzschnell nach links ausbricht. Ich lande unsanft auf dem Bauch, das Klappvelo schlittert und scheppert hinter den Hunden nach ins Gebüsch und verhängt sich in den Ästen. Das Team ist gestoppt und kann kein weiteres Unheil anrichten; ich rapple mich hoch, während oben auf dem Baum das Eichhörnchen spöttisch keckert.

Mir genügt diese eine Erfahrung vollständig, doch Albin bleibt hartnäckig. Er benötigt diverse mißglückte Versuche und zahlreiche blaue Flecken, um die Untauglichkeit des Klappvelos fürs Hundetraining einzusehen. Ausschlaggebend für den Kauf eines richtigen Trainingswagens mit zuverlässigen Bremsen ist ein letzter Versuch, bei dem das ganze Team hinter einer flüchtenden Katze her durch die niedrige Türe in der Tenne eines waldnahen Bauernhofs verschwindet. Albin paßt samt Fahrrad nicht in die enge Öffnung und prallt mit voller Wucht gegen den Holzrahmen, doch der Katze ist nichts passiert!

Vorerst ist es noch zu heiß für das Training mit dem neuen Wagen, und für geruhsame Spaziergänge an der langen Leine sind unsere Vierbeiner nicht motiviert. Sie wollen rennen, zerren mit aller Kraft und nehmen auch auf steilen Abstiegen überhaupt keine Rücksicht auf ihre weniger beweglichen Menschen. Den Zustieg ins stotzige Tobel der Zulg habe ich beispielsweise auf dem Hinterteil zurückgelegt, während Racy und Reina begeistert zogen, als gelte es einen Downhill-Rekord zu brechen.

Schwimmen wäre doch optimal, denken wir: Die Vierbeiner bekommen keinen Hitzestau, und unsere Knochen ziehen das Wasser den harten Wurzeln und Steinen der Emmentaler Hügel vor. Doch wir machen die Erfahrung, daß Huskies keine Neufundländer- oder Labrador-Hunde sind. Unser Team planscht gerne im seichten Wasser; aber den Boden unter den Füßen verlieren, das finden sie gar nicht so toll. Sie weigern sich, vom Ufer in den See hinaus zu schwimmen. Nur Racy folgt uns vorsichtig, wenn wir vorneweg kraulen. Um die ganze Bande zu starten, müssen wir sie vom Boot aus ins tiefe Wasser schubsen. Polar schwimmt wie eine feine Dame, die um ihre perfekte Frisur fürchtet, er hält den Kopf möglichst hoch – nur keinen Spritzer ins Gesicht – fixiert den nächsten Punkt am Ufer und paddelt verbissen los; je schneller er das ungewohnte Element verlassen kann, um so besser. Trampy kehrt gleich wieder um und will zurück ins Boot klettern, das ist näher als das ferne Ufer, und Nome versucht, sich in großen Sprüngen zu retten, sobald das Wasser etwas seichter wird. Racy und Reina nehmen das Experiment viel gelassener. Reagieren Hündinnen robuster auf neue, ungewohnte Erlebnisse oder haben die beiden, weil sie jünger sind, ganz einfach mehr Vertrauen in ihre Menschen?

Trotzdem freut sich unser Team, wenn wir zusammen zum Schwimmen gehen. Sie toben beim Verladen in den Hundetransporter übermütig und steigen voller Begeisterung ins Kanu. Gemeinsame Rudelerlebnisse gehören zum Hundeleben, auch wenn das Wasser naß ist und das sichere Ufer weit weg liegt. Polar, Nome, Trampy, Racy und Reina lernen sogar, das Boot von der Seemitte aus an einen bestimmten Punkt am Ufer zu ziehen. Dabei war vorgesehen, daß ich vorneweg schwimmen und die Gruppe bei der Landung in Empfang nehmen sollte. Doch fünffacher Hundeschwumm ist – auch wenn Albin mit dem Boot hinten dran hängt – schneller als meine Kraulanstrengungen, dabei war ich vor langer Zeit einmal Hochschulmeisterin im Freistil!

Jetzt sticht uns der Hafer, wir beschließen, mit unseren Vierbeinern die Räblochschlucht der Großen Emme zu befahren. Mit einiger Mühe packen wir alle fünf bei der Brücke unterhalb Schangnau in den Kanadier. Bis zur Einfahrt in die Schlucht – beim »Tor ohne Wiederkehr« rücken die Nagelfluhwände auf zwei Meter zusammen – geht alles gut, doch in den Schnellen wird das »Gepäck« unruhig, die Gewichtsverteilung stimmt nicht mehr, und wir schwimmen kopfüber durch den nächsten Schwall. Hunde, Menschen und Material werden als Strandgut auf die folgende Sandbank geschwemmt. Da die Nagelfluhwände noch immer senkrecht ansteigen, fehlt der Raum für Jagdausflüge, deshalb steigen alle – nachdem das Wasser ausgeleert ist – brav zurück ins Boot. Die Fortsetzung der Schlucht ist noch immer eindrücklich eng, aber fahrtechnisch einfach, und wir landen heil oberhalb Eggiwil. Das Klappvelo wartet bei der Einmündung des Sorbachs, und Albin macht sich auf den Weg, um das Auto von der Einbootstelle zu holen, während ich mit den Hunden gruppenweise noch etwas Crosslauf übe.

Das ausgefallenste Wassererlebnis folgt jedoch erst ein Jahr später mit Vegy, die nach der ersten Rennsaison zum Rudel stößt, weil Albin die volle Hundezahl in der B-Klasse ausnützen möchte. Wir haben gehört, daß sich die Schlucht der Zulg zwischen Linden im Inner Eriz und der Brücke vor Steffisburg schwimmend und kletternd bezwingen läßt. Wir schlüpfen in die Neoprenanzüge und stecken ein altes Seil in einen alten Kletterrucksack – das neue Material soll nicht gleich triefend naß werden. Vegy darf mitkommen, denn sie gehorcht ohne spezielle Ausbildung aufs Wort. Wir waten durchs knietiefe Wasser und krabbeln über große Blöcke; Vegy sucht sich wenn immer möglich den trockenen Weg. Langsam rücken die Wände näher zusammen, einige Absätze verlangen bereits leichte Kletterei, und in den Wasserlöchern darunter heißt es schwimmen. Die Felsstufen werden höher, und wir binden Vegy vorsichtshalber ans Seil.

Rechts oben: Nach getaner Arbeit läßt sich gut ruhen. Racy und Reina dösen in ihrem Abteil des Hundetransporters (Foto: Albin Schelbert)

Rechts unten: Drei gut beladene Packtaschenhunde auf dem Weg ins Abenteuer (Foto: Ernst Müller)

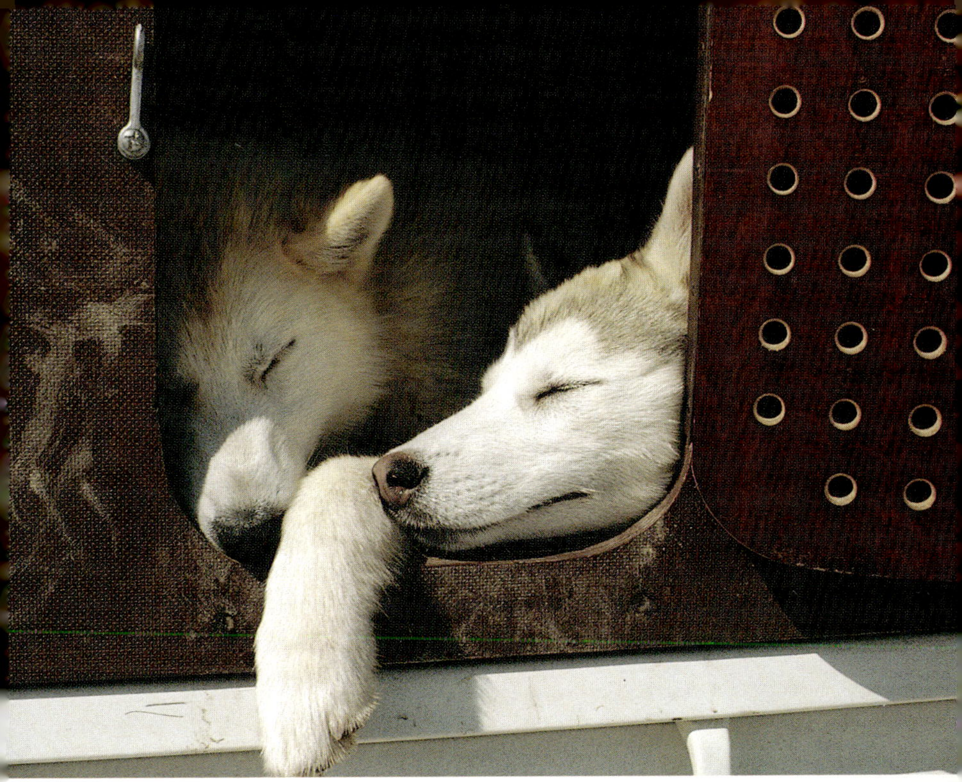
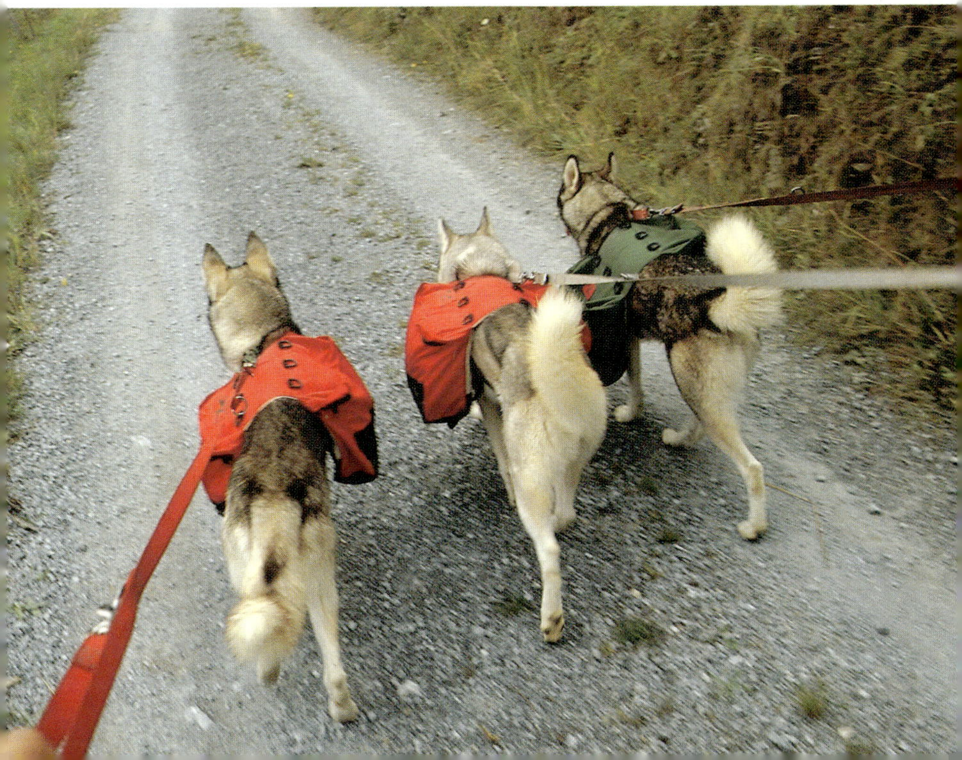

Dann folgt die »Schlüsselstelle«, das Wasser schießt durch einen schmalen Schlitz und ergießt sich in einem runden Strahl ins zwanzig Meter tiefer liegende Becken. Da die Felswände überhängend sind, richten wir an einem eingeklemmten Baumstamm eine Abseilstelle ein. Albin nimmt Vegy auf die Arme und ich bremse ihn durch den Karabiner nach unten. Die Stelle ist beeindruckend und wurde bestimmt erst von ganz wenigen Menschen und wohl noch nie von einem Hund gesehen. Ich rutsche am Doppelseil im Abseilsitz durch den Wasservorhang – für einmal ist das ganz bequem, weil der dicke Neopren und die Wasserkühlung gegen die Reibungswärme isolieren – dann kann ich die Felsen mit den Füßen nicht mehr erreichen und drehe mich wie ein Kreisel hoch über dem dunklen Wasserbecken. Es ist Mittag, die Sonne steht im Zenit, einige ihrer Strahlen haben den Weg in die tiefe Schlucht gefunden und lassen die Wassertropfen glänzen und leuchten. Ich tauche ins Becken und löse mich prustend aus dem Seil; wir ziehen vorsichtig – ein kurzer Moment der spannenden Ungewißheit – doch das Seil schlüpft trotz der Nässe locker um den Baumstamm und fällt klatschend ins Wasser. Wir versorgen es im Rucksack; der Höhepunkt ist vorbei. Die Wände weichen zurück, die Stufen verlieren an Höhe und die Zulg weitet sich aus; kurz vor Steffisburg ist das Wasser noch knapp knöcheltief. Zu Hause begrüßt uns das Team begeistert, während Vegy wegen Entfernung von der Truppe energisch zurechtgewiesen wird.

Heute leben 32 Schlittenhunde bei uns im Emmental und ich möchte nicht einen einzigen missen. Trotzdem denke ich manchmal wehmütig an die ersten Jahre zurück. Der individuelle Kontakt zum einzelnen Vierbeiner leidet unter der großen Zahl. Die tollen Erlebnisse im Räbloch und in der Zulgschlucht gehören der Vergangenheit an, genau so wie die langen Nachtläufe im Napfgebiet, wo mich im dicken Nebel oft nur noch die gute Nase von Nome vor einem schmachvollen – und im leichten Tenü erst noch kalten – Biwak auf den pfadlosen Weideflächen bewahrt hat. An ihre Stelle sind Erfolge und Mißerfolge an den Rennen und viele, viele gemeinsame Trainingsstunden getreten. Für Spannung und oft nur allzuviel Aufregung haben unsere Huskies immer wieder gesorgt.

Links oben: Thule und Taiga, die beiden sibirischen Wölfe, auf dem Ausguck im Freilaufgehege. Süßigkeiten werden ganz zart aus der Hand gefressen (Foto: Albin Schelbert)

Links unten: Racy, Trampy, Nome, Polar und Reina (von links nach rechts) werden von Albin zum Training gepaddelt. Sie ziehen anschließend schwimmend das Kanu ans Ufer (Foto: Albin Schelbert)

3. Racy setzt sich durch

Warum Racy Rudelchefin wurde – Das Sozialverhalten der Schlitten-
hunde und der positive Einfluß des Wolfserbes – Eine Lanze für das
Sozialwesen Wolf, er führt ein vorbildliches Familienleben und ist ein
besserer Heger als der menschliche Jäger

Unsere Siberian Huskies wohnen gruppenweise in geräumigen Zwingern. Hinter der Zwingeranlage liegt ein großes Freilaufgehege, eine
Wiese mit Büschen und einer zweistöckigen Aussichtsplattform aus
Holz, die von den Hunden gerne als Ausguck benützt wird. Die meisten Huskies graben mit großer Leidenschaft. Der Auslauf ist mit
zahlreichen Löchern und tiefen Gräben durchsetzt; wenn das Gras
hoch steht oder Schnee liegt, stolpern unachtsame Zweibeiner dauernd in die ausgebuddelten Fallgruben. Ein guter Rat: Wer über einen
Ziergarten verfügt, sollte es sich genau überlegen, bevor er ihn seinen
Schlittenhunden als Spielplatz zur Verfügung stellt, und wer einen
einzelnen Husky als Begleithund besitzt, hält ihn mit Vorteil vom Gelände seiner Nachbarn fern. Andererseits kann ich unsere Huskies als
Nachkontrolleure für abgeerntete Kartoffeläcker bestens empfehlen,
vergessene Knollen werden garantiert ausgegraben und sogleich verwertet.

Während im Zwinger, dem Heim erster Ordnung, entferntere Ver-
wandte nur widerstrebend geduldet werden, spielen im Auslauf Mitglieder verschiedener Untergruppen problemlos zusammen. Wir öffnen jeweils einige Zwingertüren gleichzeitig und die Hunde toben
über den Vorplatz und durch eine schmale Schleuse in den Auslauf.
Wenn Racy in der Gruppe dabei ist, spielt sich immer das gleiche Ri-
tual ab. Da ihr die anderen den uneingeschränkten Vortritt gewähren,
steht sie jeweils als erste, mit den Allüren eines Zollbeamten, an der
engsten Stelle. Sie hält Kopf und Rute hoch, sträubt die Nacken- und
Schulterhaare – es sieht aus, als würde sie einen Rucksack tragen–,
zeigt leicht die Zähne und knurrt verhalten. Wer vorbei will, muß ihrer
Majestät die Reverenz erweisen. Die stärksten Rüden schleichen mit
hängender Rute, geducktem Kopf und leicht eingeknickten Beinen
vorbei, um anschließend unbeschwert und ausgelassen im Auslauf
herumzutoben. Sie fühlen sich nicht unterjocht, und Racy ist keine

böswillige Despotin. Sie besteht nur im Interesse der Rudelordnung darauf, daß ihr alle kurz den gebührenden Respekt bezeugen. Anschließend zieht sie sich auf die oberste Plattform des Ausgucks zurück und überwacht das Geschehen. Sie fungiert als Schiedsrichterin und greift nur ins ausgelassene Spiel ein, wenn sich ein Rudelmitglied daneben benimmt. Racy ist keine besonders kräftige Hündin, sie dominiert das Rudel auf Grund ihrer Selbstsicherheit. Sie ist felsenfest davon überzeugt, daß ihr die Chefposition zukommt und das färbt ab. Wer trotzdem Zweifel an ihrer Stellung bekundet, wird rasch und konsequent in den Senkel gestellt: Hündinnen müssen sich auf den Rücken werfen, Rüden werden kurz bestiegen und scheinen sich anschließend vor den Rudelgenossen zu genieren.

Siberian Huskies und Schlittenhunde ganz allgemein sind friedfertig und freundlich. Sie freuen sich meistens über Besucher, weil diese eine interessante, oft mit Streicheleinheiten verbundene Abwechslung bieten. Einige sind auch schüchtern und zurückhaltend, manchmal sogar ängstlich, da sie außerhalb der Rennsaison wenig Kontakt mit Fremden haben und in ihrer Jugend zu wenig an andere Menschen gewöhnt wurden. Huskies bellen kaum, sie können stattdessen beinahe so schön wie Wölfe heulen. Doch was für die Musher wie Chorgesang tönt, kann für andere Personen Ruhestörung bedeuten. Wer Ärger mit den Nachbarn vermeiden will, baut seine Zwingeranlage an einem abgelegenen Ort. Deshalb kann es geschehen, daß die Welpen in der wichtigen Prägephase zu wenig Kontakt mit Außenstehenden bekommen. Auch in dieser Beziehung benimmt sich Racy anders; sie ist weder freundlich zu Fremden noch weicht sie ängstlich zurück. Sie fühlt sich für ihr Rudel verantwortlich und duldet keine Unbekannten, die vielleicht Böses im Schilde führen könnten, in seiner Nähe. Die Rudelmitglieder verlassen sich auf Racy: Die »Chefin« wird's schon richten.

Albin haßt es, wenn an den Rennen Zuschauer oder auch andere Musher, die er kaum kennt, quer durch die Stake-Out-Plätze stolpern. Da viele Hunde beisammen sind, besteht immer die Gefahr, daß ansteckende Krankheiten verschleppt werden. Außerdem reagieren die Sportler, also die Hunde, genau so wie die Menschen vor ihrem Einsatz nervös und benötigen eine ruhige Atmosphäre. Racy erfaßt die Stimmung von Albin exakt und sorgt für Ordnung. Sie knurrt, entblößt die Zähne und stellt den Kamm; wer diese Warnung mißachtet, wird energisch in die Waden gezwackt. Sie beißt nicht richtig zu, aber der Abschreckungseffekt ist trotzdem beachtlich.

Racy entwickelte ihre Veranlagung bereits als Junghund. Sie war selbständiger und selbstsicherer als die älteren Rüden und zeigte ihnen und ihrer gleichaltrigen Schwester bald, wo es lang geht. Mich hat diese Durchsetzungsfähigkeit verblüfft, denn nach gängiger Meinung gehören Nome, Polar und Trampy zum dominanten Geschlecht, sie waren erwachsener und besaßen die älteren Hausrechte. Deshalb begann ich noch intensiver als bisher über Hunde und Hundeartige zu lesen und habe dabei viel gelernt. Besonders wichtig waren die Bücher von Trumler, Zimen, Mech, Fox, Mowat und Crisler, die sich mit den wilden Vorfahren der Haushunde beschäftigen.

Die moderne Canidenforschung hat schlüssig gezeigt, daß die Wölfin Urmutter aller Hunde ist. Ob Dackel oder Dogge, Pekinese oder Pinscher, sie alle sind gleichermaßen domestizierte Wölfe. Früher war wegen der verwirrenden Vielfalt der Rassen die Ansicht weit verbreitet, daß der Hund verschiedene Ahnen besitze. Selbst der berühmte Verhaltensforscher Konrad Lorenz glaubte anfänglich, eine Wolfslinie und eine Schakallinie unterscheiden zu können. Für ihn waren der Chow-Chow und die nordischen Rassen wegen ihrer Selbständigkeit typische Vertreter der wolfsblütigen Hunde. Noch heute meinen viele Hundefreunde, der Siberian Husky stehe der Wildform besonders nahe und wollen nicht glauben, daß ihr Zwergpudel oder Rehpinscher genau so eng mit dem Wolf verwandt ist. Die Meinung dieser Hundefreunde ist verständlich, denn Huskies, die im Rudel zusammenleben, zeigen noch viel vom für Wölfe überlebensnotwendigen Sozialverhalten. Hunde besitzen eine große Plastizität, deshalb kann der »normale« Haushund sein Benehmen in einem erstaunlichen Umfang an die besonderen Bedürfnisse seines menschlichen Rudels anpassen. Doch ohne das Wolfserbe, ohne den Familiensinn seiner wilden Vorfahren, wäre diese Partnerschaft, wäre die Einordnung in den neuen Sozialverband unmöglich.

Der Mensch hat durch eine gezielte Steuerung der Fortpflanzung die verschiedenen Hunderassen mit ihren spezifischen Eigenschaften herangezüchtet. Wer sich für die Entwicklung interessiert, kann bei Trumler ausführlich nachlesen, daß diese Züchtungen nicht immer und ausschließlich zum Vorteil unserer vierbeinigen Freunde erfolgt sind. Er zeigt an zahlreichen Beispielen, daß der Mensch eine traurige Begabung hat, das zu zerstören, was ihm unter die Hände gerät. Wer die Augen offen hält, sieht auch als Laie, daß es gewissen Hundevermehrern gelungen ist, aus dem gesunden, instinktsicheren Sozialwesen Wolf kranke, verhaltensgestörte, neurotische Geschöpfe zu produzieren. Da dies für die Rasse der Siberian Huskies glücklicherweise nicht zutrifft, möchte ich das beschämende Kapitel der Fehlzüchtungen nicht weiter verfolgen.

Dank der großen Anpassungsfähigkeit und dem ausgeprägten Lernvermögen der Caniden ist aus dem Generalisten Wolf ein Heer von Spezialisten entstanden. Diese beherrschen ihre jeweilige Aufgabe perfekt, während ihre übrigen Talente wegen Nichtgebrauchs verkümmerten oder gezielt weggezüchtet wurden. Der Wolf ist langsamer als ein Greyhound, besitzt nicht die feine Nase eines Drogenspürhundes, schwimmt schlechter als ein Neufundländer und würde an einem Polizeihundewettbewerb miserabel abschneiden. Er ist mit dem Zehnkämpfer zu vergleichen, der in den einzelnen Disziplinen nicht die Leistungen der Spezialisten erbringen kann, dafür aber die ganze Palette vom Sprint bis zum Stabhochsprung beherrscht.

Zimen beschreibt in seiner Wolfsmonographie eindrücklich und amüsant, wie er und seine Frau versuchten, ihre Zöglinge zum Schlittenziehen anzuhalten. Sie schafften mit viel Geduld und gutem Zureden eine kurze Strecke und stellten damit die schreckliche Mär vom blutrünstigen Wolfsrudel, das wehrlose Schlittengespanne attackiert, auf den Kopf. Meine Erfahrungen mit Taiga und Thule, unseren sibirischen Wölfen, bestätigen die Erzählung von Zimen. Sie laufen genau dann, wenn sie den Sinn der Sache einsehen. Sobald Freßbares gefunden ist, legen sie sich der Länge nach hin und kauen genüßlich angefaultes Obst, Pilze, Beeren oder auch nur Löwenzahnknospen. Solange der Tisch gedeckt ist, gehen sie freiwillig keinen Schritt vorwärts; wenn ich trotzdem weiter will, hilft nur wegtragen. Keine Spur vom ungestümen Vorwärtsdrang, der den guten Schlittenhund auszeichnet. Außerdem verhalten sich Taiga und Thule, seit sie erwachsen sind, ausgesprochen ängstlich gegenüber Fremden. In ihrem ersten Winter – sie wurden im Mai geboren – nahmen wir die beiden mit an die Schlittenhunderennen. Sie bildeten am Stake-Out die große Attraktion, und sie genossen die Zuneigung der vielen fremden Menschen sichtlich. Doch im Frühling wurde zuerst Taiga und einige Wochen später auch ihr Bruder Thule scheu. Mir gegenüber benehmen sich die beiden noch immer unverändert, wie verschmuste »Schoß-wölfe«. Albin und einige ausgewählte Bekannte dürfen sie ebenfalls streicheln. Sobald aber Fremde auftauchen, ziehen sich die »bösen Bestien« mit eingeklemmter Rute und eingeknickten Beinen in eine entfernte Ecke ihres Geheges zurück.

Vor einiger Zeit warb eine Automarke mit einem eindrücklichen Na-turfoto und dem Slogan »der Wolf, der Dauerläufer«. Das ist erfreu-lich, denn es zeigt, daß der Wolf sein Negativimage langsam verliert und sogar als Reklamemotiv verwendet wird. Trotzdem ist dringend davon abzuraten, Wölfe in Schlittenhundelinien einzukreuzen; der Nachwuchs wird langsamer, weniger ausdauernd und schwieriger zu lenken. Solchen Kreuzungshunden fehlt die Brise Sturheit, die jeder Hochleistungssportler braucht. Glücklicherweise wußten wir dies be-reits aus der Literatur und mußten nicht selber schlechte Erfahrungen sammeln. Wir haben der Verlockung widerstanden, obschon Taiga aus der Ferne Trampy anhimmelt und gar nichts von ihrem Bruder Thule wissen will – die Inzestsperre funktioniert perfekt.

Die gezielte Züchtung konnte nur Charaktereigenschaften und Fähig-keiten, die bereits im Wolf steckten, verstärken und weiter entwik-keln, während andere, die für den vorgesehenen Arbeitseinsatz der be-sonderen Rasse unerwünscht waren, zurückgebunden wurden. Sie konnte keine grundsätzlich neuen Fähigkeiten entstehen lassen. Das Wolfserbe macht Hunde zu idealen Gefährten. Sie sind genetisch pro-grammiert für das Zusammenleben in einem komplexen Sozialver-band, der arbeitsteilig aufgebaut ist und jedem Mitglied seinen be-stimmten Platz und seine konkrete Aufgabe zuweist. Trumler, einer der engagiertesten Canidenforscher, weist darauf hin, daß das Wolfs-rudel durch ein soziales Agreement und keineswegs durch eine despo-tische Hackordnung zusammengehalten wird. Die wichtigste Erzie-hungsaufgabe für das Rudel besteht darin, den Welpen das artgerechte Sozialverhalten beizubringen.

Die vierbeinigen Jäger leben gefährlicher als ihre Beute. Dies gilt ganz besonders für nordische Wölfe, die sich auf große Huftiere wie Elch, Moschusochse, Wisent und Rentier spezialisiert haben. Nur die enge Zusammenarbeit in der Großfamilie ermöglicht das Überleben, und obschon das ganze Rudel bei der Aufzucht, der Futterbeschaffung und der Erziehung der Welpen, die vom ranghöchsten Paar stammen, mithilft, ist die Ausfallquote hoch; weniger als die Hälfte erreichen das Erwachsenenalter. Die Jungen sterben wegen Nahrungsmangel und an Unfällen, wenn sie ihr Handwerk erlernen. Der Großwildjäger Wolf muß sich auf seine Rudelgenossen verlassen können. Dauernde Aggressionen und Rangordnungskämpfe würden angesichts der harten Lebensbedingungen den Untergang des Sippenverbandes bedeuten. Es bringen längst nicht alle Mitglieder die Voraussetzungen zum Chef mit; wichtig ist, daß sie ihren sicheren Platz und ihre angemessene Aufgabe in der Gemeinschaft besitzen. Diese Ordnung wird durch die gelegentlichen ritualisierten Drohgebärden des Leittiers mit geringem Aufwand und ohne Verletzungsgefahr für alle Beteiligten aufrecht erhalten.

Nachdem ich diesen Zusammenhang verstanden hatte, wurde mir auch die Rolle von Racy als Zollbeamtin an der Tür zum Freilaufgehege schlagartig klar.

Wenn Menschen ihre Artgenossen besonders schlecht behandeln, wird gerne Thomas Hobbes mit seinem »homo homini lupus« zitiert. Trotz seines ehrwürdigen Alters – er geht auf Plautus und damit auf die Antike zurück – ist dieser Ausspruch grundfalsch. Wie friedlich würde es doch auf der Welt zugehen, wenn die Menschen beim Zusammenleben tatsächlich die Wolfsregeln einhalten würden! Wölfe führen keinen Vernichtungskrieg gegen ihre eigene Art. Sie kennen im Unterschied zum Menschen auch keine Gewalt gegenüber Frauen; die Wölfin wählt sich ihren Partner, sie wird niemals gegen ihren Willen zum Deckakt gezwungen. Instinktsichere Hunde zeigen ein analoges Verhalten, und vom Züchter geplante Verbindungen mißlingen öfters, weil die Hündin den vorgesehenen Rüden ablehnt. Obschon der Rüde körperlich meistens stärker ist als die Hündin, denkt er überhaupt nicht daran, Gewalt anzuwenden. Trumler räumt mit der Vorstellung vom männlichen Rudelführer, die dem gewohnheitsmäßigen patriarchalischen Denken und nicht der wirklichen Naturbeobachtung entspricht, gründlich auf. Er schreibt:»Diese Vorrangstellung des erfahrensten Rüden hängt aber doch zu einem Gutteil davon ab, daß er gleichzeitig der ʼPrinzgemahlʼ ihrer Hoheit, der Wölfin Nummer eins, ist. Genau betrachtet hat eigentlich sie das große Sagen. Und weil er eben ihr Ehegespons ist , darf er gewisse für den Bestand des Rudels notwendige Aufgaben übernehmen.« Wölfe zeigen nicht die geringste Veranlagung zum Macho, trotzdem werden sie immer wieder als Symbolfiguren für eine behauptete männliche Überlegenheit mißbraucht.

Racy besitzt in unserem Rudel den Rang der Alfawölfin und betrachtet Albin als ihren Prinzgemahl. Sie konnte sich nicht trotz ihres Geschlechts, sondern gerade weil sie eine Hündin ist, gegen die älteren Rüden durchsetzen. Für Nome, Polar und Trampy entspricht die Vormachtstellung von Racy der artmäßigen Sozialstruktur. Da Huskies tolerant sind, kann sie mich trotzdem gut leiden. Ich stehe als Sonderfall außerhalb der normalen Rudelordnung. Das hat sich aus beruflichen Gründen ergeben, ich kann nur am Wochenende und während der Ferien eng mit unseren Hunden zusammenleben. Als Albin zum ersten Mal für zwei Wochen abwesend war und ich die Pflege des Rudels allein übernahm, drehte Racy beinahe durch. Sie zeigte alle Symptome eines Vorgesetzten, dem die Verantwortung über den Kopf wächst. Racy stand unter großem Streß, denn sie zweifelte an meiner Kompetenz und fühlte sich ganz alleine für die Einhaltung der Rudelordnung verantwortlich. Das Wolfsrudel wird partnerschaftlich vom Alfapaar geleitet. Racy ist die uneingeschränkte Chefin, aber sie benötigt trotzdem die Unterstützung durch ihren Prinzgemahl. Sie reagierte gereizt auf die geringste Unbotmäßigkeit der Untergebenen und patrouillierte dauernd steifbeinig, mit entblößten Zähnen und aufgestellten Rückenhaaren durch den Auslauf; es herrschte dicke Luft. Racy benahm sich wie ein richtiges Ekel, dadurch signalisierte sie unabsichtlich ihre Unsicherheit, und die Rudelmitglieder wurden von Tag zu Tag aufmüpfiger. In der Zwischenzeit hat Racy gelernt, daß Albin nie lange abwesend ist, und daß sich die Zusammenarbeit mit der Stellvertretung auszahlt.

Zur systematischen Verleumdung der Wölfe paßt auch der Ausdruck Raubtier: Da wird unterschwellig suggeriert, der Mensch sei ein edler Jäger, das Tier ein asozialer Räuber. Der Beutegreifer Wolf muß jagen, um zu überleben, um seine Familie, um seinen Nachwuchs zu ernähren. Er ist mit dem Elch, den er zur Strecke bringt, nicht enger verwandt als die Gasthofbesucher mit dem Hirsch, der den Braten für ihr Sonntagsmahl geliefert hat.

In den Märchen und Mythen der Indianer und Eskimos genießt der Wolf ein hohes Ansehen. In einer sehr schönen Legende wird erzählt, daß vor vielen, vielen Jahren die Rentiere krank wurden und starben und die Menschen Hunger leiden mußten, weil sie keine Beute mehr machen konnten. Dies sah der große Jagdgott, und er bekam Mitleid mit den Menschen, deshalb schenkte er ihnen den Wolf, damit er die Rentiere, Elche und all die anderen Tiere gesund halte. Die »primitiven« Urvölker kannten den Zusammenhang zwischen Beutegreifer und Beute noch sehr genau. Dieses Wissen ging später verloren oder wurde absichtlich verdrängt.

Dank umfangreichen Forschungen erkennen die Wildbiologen heute wieder die wichtige Funktion der »Raubtiere« im Naturhaushalt. Sie haben aber große Schwierigkeiten, diesen Tatbestand den zweibeinigen Jägern und den politischen Instanzen zu vermitteln. Es ist noch nicht lange her, daß die Behörden in Kanada und Alaska einen regelrechten Vernichtungskrieg gegen die Wölfe führten. Die Jäger hatten mit ihren modernen Schußwaffen die Elch- und Rentierbestände jahrzehntelang übernutzt. Als das Desaster sichtbar wurde, schrieen sie »haltet den Dieb«, um von den eigenen Fehlern abzulenken. So wurden die Wölfe reihenweise mit dem Maschinengewehr aus Flugzeugen abgeschlachtet, in großangelegten Kampagnen vergiftet und in grausamen Tellereisen gefangen. Dies geschah, obschon die Wildbiologen eindeutig nachweisen konnten, daß Beutegreifer ihre Beute nie ausrotten, daß sie vielmehr durch die Art ihrer Jagd für eine gesunde Population der Pflanzenfresser sorgen.

Doch wir in Europa besitzen wenig Legitimation zur Empörung; im Norden, in Rußland und Skandinavien, wurde der vermeintliche Nahrungsmittelkonkurrent des Menschen ebenfalls grausam verfolgt. Weiter im Süden sind die größeren Beutegreifer längst ausgerottet, nur in abgelegenen Berggegenden in Spanien, Italien und Osteuropa haben versprengte Restgruppen überlebt; es ist aber zu befürchten, daß die Bestandeszahlen für die Arterhaltung zu gering sind. Es gelang dem Menschen auch in diesem Fall, das biologische Gleichgewicht gründlich zu zerstören. Weil die natürlichen Feinde fehlen, übernutzen die Pflanzenfresser ihre Nahrungsgrundlage, außerdem werden sie anfällig für allerlei Seuchen. Der überhöhte Wildbestand, der eine natürliche Verjüngung des Waldes weitgehend verunmöglicht, ist ein besonders instruktives Beispiel. Es liegt am Anreizsystem, daß die Beutegreifer den Menschen bei der Erhaltung des Gleichgewichtes überlegen sind. Die zweibeinigen Jäger interessieren sich in erster Linie für gesunde Tiere und imposante Trophäen; dank den überlegenen Waffen merzen sie nicht Schwächlinge aus, sondern schießen Tiere mit der besten Veranlagung, die für die Arterhaltung wichtig wären. Die »Raubtiere« sind zum ökonomischen Handeln gezwungen, um überleben zu können; sie halten sich vor allem an alte, kranke oder sonst geschwächte Beute, die leichter zu fassen ist.

Es gibt vorbildliche Jäger, die ihre Aufgabe als Heger sehr ernst nehmen. Doch es gibt auch die anderen, die in der Tagespresse Schlagzeilen machen, weil sie die Kuh des Nachbarn, den Pirschkollegen oder den arglosen Wanderer mit einem Rehbock verwechselt haben. Wölfe sind Profis, die ihr Handwerk perfekt beherrschen; sie können sich angesichts der harten Lebensbedingungen Fehler gar nicht leisten. Von ihren Eltern haben sie gelernt, daß Menschen keine Beute sind, sondern vielmehr eine tödliche Gefahr darstellen, die *wolf* mit Vorteil weiträumig umgeht. Auch wer in den Ferien wochenlang in der faszinierenden Wildnis des hohen Nordens lebt, bekommt kaum einen Wolf zu Gesicht. Albin und ich waren auf unseren Kanu- und Bergsteigertrips in Alaska und Kanada bereits überglücklich, wenn wir dem eindrücklichen Chorgesang der scheuen Jäger aus der Ferne lauschen konnten. In den USA werden für Wanderungen während der Jagdsaison grellfarbene Kleider und leuchtend orange Kopfbedeckungen empfohlen, in einzelnen Staaten ist dies für Jäger sogar Vorschrift; Menschen mit einem Schießgewehr können gefährlich sein, wilde Wölfe sind es nie!

Zahme oder halbzahme Wölfe, die den Menschen als Rudelgenossen betrachten, sind dagegen nicht immer harmlos. Das hat Albin schmerzhaft von Taiga und Thule gelernt, die psychisch weniger robust sind und daher unsere Erziehungsfehler nicht so tolerant wie die Huskies wegstecken konnten. Er handelte als »Oberwolf« zu wenig konsequent, und prompt versuchten sie, ihn als Chef abzusetzen. Ohne die tatkräftige Hilfe von Trampy hätte der Rangordnungskampf für Albin böse Folgen haben können. Um die Nachbarschaft nicht zusätzlich zu beunruhigen, verzichte ich seit dieser Episode auf weitere Spaziergänge mit meinen Wölfen. Da ihr Laufbedürfnis so gering ist, fühlen sie sich im geräumigen Freigehege wohl, im Unterschied zu mir scheinen sie die gemeinsamen Ausflüge kaum zu vermissen. Mitten im Gehege liegt ein großer Teich. Taiga und Thule planschen gerne im seichten Wasser; doch geschwommen wird nur, wenn es sich lohnt, das heißt, wenn wir Freßbares ins Wasser werfen. Überreife Zwetschgen haben sich als absoluter Hit entpuppt, für diesen Leckerbissen tauchen unsere beiden Feinschmecker sogar.

Ein letztes Argument für die Wiedereinbürgerung der Wölfe in unseren Breitengraden ist ihre Toleranz gegenüber den anderen Waldbenützern. Oder haben Sie je davon gehört, daß ein Rudel sein Revier während der Jagdsaison für Spaziergänger sperrt, wie das Jagdpächter in Deutschland öfters tun? In Bayern beklagen sich beispielsweise die Bergsteiger, daß sie im Herbst von den Jagdherren zu großen Umwegen beim Hüttenanstieg gezwungen werden. Sämtliche rationalen Argumente sprechen dafür, daß die Beutegreifer wieder ihren angestammten Platz als Regulatoren im Naturhaushalt einnehmen, doch gegen Vorurteile und irrationale Ängste ist leider kein Kraut gewachsen.

Racy nimmt ihre Aufgabe als Teamchefin sehr ernst. Sie geht davon aus, daß sie zusammen mit Albin für die Rudelordnung verantwortlich ist, korrigiert unbotmäßige Mitglieder konsequent und springt beherzt in die Lücke, wenn sich Albin als zu weich erweist. Da ist beispielsweise die Episode mit Pioneer, der erst als sechsjähriger Rüde zum Team stieß. Er spielte in seiner Jugend als Einzelhund Rudelmittelpunkt und lehnte sich später prompt gegen das Baby auf, das ihn entthronte. Deshalb wurde er für die Familie untragbar. Da lauffreudige Siberian Huskies in einem Tierheim ganz besonders unglücklich sind, nahmen wir den klassischen Sozialfall zu uns ins Emmental. Unsere Rüden behandelten den kastrierten Kollegen reserviert freundlich, er war kein vollwertiger Konkurrent und wurde weder abgelehnt noch richtig ins Team aufgenommen. Der ehemalige Haushund Pioneer hat sich problemlos ans Freiluftleben gewöhnt, er schläft auch bei Minusgraden gerne vor, statt in seiner Hütte. Doch er fühlt sich noch immer als Mitglied einer menschlichen Familie; er schmeichelt sich bei den Besuchern ein, steigt zu jedem ins Auto und wäre am liebsten wieder irgendwo Einzelhund. Die anderen Huskies sind für ihn weitgehend Luft mit Ausnahme von Racy, die er unheimlich respektiert, denn sie gab ihm gleich am ersten Tag den Tarif bekannt. Pioneer wollte als Spezialist für Erdarbeiten – er wird beim Graben höchstens von Nome übertroffen – im Auslauf die Bodenverankerung des Zauns überprüfen. Albin zog ihn an den Hinterbeinen zurück, denn so nahe an der Abschrankung wird nicht gelocht. Da beging Pioneer Majestätsbeleidigung, er knurrte und zeigte die Zähne. Bevor der perplexe

Albin reagieren konnte, warf sich Racy wie eine Furie auf den Sünder und Pioneer sprang entsetzt in die entlegenste Ecke des Auslaufs. Er hat seither nie mehr aufgemuckt.

Uschba, Upper, Ussa und Umbra, die vier Töchter von Reina und Polar, sind perfekt erzogene Hündinnen. Wir können mit ihnen ohne Leine durch den Wald streifen und ohne Schwierigkeiten gemeinsam zum Zwinger zurückkehren. Dies war für uns eine Riesenüberraschung, denn Huskies besitzen normalerweise einen starken Jagdtrieb, der die Grundlage für ihre Begeisterung, den Schlitten oder die Pulka zu ziehen, bildet. Reina ist eine ganz scharfe Jägerin. So entwischte sie, als die Jungen erst drei Wochen alt waren, durch eine schlecht geschlossene Zwingertüre und kehrte erst Stunden später mit einem erbeuteten Huhn zurück. Eine Wölfin würde die Jagd den Rudelmitgliedern überlassen, solange ihr Nachwuchs noch so klein ist. Bei Polar, dem Vater, ist eine gut verriegelte Zwingertüre noch viel wichtiger, er hat wegen unserer Unachtsamkeit bereits drei Katzen auf dem Gewissen. Das darf sich nicht wiederholen! Auch in unserem Haus wohnen zwei Stubentiger, die unbeschränkten Auslauf genießen. Ich weiß daher genau, daß, anders als bei Hühnern, der Griff ins Portemonnaie nicht ausreicht, um den Tod einer Katze auszugleichen.

Obschon die Kinder von Reina und Polar erblich vorbelastet sind, nehmen sie keine verlockenden Fährten auf, sie sind wildfromm und entfernen sich bei Spaziergängen nie aus unserem Gesichtskreis. Wenn wir rufen, eilen sie Hals über Kopf herbei und springen begeistert an uns hoch. Diese ungestüme Freudensäußerung gilt bei Hundesportlern als Untugend, doch »bei Fuß« oder »Sitz«, das haben die vier Mädchen von uns nie gelernt. Racy hat ihnen beigebracht, daß Entfernung von der Truppe unnachgiebig geahndet wird. Die Freiheit, auf Entdeckungsreisen zu gehen, steht nur den Leittieren zu.

Uschba, Upper, Ussa und Umbra wurden hauptsächlich von Racy erzogen. Reina spielte nur ausgelassen mit ihren Halbstarken, während sich Polar als eher grantiger Vater entpuppte. Er wollte seine Ruhe und hat die übermütige Bande jeweils verärgert weggeknurrt. Überhaupt zeigten sich unsere Rüden weniger instinktsicher als Wölfe. Trampy erweckte den Eindruck eines in Familiendingen unerfahrenen älteren Junggesellen, der nichts mit kleinen Kindern anzufangen weiß. Die Welpen waren ihm eher lästig, doch wollte er ihnen nicht weh tun, und er konnte nicht richtig abschätzen, wieviel Zurechtweisung und Nasenstüber sie ertragen. Am liebsten hätte Trampy sich aus der ganzen Kindererziehung rausgehalten. Er stand jeweils steifbeinig im Getümmel und hielt den Kopf hoch, damit die Kleinen keine Gelegenheit bekamen, seine Mundwinkel anzustoßen und so nach Futter zu betteln. Er nutzte jede Möglichkeit, um sich vorsichtig in eine ruhige Ekke des Geheges zurückzuziehen. Ausgerechnet Nome, dessen Großvater als Welpentöter gebrandmarkt ist, spielte mit den Junghunden. Unsere anfängliche Besorgnis war unbegründet, denn sobald Nome die Kleinen allzu grob behandelte und sie ängstlich schrieen, fuhr Racy dazwischen und sorgte für Ordnung.

Ich habe bereits im ersten Kapitel beschrieben, wie Racy ihr Team jederzeit anhalten und, was noch schwieriger ist, ohne Verwicklungen wenden kann. Diese Kunst beherrschen die meisten Musher nur unvollkommen und ohne starke Bremsen am Trainingswagen und ohne einen zuverlässigen Schneeanker am Schlitten überhaupt nicht. Racy ist eindeutig Nummer eins, doch auch für Hunde gilt die Weisheit: Würde bringt Bürde. Ich habe manchmal den Eindruck, daß ihre Schwester Reina, die ganz unten in der Rangordnung steht und keine Position verteidigen muß, den besseren Part gewählt hat.

Reina ist lebenslustig, verspielt, anhänglich, freundlich und immer gut aufgelegt; man könnte sie extrovertiert nennen. Sie bezieht ihre Streicheleinheiten von überall her und freut sich riesig über jeden Besuch. Im Zweifelsfall wirft sie sich schnell auf den Rücken und zeigt Unterwürfigkeit; sie wirkt dabei aber keineswegs unterdrückt, sondern läßt sich genüßlich den Bauch kraulen. Reina ist offensichtlich ein »Unterhund«, doch ihre Psyche wurde deswegen nicht angekratzt. Sie ist eine aufgestellte, rundum zufriedene Hündin, die alle einfach gern haben müssen. Auch ängstliche Besucher und kleine Kinder finden sogleich Kontakt und streicheln sie voller Begeisterung. In einem wildlebenden Rudel hätte sich Chefin Racy ihren Prinzgemahl – vermutlich Trampy – ausgesucht und wäre Mutter geworden. Albin hat diese Rudelordnung durchkreuzt, indem er Reina und Polar für die Zucht auswählte. Er wollte während der Rennsaison nicht auf seine Topleithündin Racy verzichten, und Trampy fehlte wegen seiner Menschenscheu die Ankörung. Die Mutterrolle beeinflußte weder den Charakter noch die Stellung von Reina im Rudel. Sie blieb die verspielte und lebenslustige Hündin, die ganz unten in der Rangordnung steht, während ihre Kinder vor allem von Racy erzogen wurden.

Obschon sie Wurfgeschwister sind und als Welpen von uns genau gleich behandelt wurden, ist die zurückhaltende Racy das pure Gegenteil der quicklebendigen Reina. Die beiden können als Lehrbuchbeispiel für die Erkenntnis dienen, daß jeder Hund eine individuelle Einzelpersönlichkeit darstellt. Es ist unbestritten, daß gewisse Charakteristika für bestimmte Rassen typisch sind, doch dabei handelt es sich immer nur um Durchschnittsaussagen, die nie für jeden einzelnen Vertreter der entsprechenden Rasse im gleichen Ausmaß zutreffen. Siberian Huskies werden oft folgendermaßen beschrieben: Sie sind freundlich zu Fremden, beißen nicht, sind kinderlieb, eignen sich nicht als Schutzhunde, haben einen starken Jagdtrieb, trotzen mit ihrer Selbständigkeit allen Dressurversuchen, lassen sich kaum richtig zu Begleithunden erziehen und haben einen gewaltigen Laufdrang.

Grosso modo stimmt diese Charakterisierung, doch Ausnahmen sind gar nicht so selten. Racy ist ausgesprochen unfreundlich zu Fremden, sie beißt zu, wenn sie ihr Rudel verteidigen will. Wir haben es nicht ausprobiert, aber vielleicht hätte sie bei entsprechender Ausbildung sogar die Schutzhundeprüfung bestanden. Pioneer schnappte aus Eifersucht nach dem Baby seiner ursprünglichen Besitzer und mußte umplaziert werden. Vegy ist, ohne es je gelernt zu haben, ein perfekter Begleithund und krümmt keiner Katze ein Haar. Timber ist nicht besonders lauffreudig und den vier Reinatöchtern fehlt jeglicher Jagdtrieb.

Dieses weite Spektrum im Verhalten der einzelnen Rassevertreter haben die Hunde von ihren Ahnen geerbt. Da Wölfe in einem arbeitsteiligen Sozialverband leben, sich unter verschiedenen Umweltbedingungen durchsetzen müssen und einer breiten Palette von Beutetieren gegenüberstehen, ist eine große Variationsbreite in den Veranlagungen der Einzeltiere vorteilhaft. Überlebensnotwendige Eigenschaften, wie die Fähigkeit zu lernen und sich in ein Sozialgeflecht einzuordnen, sind genetisch vorbestimmt, doch eignen sich die Jungen viele Kenntnisse erst im Laufe ihrer Ausbildung an. Das braucht Zeit; daher dauert es auch zwei Jahre, bei Rüden oft noch länger, bis Wölfe geschlechtsreif werden und theoretisch ein eigenes Rudel gründen könnten. Bei Hunden ist diese Zeitspanne verkürzt, dafür bleiben sie als Folge der Domestikation oft während ihres ganzen Lebens verjugendlicht und betrachten ihre Menschen als Elterntiere.

Forscher, die Wölfe in freier Wildbahn beobachten, berichten von unterschiedlichen Jagdtraditionen, die sich in den einzelnen Rudeln entwickelt haben. So soll es Gruppen geben, die den Elch im Winter auf das blankgefegte Eis eines Sees hetzen, wo sie mit ihren Krallen einen besseren Halt finden als das mächtige Beutetier mit seinen Hufen. Andere Rudel verfügen über spezielle Treibjagdtechniken. Die Forscher haben auch keine Schwierigkeiten, die einzelnen Wölfe zu identifizieren. Fellzeichnungen und Größe sind dabei weniger wichtig als das spezifische Verhalten eines jeden Individuums. Canis lupus ist kein Herdentier, es sind markante Einzelpersönlichkeiten, die sich zu sozialen Gruppen zusammenschließen, um zu überleben.

Mech und Brandenburg lebten auf Ellesmere Island längere Zeit mitten in einem Wolfsrudel. Dies war nur möglich, weil sich die Insel, die im Nordpolarmeer zwischen Grönland und Kanada liegt, nicht für eine wirtschaftliche Nutzung eignet und die Wölfe daher noch keine schlechten Erfahrungen mit Menschen gesammelt hatten. Sie haben zwei instruktive Bücher mit wunderschönen Fotos publiziert. Darin beschreiben sie auch einige Eigenheiten der Rudelmitglieder: Mom, die Alfawölfin, war besonders zutraulich und tolerant gegenüber den menschlichen Beobachtern, während Buster, ihr Prinzgemahl, sehr wachsam auf mögliche Gefahren, die dem Rudel drohen könnten, achtete; Mid-Back hatte sich auf die Jagd nach Schneehasen spezialisiert und Scruffy tollte verspielt wie ein Welpe durch die Gegend, er war der Clown der Familie.

Mech und Brandenburg beschreiben außerdem die ausdrucksstarke Körpersprache, die der Verständigung zwischen den Rudelmitgliedern dient und belegen sie mit eindrücklichen Bildern. Die Caniden verfügen mit dem Heulen, Knurren und Bellen auch über akustische Signale, doch Körperhaltung, Art der Bewegung und Duftnoten spielen eine viel größere Rolle für die Kommunikation im Sozialverband. Viele Hundehalter sind erstaunt, wie gut ihr Liebling verschiedene Stimmungen erfaßt und die Absichten seiner Menschen erraten kann. Unsere Huskies merken, lange bevor der Transportwagen bereitgestellt wird, ganz genau, wenn ein Training oder eine Tour geplant ist; dann toben sie begeistert und heulen im Chor, sobald wir die Zwingeranlage betreten. Falls keine Aktivitäten vorgesehen sind, bleiben sie gelangweilt liegen und gähnen höchstens verächtlich. Unser Rudel kann auch präzise zwischen einem gewöhnlichen Training und einem Wertungslauf am Rennen unterscheiden. Albin und ich sind vor dem Start nervös, und es nützt überhaupt nichts, Gelassenheit vorzutäuschen, die vierbeinigen Sportkameraden durchschauen uns mit Leichtigkeit.

Siberian Huskies besitzen, wie alle anderen Hunde, weder einen sechsten Sinn noch verfügen sie über telepathische Fähigkeiten; sie »lesen« unsere Gedanken wie aus einem offenen Buch aus kleinsten Körpersignalen, die wir meist unbewußt übermitteln. Weil ihre gesprochene Sprache nur aus wenigen Lautäußerungen besteht, sind Huskies perfekte Beobachter. Die gute Verständigung ist überlebensnotwendig, denn große Beutetiere können nur erfolgreich gejagt werden, wenn die Zusammenarbeit im Rudel perfekt klappt. Da den Hunden die gesprochene Sprache weitgehend fehlt, sind sie auf eine exakte Beobachtung der Körpersignale angewiesen, während wir Menschen diese Art der Kommunikation weitgehend verlernt haben. Das ist auch der Grund, warum Racy mit harter Pfote durchgreifen kann, während Albin und ich bei der Erziehung unseres ersten Teams versagten. Wir haben während der Ausbildungsphase widersprüchliche Signale ausgesandt. So lachten wir beispielsweise innerlich, wenn Nome und Polar unsere Befehle mißachteten, wenn sie bei der Rückkehr vom Auslauf in den Zwinger noch schnell eine Runde über den Vorplatz drehten, um alle wichtigen Punkte sorgfältig zu markieren, oder wenn Vegy vor dem Füttern wie ein Gummiball auf und ab hüpfte und dazu ohrenbetäubend quietschte. Wir freuen uns über eine begeisterte Begrüßung, deshalb nehmen unsere Vierbeiner abwehrende Bewegungen und Befehle zur Zurückhaltung nicht ernst; sie stehen an uns hoch und fahren uns mit ihrer Zunge liebevoll übers Gesicht. Racy drängt sich bei der Begrüßung nie nach vorne, sie wartet hoheitsvoll, bis wir uns zu ihr begeben. Doch dann hat man ausschließlich für sie da zu sein. Wehe, wenn sich ein Teammitglied dazwischen drängt oder wir gar den Fauxpas begehen, mit der einen Hand einen anderen Hund zu streicheln. Racy staucht den Sünder zusammen und wendet sich gleichzeitig beleidigt von uns ab.

In den USA und in Kanada begannen die Musher vor einigen Jahren, schnelle Jagdhunde mit den besten Schlittenhunden zu kreuzen. Aus

Rechts oben: Racy beim Schwimmtraining (Foto: Albin Schelbert)

Rechts unten: In der Schlucht der Zulg. Vegy betrachtet die Sache skeptisch; sie schwimmt erst, wenn es sich nicht vermeiden läßt (Foto: Albin Schelbert)

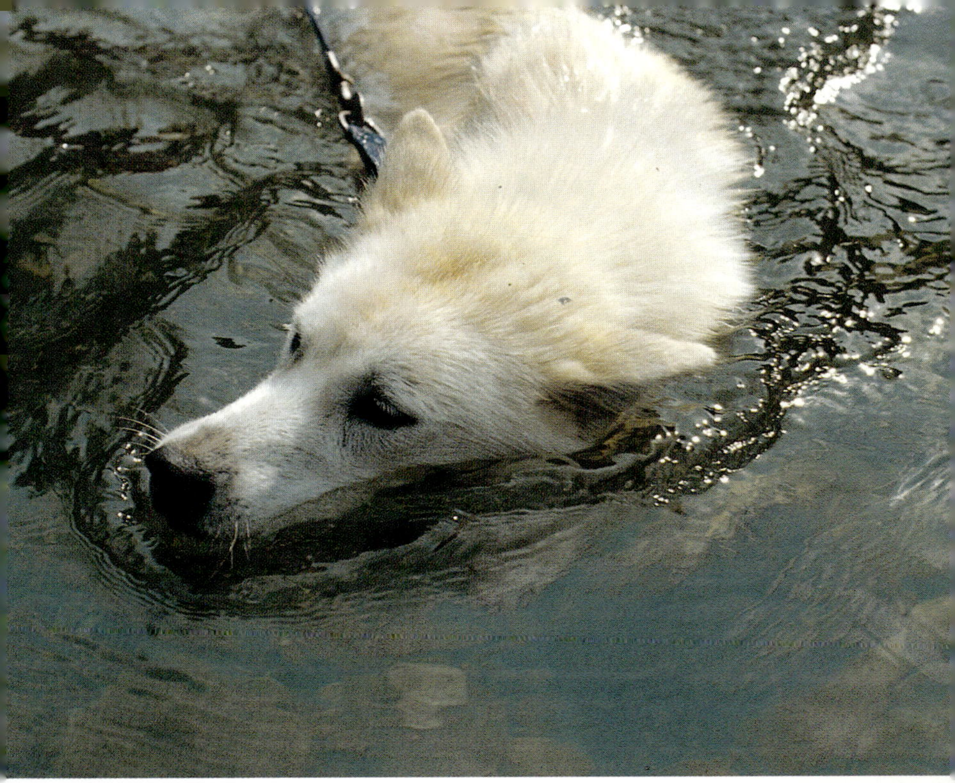
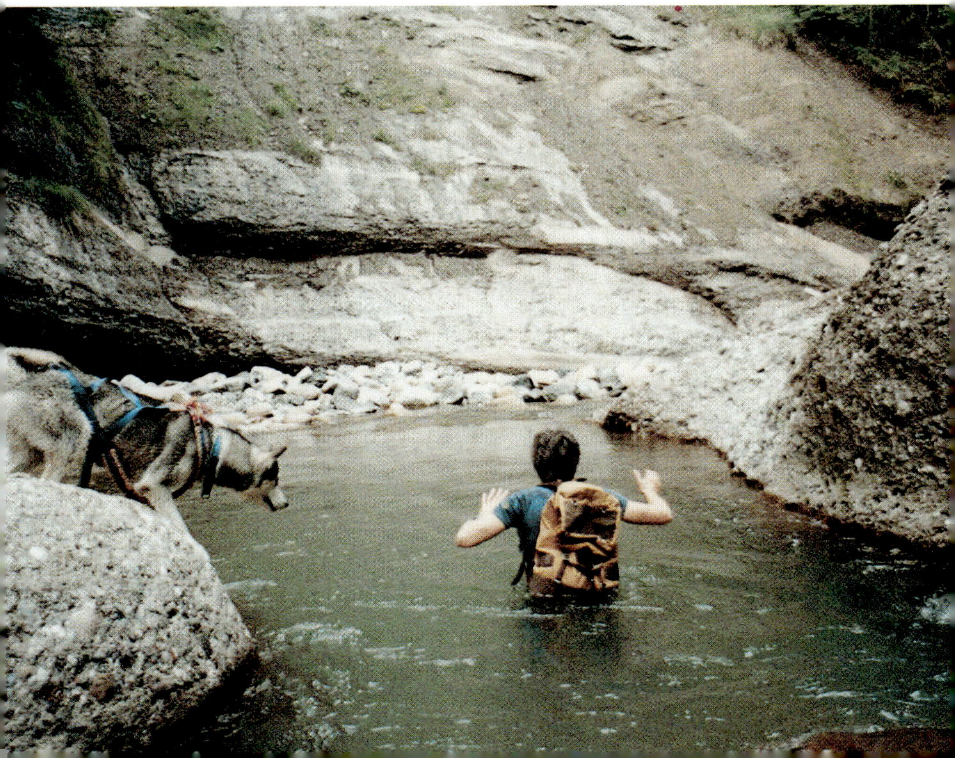

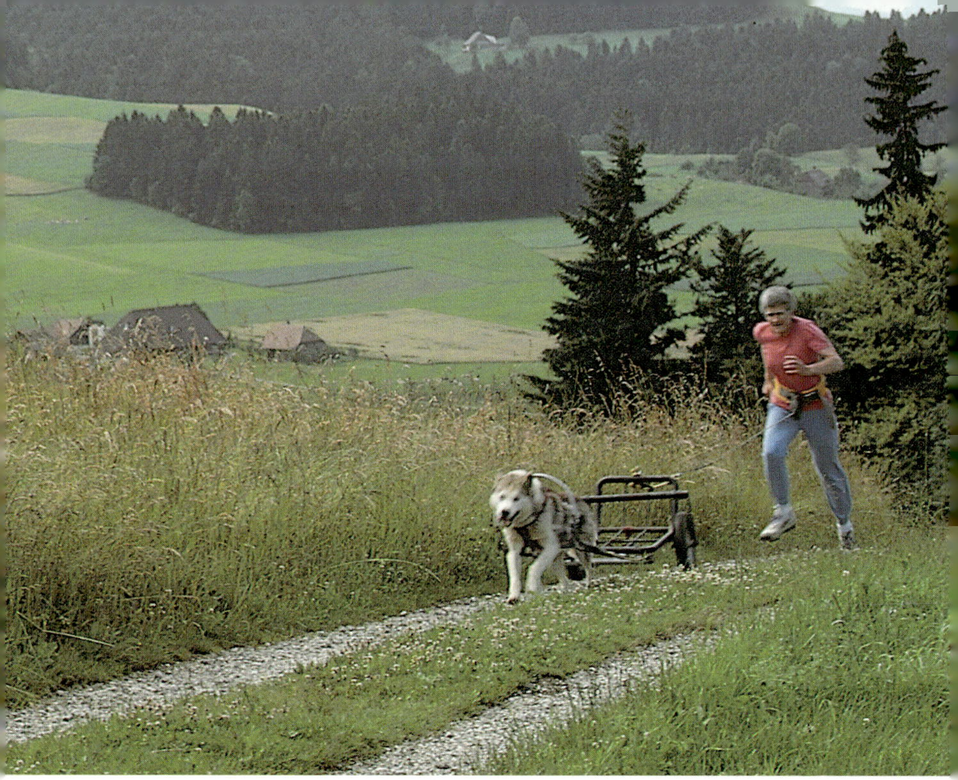

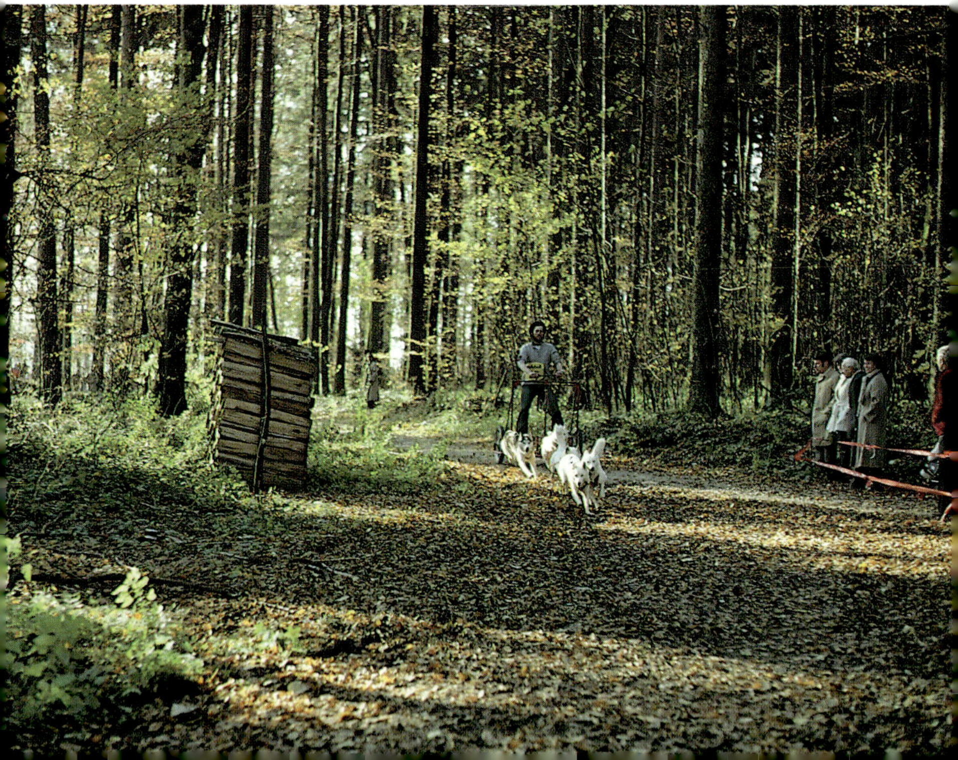

diesen Verbindungen entstand der Alaskan Husky, der dem Siberian Husky als Rennhund überlegen ist, doch von der FCI noch nicht als Rasse anerkannt wird. Die Entwicklung schwappte auch auf Europa über, und Albin wollte sein ursprüngliches Gespann durch den Beizug von Scruffy, einer rennerprobten Alaskan-Husky-Hündin, verbessern. Nachher ist man immer klüger. Wir erkennen heute genau, warum das nicht funktionieren konnte.

Racy und Scruffy waren sich von der ersten Sekunde an spinnefeind. Sie akzeptierten Albins Wunsch und liefen im Training und an Rennen nebeneinander als Leithündinnen. Doch während der übrigen Zeit mußten wir sie sorgfältig trennen, um eine Auseinandersetzung, die vermutlich zum Ernstkampf geführt hätte, zu vermeiden. Albin versuchte, Racy davon zu überzeugen, daß sie und nur sie die uneingeschränkte Rudelchefin sei. Doch Racy durchschaute ihren Prinzgemahl mühelos. Sie merkte sogleich, daß Albin die Nebenbuhlerin für eine bessere Rennhündin hielt, die das Team zu einem schnelleren Tempo anspornen sollte. Sie setzte daher alles daran, ihre Macht über das Rudel zu festigen: Sie ignorierte immer häufiger Richtungsanweisungen, stoppte plötzlich oder drehte das ganze Gespann mitten im Lauf um. Nur auf Hochtouren, wo die dünnfellige Scruffy nicht mit von der Partie war, benahm sich Racy perfekt wie früher.

Besonders an den Rennen wirkten die Eskapaden von Racy, wie wenn sie Albin absichtlich eins auswischen wollte, doch wir dürfen das Verhalten eines Hundes nicht nach unseren Vorstellungen interpretieren. Ein Mensch hätte sich wohl überlegt: Wenn ich das Team stoppe und sogar umdrehe, geht die Zeit, die durch das raschere Tempo von Scruffy eingespart wurde, wieder verloren, und es lohnt sich für Albin nicht mehr, die Nebenbuhlerin einzuspannen. In solchen Kausalketten können Caniden jedoch nicht denken. Für Racy war der Zusammenhang ganz gradlinig: Scruffy bedrohte ihre Alfaposition, und wir verhinderten eine direkte Ausmarchung, also mußte sie ihre Vormachtstellung gegenüber den Rudelmitgliedern durch entsprechende Befehle sichern. Racy erreichte ihr Ziel, sie wurde nicht mehr zusammen mit Scruffy eingespannt und blieb eindeutig Chefin des Seniorenteams. Daneben hat Albin ein neues Renngespann mit Alaskan Huskies aufgebaut. Da die beiden Rudel vollständig getrennt gehalten werden – auch im Auslauf findet keine Durchmischung statt –, fühlt sich Racy in ihrer Position nicht bedroht. Sie beachtet das neue Team kaum.

Links oben: Training mit dem Pulkagefährt. Nome fordert seine Musherin bergaufwärts tüchtig (Foto: Albin Schelbert)

Links unten: Wagentraining; bei einem kleinen Clubrennen kann der Trainingsstand verglichen werden (Foto: Albin Schelbert).

4. Ausrüstung

*Ziehen und Tragen; das Travois und die Packtasche – Einspannarten
und Schlitten werden dem Gelände und den Aufgaben der Hunde angepaßt – Eskimo-Einspannung, Indianer-Einspannung, Nome-Einspannung, Touren-Einspannung, Pulka-Einspannung – Das Zuggeschirr*

Ziehen und Tragen; das Travois und die Packtasche

Der Hund als Haustier des Menschen hatte nicht nur Wach- und Jagd-
funktionen zu erfüllen, sondern er wurde schon seit jeher als Trag- und
Zugtier eingesetzt. Wer kennt nicht die Bilder von Indianermalern wie
Bodmer, Rindlisbacher oder Kurz, die sehr schön festgehalten haben,
wie einzelne Hunde ein **Travois** ziehen oder eine **Packtasche** tragen?

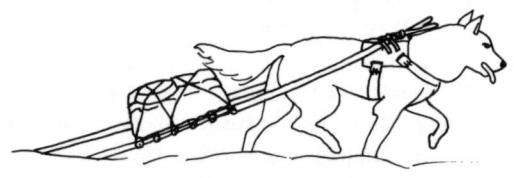

Die Konstruktion des Travois ist einfach: Zwei gekreuzte Holz-Stan-
gen, ungefähr 1,8 Meter lang, wurden mit dem dünneren Ende voraus
an eine Art Satteldecke geknüpft, dem Hund mit einem breiten Gurt
auf den Rücken gelegt und um die Brust und den Hals gebunden. Die
zu transportierende Last befand sich hinter dem Hund auf einer mit
Weidenruten geflochtenen Ladefläche. Die dicken Enden der Stangen
lagen am Boden und wurden nachgeschleift. Waren sie durch das
Schleppen abgenutzt, so schnitt man sich zwei neue.

Das Travois wird heute nicht mehr gebraucht, die Packtasche aber
schon. Wurde sie früher von Eskimos, Indianern, Trappern und Prospektoren verwendet, erfreut sie sich heute zunehmender Beliebtheit

bei Wanderern, Wildhütern, Förstern usw. Packtaschen tragen ist eine tolle Beschäftigung und ein gutes Konditionstraining für unsere Schlittenhunde.

Selbstverständlich muß es nicht ein Schlittenhund sein, der eine Tasche trägt. Jeder Hund ab 50 cm Schulterhöhe ist dazu in der Lage. Moderne Packtaschen sind dem Rücken des Hundes angepaßt. Das Packtaschenwandern macht bei richtiger Anwendung mit einem gesunden (Hüftgelenk-Dysplasie-freien) Hund viel Spaß. Der Hund trägt z.B. auf der einen Seite sein eigenes Futter und auf der anderen einen Teil des Proviantes. Wer entlang von Teichen oder Bächen wandert, sollte daran denken, daß sich wasserbegeisterte Hunde auch mit der Packtasche nicht abhalten lassen, ins kühle Naß zu springen. Es ist also von Vorteil, den Proviant wasserdicht zu verpacken ... Je nach Modell und Ladung ist ein schlauer Hund auch in der Lage, sich vorne niederzulegen, so daß die Tasche am Boden aufsteht, um dann rückwärts herauszuschlüpfen. Wenn er dabei einige Hundert Meter von uns weg ist, können wir die Tasche eventuell längere Zeit suchen, bis wir unseren Proviant wieder haben. Es lohnt sich deshalb, die Tasche sorgfältig auf den Hund festzuschnallen und die Riemen so fest zu ziehen, daß sie gut hält, jedoch die Atmung aber nicht behindert.

Nach einer Stunde machen wir jeweils Marschhalt damit sich unser Begleiter, um seinen Rücken zu entlasten, während zehn Minuten ohne Tasche strecken kann. Die Tasche macht dem Hund warm, deswegen soll er auch oft in kleinen Mengen Wasser trinken können. Wer im Sommer mit seinem Hund in den Alpen wandert, muß daran denken, daß auch Hunde einen Hitzeschlag erleiden können. Während des Marschhaltes kontrollieren wir gleich die Pfoten, denn in felsigem Gelände kann es Riße geben, die den Hund behindern. Pfotenschuh und Pfotensalbe gehören deshalb zur Ausrüstung. Falls der Hund bereits Booties trägt, werden auch sie während der Pause ausgezogen. Die Pfoten brauchen frische Luft, damit sie trocken bleiben und es zwischen den Zehen keine Entzündungen gibt. Auf mehrtägigen Wanderungen ist die Pfotenkontrolle absolute Pflicht. Selbstverständlich wurden schon zuhause die Nägel kontrolliert und allenfalls geschnitten, wobei die Afterkralle nicht vergessen werden darf.

Gut bewährt hat sich die Bodenspirale (einem etwa 50 cm langen Zapfenzieher ähnlich) mit drehbarem Ring. Sie wird während unseres Besuches in der Alphütte draußen in die Erde geschraubt und unser Begleiter mit einer dünnen, 80 cm langen Kette daran angebunden. So sind wir sicher, daß er während der Zeit, wo wir unsere Milch trinken, nicht den Hühnern, Schweinen oder gar den Kühen nachstellt. Eine Leine ist schnell durchgebissen.

Marschieren wir in steilem Gelände abwärts, kann die Packtasche in den Nacken des Tieres rutschen, darum muß öfters der Sitz kontrolliert werden. Wir wollen ja, daß sich der »Packdog« auch mit der Tasche auf unseren Wanderungen wohlfühlt. Wichtig ist, daß die Last auf beiden Seiten gleichmäßig verteilt wird, sie soll links und rechts gleich schwer sein. Innen muß sie flach anliegen, damit sie dem Hund nicht auf die Rippen drückt. Die Tasche sollte so liegen, daß sich die Last weit vorne befindet, damit er das Hauptgewicht mit den Vorderbeinen trägt und nicht mit dem Rücken. Klappernde Spirituskocher sind für den Hund unangenehm, vertreiben jedoch das Wild frühzeitig. Unser Packhund könnte dann keinen Schaden anrichten, falls wir ihn frei laufen lassen.

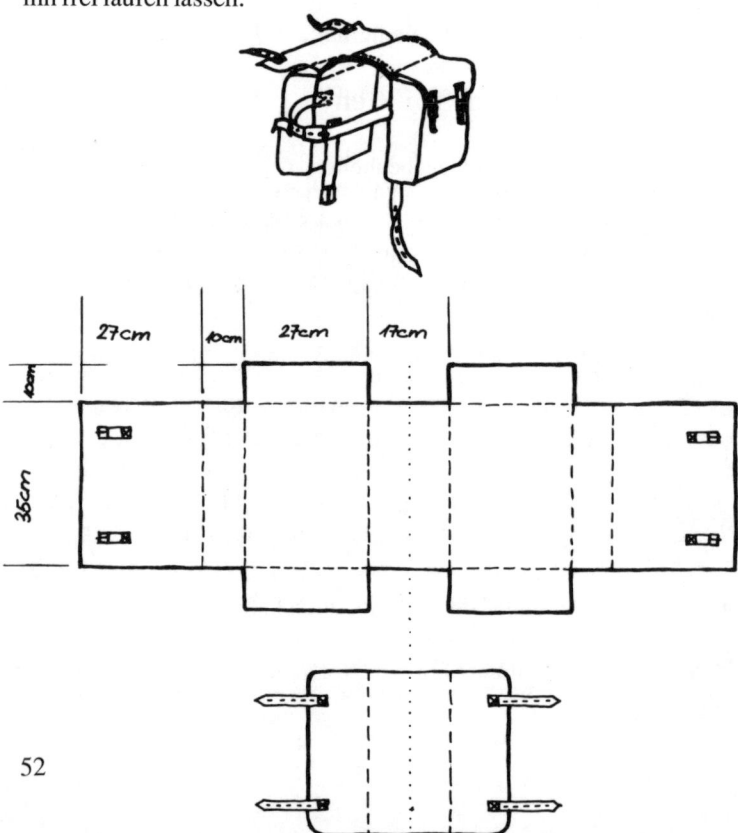

Alle Hunde, die älter als zehn Monate sind, können an die Tasche gewöhnt werden. Zuerst zeigt man sie dem Hund. Er muß sie ausgiebig anschauen und beschnuppern können. Ist er mit der Inspektion zufrieden, fährt man ihm mit der Hand einige Male über den Rücken und legt dann die leere Tasche auf. Ein einigermaßen disziplinierter Hund läßt sich das gefallen. Schon kann sie mit Brust- und zwei Bauchgurten befestigt werden, und dem ersten Packtaschenspaziergang steht nichts mehr im Weg. Beim nächsten Mal wird die Tasche leicht bepackt. Der Hund muß sich erst daran gewöhnen mit der unförmigen Tasche umzugehen. Er wird breitbeiniger gehen und auch lernen, damit nicht an jeden Baum oder Fels anzustoßen. Wenn der Hund dann mit eineinhalb Jahren ganz ausgewachsen ist und eine Zeitlang regelmäßig trainiert wurde, kann er voll beladen werden. Das ist in flachem oder leicht hügeligem Gelände ca. 1/3 seines Körpergewichtes und in alpinem Gelände ca. 1/4 seines Gewichtes. Die besten Packtaschen-Modelle werden in Norwegen und den USA hergestellt. Sie sind auch hier erhältlich. Wem es Spaß macht, kann sich selber einen Pack-Bag schneidern. Die vorstehende Skizze zeigt, wie. Die Maße gelten für einen Hund von etwa 55 cm Schulterhöhe

Einspannarten und Schlitten

Je nach geographischen Gegebenheiten, Anzahl der zur Verfügung stehenden Hunde und der Möglichkeit, Holz als Rohmaterial zu beschaffen, wurden viele verschiedene Schlittenmodelle und Einspannarten geschaffen, von denen einige auch heute noch gebräuchlich sind. Die gestellte Aufgabe war immer dieselbe. Menschen mußten mit Hilfe von Schlitten und Hunden ihre Habe an einen neuen Lagerplatz transportieren oder Nahrung und Brennholz zu ihrer Behausung befördern.

Ende des achtzehnten- bis anfangs des zwanzigsten Jahrhunderts war die Zeit der Arktis- und Antarktis-Entdeckungen, der Kampf um Nord- und Südpol. Amundsen und Nansen, Peary und Stefansson sind nur einige der berühmten Erforscher, die ihre großartigen Leistungen zu einem wesentlichen Teil den Schlittenhunden verdanken. Sie griffen auf die Erfahrungen der Eskimos zurück, brauchten deren Hunde und Schlitten. Nansen allerdings entwickelte einen neuen, leichteren Schlitten, der in ähnlicher Form in Norwegen noch heute verwendet wird.

Erst in diesem Jahrhundert begann der Mensch auch zu seinem Vergnügen, für Sport und Freizeit, Hunde einzuspannen.

Interessant ist in diesem Zusammenhang die unterschiedliche Entwicklung in Nordamerika und Skandinavien. Sie liegt sicher teilweise darin begründet, daß die Eingeborenen Nordamerikas, die Indianer und Eskimos, nur Schneereifen kannten, aber keine Skier wie die Lappen. Bestimmt suchte man deshalb nach Möglichkeiten, bei guter Piste auf angenehme Art und Weise mit Last und Schlitten mittransportiert zu werden.

»Wir reisten jetzt viel komfortabler. Der Trail war gut und wir marschierten hinter den Hunden. Nach zehn Meilen erreichten wir das Eis. Wir zogen unsere Schneeschuhe aus, sprangen auf die verlängerten Kufenenden und «flogen» die letzten vier Meilen zum Camp.«

Aus: Robert Marshal in »Alaska Wilderness«

Mit Skiern, wie sie die Lappen kannten und natürlich die Begründer des Skandinavier-Sportes auch, ist es einfach, einem schnellen Hundegespann zu folgen, das mit der Pulka unterwegs ist. Heute jedoch sind nicht nur praktische Gründe maßgebend, die eine oder andere Einspannart auszuwählen. Meist diktiert die Möglichkeit, mehrere oder nur einzelne Schlittenhunde halten zu können die Art und Weise, wie man einspannt.

Nachstehend sind die wichtigsten Einspannungen dargestellt, wie sie heute noch gebräuchlich sind:

Eskimo-Einspannung

Die Eskimos der ostkanadischen Arktis und Grönlands leben in einem Teil der Erde, wo Schlittenfahrten meist nicht komfortabel sind. Sie jagen oft mit ihren Hunden im Küsteneis, wo haushohe Eispressungen und offene Stellen den Weg versperren. Sie haben deswegen eine Einspannmethode entwickelt, die den Hunden größtmögliche Freiheit gibt, Wasser zu durchschwimmen oder zu überspringen, Eisblöcke zu umgehen und im Falle von Spalten nicht mit dem ganzen Team darin zu verschwinden.

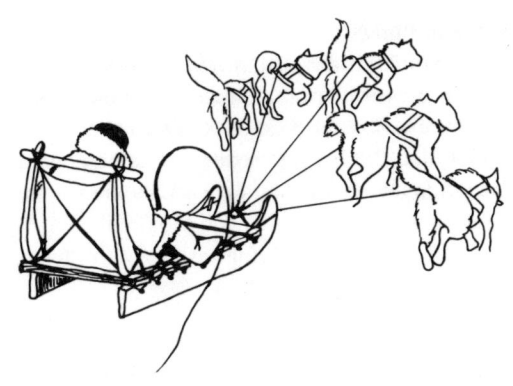

Anwendung: Der Hundeführer läuft zu Fuß hinter seinem Gespann und dirigiert es mit der Peitsche. Bei Bedarf hilft er schieben und steuert den Schlitten am Handgriff. Bei guten Verhältnissen setzt er sich auf den Schlitten. Abwärts laufen die Hunde neben oder hinter dem Schlitten und müssen mithelfen, ihn zurückzuhalten.

Normale Gespanngröße: 5 bis 15 Hunde

Schlitten: **Komatik**. Aus dicken Brettern gebauter, schwerer Schlitten ohne Bremse. Zwei bis 4 Meter lang und bis 80 Zentimeter breit.

Einspannart: **Fan Hitch**. Jeder Hund ist mit einer einzelnen Zugleine direkt mit dem Schlitten verbunden.

Zuggeschirr: Aus Seehundhautstreifen oder heute aus Gurten.

Was bietet die Eskimo-Einspannung?

Vorteil: Der Schlitten ist fast unzerbrechlich, auch in rauhem Eis. Große Bewegungsfreiheit der Hunde.

Nachteil: Schlecht geeignet in Tiefschnee, da jeder Hund seine eigenen Spur machen muß. Nicht brauchbar in waldigem Gebiet. Der Schlitten ist schwer, schlecht manövrierbar und sinkt im Schnee ein. Durch die vielen Leinen entsteht oft ein Durcheinander. Die Hunde verheddern sich und müssen mühsam wieder entwirrt werden.

Indianer-Einspannung

Die Indianer im Norden Kanadas leben in einem der größten Waldge-
biete dieser Erde. Sie haben deshalb eine Zugart entwickelt, die es ihnen leicht macht, durch diese Wälder zu fahren, um zu jagen oder um
Brennholz zu schlagen. Der Toboggan war das Universaltransport-
mittel im Winter, genauso wie das Kanu im Sommer.

Anwendung: Der Hundeführer läuft auf Schneeschuhen vor oder hin-
ter seinem Gespann. Auf geeigneten Strecken, wenn der
Schlitten leicht gleitet, steht er hinten auf dem Brettende.
Normale Gespanngröße: 2 bis 8 Hunde.
Schlitten: **Toboggan**. Ein oder zwei vorne aufgebogene schmale
Bretter, zusammen 30 bis 45 cm breit, werden durch
Querhölzer verschraubt. Die ganze Ladefläche ist meist
durch einen Transportsack bedeckt, der oben offen ist.
Der Schlitten hat keine Bremse, weil das Gelände recht
flach ist.
Normale Länge 2,5 bis 3 Meter.
Einspannart: **Single-Tandem-Hitch.** Die Hunde laufen einzeln hinter-
einander. Sie sind mit dem Schlitten durch beidseitig an-
geordnete Lederstreifen (Gurten) verbunden.
Zuggeschirr: Chummet aus Leder, mit Ring aus Weidenrute verstärkt.

Was bietet die Indianer-Einspannung?

Vorteil: Sehr geeignet für hügeliges, waldiges Gelände, da der
             Raumbedarf in der Breite sehr klein ist. Die Spur eines
             Schneeschuhläufers genügt für die Hunde, um durchzu-
             kommen. Geringe Gefahr für Hunde und Schlitten, an
             Bäumen hängen zu bleiben.
Nachteil: Die große Kontaktfläche Schnee-Holz bewirkt einen
             starken Reibungswiderstand. Die Last wird leicht naß, da
             sie sehr tief im Schnee liegt. Nicht geeignet für viele
             Hunde, da das Gespann sehr lang wird.

Nome-Einspannung (Amerikaner-Einspannung)
Während der Goldrauschzeit, 1890-1910 (Nome-Goldrush) in Alaska
aufgekommene Art, die Hunde einzuspannen. Durch den ganzen
Winter über benutzte und dadurch immer gespurte Verbindungswege
wurde die paarweise Einspannung der Hunde möglich. Seither ist sie
die Standard-Einspannung im Schlittenhundesport und heute in den
Rennregeln vorgeschrieben.

Anwendung: Der Hundeführer steht bei guten Verhältnissen auf den verlängerten Kufenenden und lenkt von dort durch Gewichtsverlagerung und Drücken am Handgriff den Schlitten. Bei Bedarf pedalt er oder läuft und schiebt am Handgriff.

Normale Gespanngröße: 3 bis 18 Hunde.

Schlitten: **Alaskischer Basketschlitten.** Ein Schlitten mit langer Ladefläche, und daraus hervorgegangen, die Rennschlitten mit kurzer Ladefläche. Sie sind aus Esche, Birke oder Hickory gebaut und früher mit Rohhautstreifen, heute mit Nylonkordeln geknotet. Die einzelnen Teile sind nicht zusammengeklebt, sondern nur ineinandergesteckt und gebunden. Dadurch wird die erforderliche Elastizität erreicht, um komfortales Fahren ohne Brechen oder Splittern der dünnen Holzteile zu riskieren. Die Kufen sind mit einem Kunststoffbelag versehen. Eine mit dem Fuß zu betätigende Bremse aus gehärtetem Stahl stoppt den Schlitten.

Einspannart: **Gang-Hitch.** Die Hunde werden paarweise hintereinander eingespannt. Sie sind mittels Zentralleine und einzeln davon abzweigenden Zugleinen und den Necklines (Halsleinen) mit dem Schlitten verbunden. Die Zugleinen sind aus Polyäthylenseil geknüpft.

Zuggeschirr: Aus Gurten in verschiedenen Modellen. Sie heißen z.B. Siwash, X-Back, Norris, usw.

Was bietet die Nome-Einspannung?

Vorteil: Sehr wirkungsvolle Art Hunde einzuspannen, da viele Hunde auf wenig Raum arbeiten können. Die Hunde sind gut motiviert, wenn sie nebeneinander laufen. Sie tun das lieber, als einzeln hintereinander zu arbeiten.

Nachteil: Nicht sehr ideale Einspannart im Tiefschnee, da sich die nebeneinanderlaufenden Hunde gegenseitig rempeln. Der Basketschlitten sinkt stark ein.

Tourenausrüstung für Gespanne

Mit dem Aufkommen von Langdistanzrennen anfangs der Siebziger-
jahre wuchs das Bedürfnis nach entsprechender Ausrüstung. Sprintrennen, welche mit leeren Schlitten auf präparierten Trails gefahren
werden, erfordern nicht dieselbe Ausrüstung wie ein Yukon Quest
oder das Iditarod. An Langdistanzrennen, müssen Hundefutter,
Schlafsack, Kocher, Schneeschuhe, Booties für die Hunde und vieles
andere mitgeführt werden.

Die Trails sind kaum präpariert. Vereiste Flußläufe, vom Wind
schneefrei geblasene apere Stellen wechseln mit tiefem Schnee. Die
Belastung für den Schlitten ist entsprechend groß. Deshalb wurde die
Idee des indianischen Toboggans aufgegriffen und weiterentwickelt.
Der vom Langdistanzmusher und Flugzeugingenieur Tim White mo-
dernisierte Toboggan gilt in den USA als das Nonplusultra in dieser
Richtung.

Auch in Europa ist man nicht untätig gewesen. Interessante Schlitten
und Einspannarten stehen im Einsatz. Am Alpirod mehrfach bewährt
hat sich eine Mischung zwischen alaskischem Basket Schlitten und
Toboggan, der auch fürs Husky Mountaineering praktisch ist. Die Ladefläche aus leicht gleitendem Polyäthylen ersetzt das Brett des India-
ner-Toboggans. Sie ist um einige Zentimeter höher gesetzt als die Kufen. Bei wenig Schnee fährt der Schlitten mit kleinstem Widerstand
auf den schmalen Kufen, bei tiefem Schnee auf der Ladefläche. In
Kombination damit wird fürs Husky Mountaineering eine Abwand-
lung der Indianer-Einspannung verwendet. Dabei wird aber keine
Kummet, sondern ein Gurtengeschirre verwendet. Um das gegensei-
tige Rempeln im tiefen Schnee zu vermeiden, laufen die Hunde einzeln hintereinander. Deswegen kann die Zugleine kürzer sein als bei
der Nome-Einspannung, so daß auch ein größeres Team nicht allzu-
lang und unhandlich wird.

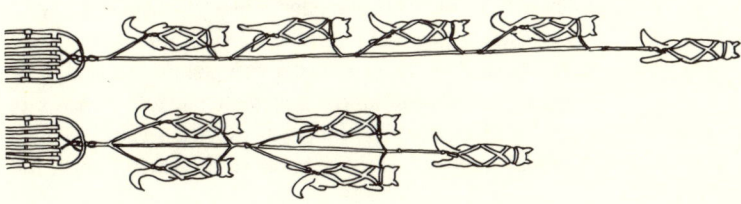

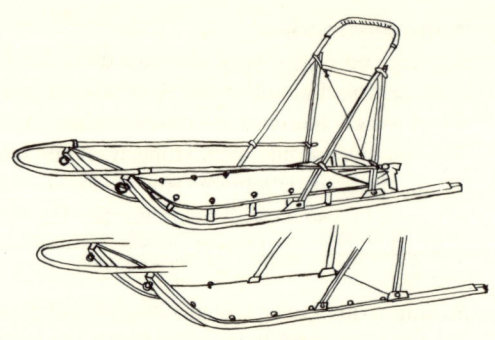

Pulka- oder Skandinavier-Einspannung

Die Ureinwohner Nordskandinaviens, die Lappen, haben nie Hunde eingespannt, sondern Rentiere. Aus den Rentierschlitten, den Ackjas, entstand die Pulka. Sie bot die Möglichkeit, in der flachen nordischen Landschaft auf Skiwanderungen einen Teil der Ausrüstung zu ziehen, statt sie auf dem Rücken zu tragen. Bald aber verwendete man den Hund als Zugtier. Die Pulka-Einspannung wurde in den Dreißigerjahren weiterentwickelt, um den Familienhund ziehen lassen zu können. Es wurden bis heute zum Beispiel Schäferhunde und Jagdhunde eingesetzt, sei es, um Proviant und Zelt zu transportieren oder um das Kleinkind mitnehmen zu können.

Anwendung: Der Hundeführer begleitet sein Gespann auf Langlaufskis.

Normale Gespanngröße: 1 bis 3 Hunde, an Rennen meist 1 bis 2 Hunde.

Schlitten: Pulka oder **Norsk-Trekkhundklubb-Schlitten**
Der Trekkhundklubb-Schlitten ist dem Nansen-Schlitten ähnlich. Er ist aus Esche oder Hickory gebaut und mit einer Bremse aus Stahl versehen. Durch seine Länge und sein Gewicht bedingt eignet er sich erst für drei und mehr Hunde, man sieht ihn deswegen eher selten. Pulkas gibt es aus Holz oder aus Fiberglas in vielen verschiedenen Modellen, von 1,25 Metern bis zu 2 Metern Länge, mit

60

Kunststoffabdeckung oder Tuchverdeck, mit Messing-schienen oder mit Skiern als Gleitkufen. Die Pulkas sind zwischen sechs und zwölf Kilo schwer, die größeren können auch mit einer Bremse versehen werden, die an Rennen mit drei und mehr Hunden vorgeschrieben ist.

Einspannart: **Single-Tandem-Hitch.** Die Hunde laufen einzeln hinter-einander und sind durch beidseitig des Hundes angeord-nete Manila- oder Fiberglasstangen mit dem Schlitten verbunden.

Zuggeschirr: Kummet aus Leder mit innenliegendem Ring aus Alu oder Manila, ähnlich wie beim Pferd. Für Renngespanne werden manchmal gepolsterte Geschirre aus Gurten ver-wendet.

Was bietet die Skandinavier-Einspannung?

Vorteil: Beste Zugart für einzelne Hunde. Gut verwendbar im Tiefschnee. Nur eine schmale Ski- oder Schneeschuhspur ist erforderlich. Der Schlitten kann in Abwärtspassagen nicht in die Hunde hineinfahren.

Nachteil: Nicht geeignet für eine größere Anzahl von Hunden. Ein-geschränkte Beweglichkeit der Hunde. Mansollte Skilau-fen können ...

Das Zuggeschirr

Ein ganz wichtiger Ausrüstungsteil ist das Geschirr. Wenn es nicht paßt, behindert es den Hund in Atmung oder Bewegung oder fügt ihm Schmerzen zu. Im schlimmsten Fall hat der Hund an den Schultern oder zwischen Oberarm und Brustbein wundgeriebene Stellen, welche dazu führen, daß die Arbeit für einige Zeit unterbrochen werden muß. Dieser Hund läßt sich dann natürlich nicht gerade begeistert wieder einspannen.

Bei jeder Art von Geschirr (Pulka, Renn- oder Lastengeschirr), muß bei der Anprobe auf einige wichtige Punkte geachtet werden.

1. Es darf nicht verrutschen und soll immer gleich sitzen.
2. Es darf die Atmung des Hundes nicht behindern.
3. Es darf die Bewegung des Schulterblattes nicht einschränken.
4. Der Zug soll gerade nach hinten wirken.
5. Es darf nicht so kurz sein, daß der Karabinerhaken (beim Gurtengeschirr) dem Hund auf die Kruppe schlägt.

Wie leicht oder wie schwer das Geschirr beim Anziehen dem Hund über den Kopf geht ist kein Indiz für gute oder schlechte Paßform am Hals. Die nachstehenden Skizzen zeigen den wichtigen und oft falsch sitzenden Halsteil des Geschirres.

Weitere grobe Fehler sind ein zu kurzer Brustteil und eine zu enge Hüftgurte.

Geschirre aus Gurten, so simpel sie aussehen, werden besser im Fachgeschäft gekauft als selbst gebastelt. Nur Leuten mit Erfahrung kann das Selbernähen empfohlen werden.

1. Zu kleines Geschirr. Es behindert die Atmung.

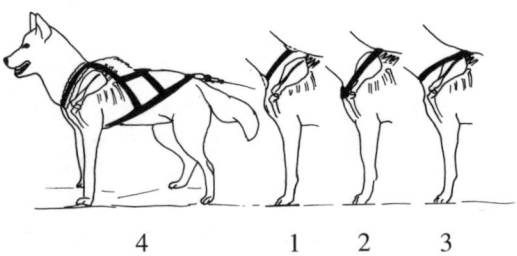

4   1   2   3

2. Zu großes Geschirr. Es behindert die Bewegung des Schulterblattes.
3. Möglicherweise richtige Größe. Der Zug ist aber ungleich, es zieht oben zu stark.
4. Richtige Größe. Der Zug wirkt in die korrekte Richtung.

5. Training im Sommer und Winter

Glückliche Hunde und ihr Musher auf einer Trainingsfahrt – Grundregeln, Trainingsablauf und Kommandos – Training des ersten jungen Hundes. Taugt er zum Leithund? – Pulkatraining – Trainingstabelle – Ernährung

»Halte deine Hunde glücklich im Training.« Wer dies sagt, ist nicht etwa ein romantischer Tierliebhaber, sondern Earl Norris, ein alaskischer Züchter und Halter von rund 250 Hunden. Die Howling Dogfarm (die heulende Hundefarm) liegt 70 Meilen nördlich von Anchorage und beherbergt ab und zu »Schlittenhundesport-Lehrlinge«. Aus der Lehrzeit von Ernst Müller stammt der nachstehende Bericht über eine Trainingsfahrt:

»Mitte November, 30 cm Schnee, -20C, wunderbares Wetter. Der Schlitten, die Zugleinen und die Geschirre liegen bereit. Ich betrachte all die Hunde, die zu trainieren sind. Sie schauen gespannt meinem Treiben zu; auf wen wird die Wahl wohl fallen? Wer darf mit? Little Spike, «meine» kleine, muskulöse Leithündin sitzt auf dem Hundehaus und wartet. Nun ist sie sicher; sie ist dabei. Ich spanne sie als erste ein und befehle ihr «Lineout» zu stehen. Als Swingdogs wähle ich Taffy und Twiggy, zwei junge Hündinnen. Kaum habe ich sie eingespannt, drehen sie sich um und verwickeln sich in die Leinen. Ich spanne sie ruhig, ohne Worte zu verlieren, wieder ein. Mein weiteres Paar heißt Charly und Curly. Die beiden starken, jungen, silbergrauen Rüden sind Brüder. Die hintersten Hunde sind Little Astro und Appolo, zwei weitere Rüden. Alle stürzen sich in die Geschirre, heulen, bellen, wollen hinaus auf den Trail. Ich springe auf den Schlitten, reiße den Schneeanker vom Pfahl. «Mush, little Spike» nun geht es los! Nur mit Mühe kann ich mich am Schlitten festhalten. Wir rasen zwischen den Hundehäusern durch. Alle zurückgebliebenen Hunde bellen, lärmen und rennen um ihre Hütten. Ich bin froh, mein Team noch nicht verloren zu haben. Dann herrscht plötzlich Stille; wir sind auf dem Trail. Die Hunde schnaufen, die Schlittenkufen knirschen im Schnee. Der gefrorene schneebedeckte Sumpf ist durchquert. Wir streben einem See entgegen, umrunden ihn. Rechts davon liegt die Biberburg. Sie ist etwa sechs Fuß hoch, und schaut ganz verlassen aus, aber im Innern

Rechts oben: Unterwegs am Alpirod Langdistanzrennen (Foto: Ernst Müller)

Rechts unten: Kurz nach dem Massenstart an einem Pulkarennen in Norwegen (Foto: Ernst Müller)

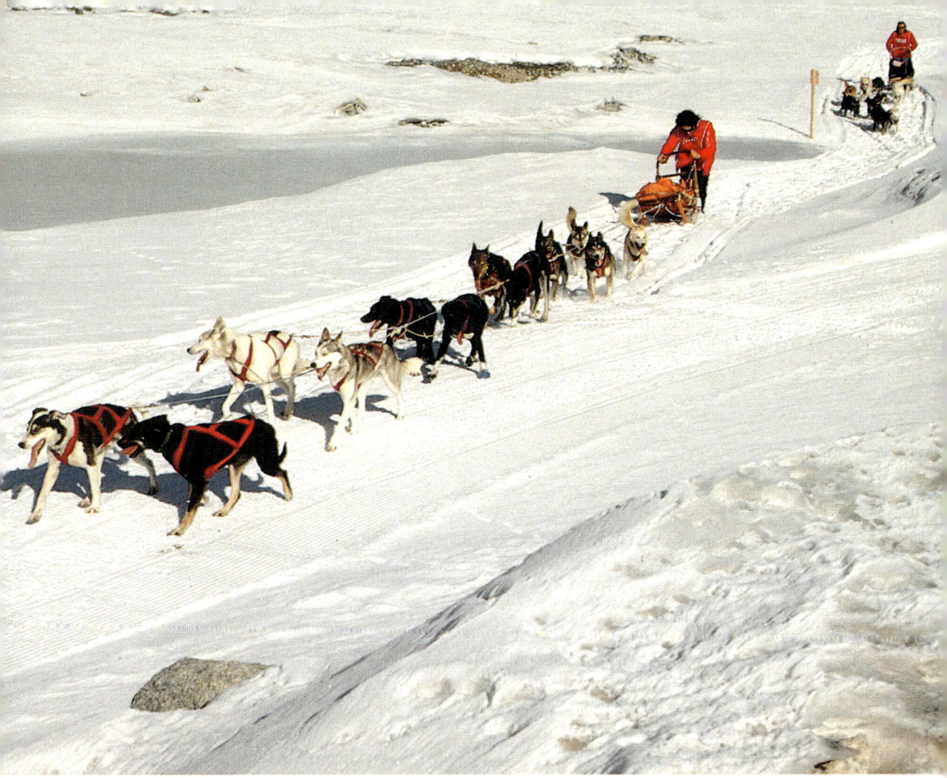

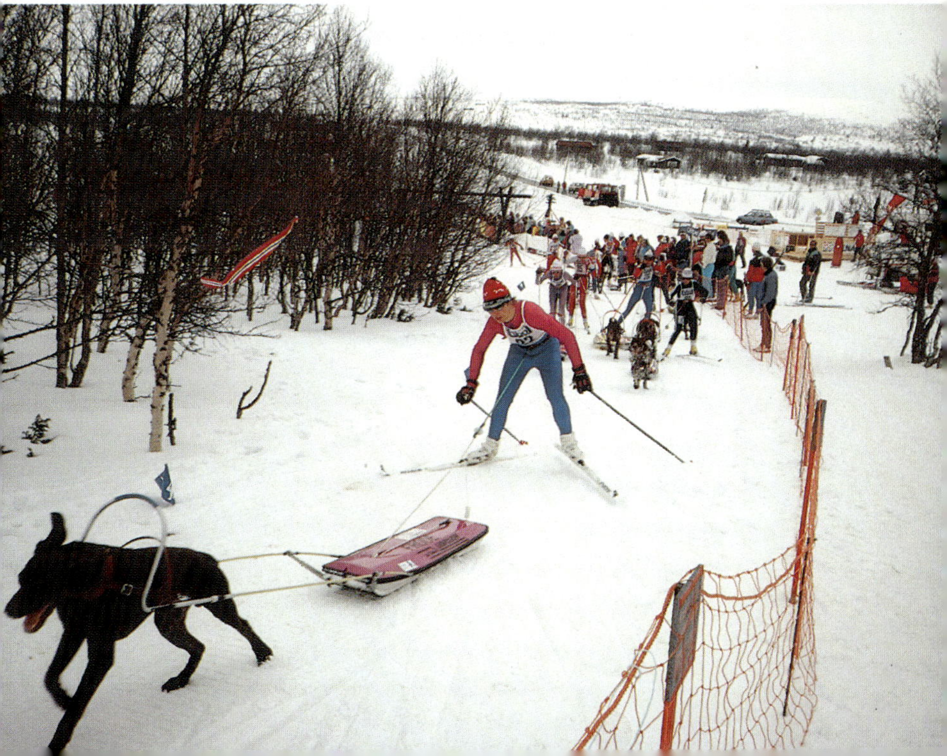

herrscht emsiges Treiben. Wir fahren durch einen Tannenwald, ein Birkhuhn flattert von einem Busch zum anderen. Die Hunde spitzen die Ohren, schauen, aber schon sind wir vorbei. Der Wald wird lichter, die Bäume bleiben zurück. Vor uns liegt der nächste See. Wir sausen quer über das Eis dem anderen Ende entgegen. Am Ufer sind Tierspuren. «Whoa» die Hunde halten an, froh um eine Verschnaufpause. Der Snowhook wird an einem Baumstrunk festgemacht, und nun habe ich Zeit, die Spuren zu betrachten. Es sind Spuren eines Kojoten. Unser Trail kreuzt hier seinen Wildwechsel. Werde ich ihn, den Jäger der Hasen und Wildkaninchen, wohl auf meiner nächsten Fahrt sehen können? Doch halt! Meine Hunde beginnen zu jaulen, sie wollen weiter. Schon mushen wir wieder durch die weite Winterlandschaft Alaskas; etwas langsamer nun, so daß mein Blick in die Ferne schweifen kann. Dort erhebt sich die Alaskarange, im Zentrum steht der majestätische Mt. McKinley, der höchste Berg Nordamerikas, 100 Meilen entfernt und doch so nah. Hoppla, eben kann ich mich noch festhalten. Mein Team zieht plötzlich an und rennt schneller. Was ist den los? Ich schaue um mich und sehe einen Elchbullen!

Gewaltig ist er anzuschauen mit seinen mächtigen Schaufeln. Hoch erhobenen Hauptes trabt er durch den lichten Tannenwald davon. Es ist 16.00 Uhr, es wird kälter und kälter, die Berge werden rot, dann gelb. Nach dem Sonnenuntergang ist die Landschaft stahlblau, die Berge, die Seen, die Wälder. Wir haben den letzten See umrundet und es geht heimwärts. Die Hunde atmen schwerer, mir ist kalt. Aus der Ferne hören wir den Sound der «Howling Dogfarm». Meine Hunde beschleunigen das Tempo und schon bald sind wir zurück. Mit steifen Fingern spanne ich meine müden Gefährten aus und gehe ins warme Haus, wo Natalie Norris mit dem heißen Kaffee auf mich wartet.«

Hier in Mitteleuropa haben wir natürlich nicht das Glück, schon im November auf Schnee trainieren zu können. Das eingangs erwähnte Motto von Earl Norris dürfen wir aber unserem Tun trotzdem voranstellen. Wer Tiere für den Sport trainiert, muß sich bewußt sein, daß sie keine Ambitionen haben, irgendwelche Lorbeeren zu gewinnen. Unseren Hunden macht Laufen Spaß. Hunde aus guten Zuchtlinien bringen den »Desire to go«, diesen Willen zum Rennen und Ziehen mit. Deswegen vollbringen sie, bei entsprechendem Training, so große Leistungen.

Links: Ein Team wartet auf den Start. Der Musher steht auf der Bremse, die Handler halten die Hunde zurück (Foto: Ernst Müller)

Grundregeln

Aller Anfang ist leicht, wenn man sich an einige Regeln hält, die nachstehend aufgeführt sind:

- Konsequente Haltung den Tieren gegenüber.
- Im Training wird nur das absolut Notwendigste mit den Hunden gesprochen, Schwätzer und Schreihälse verderben das beste Team.
- Das Trainieren eines Gespannes ist seriöse Arbeit und nicht eine Vorführung für Jedermann mit beliebigen Unterbrüchen während der Arbeit.
- Jedes Gespann hat **einen** Musher. Der Freundeskreis darf zuschauen.
- Nervöse, emotionelle Haltung den Tieren gegenüber verhindert jegliche gute Leistung.
- Der Musher muß spüren, was er von seinen Tieren verlangen kann, aber auch, was zuviel für sie ist.
- Ein seriöser Trainingsaufbau mit konsequent durchgeführtem Programm ist selbstverständlich.
- Training auf geteerter Straße ist Gift für Pfoten und Gelenke.
- Aufgerissene, schmerzende Pfoten beeinträchtigen die Leistung. Regelmäßige Kontrolle und eventuell vorbeugende Behandlung mit Pfotenfett helfen Schwierigkeiten zu verhindern.
- Ein der Gespanngröße angepaßter Trainingswagen ist erforderlich. Das Team muß auf ebener Stecke relativ leicht galoppieren können.
- Die Länge der Trainingsstrecke ist den Hunden und dem zu erreichenden Ziel anzupassen.
- Die Position der Hunde im Team sollte nicht dauernd geändert werden. Die Tiere müssen Gelegenheit haben, sich an einen Platz zu gewöhnen und sich dort zu bewähren.
- Sorgfältig ausgewogene Fütterung mit regelmäßiger Gewichtskontrolle der Hunde (im Winter alle 14 Tage, im Sommer jeden Monat) ist notwendig.

Trainingsablauf, Kommandos

Damit das Training geordnet durchgeführt werden kann, soll man sich an ein Standardprozedere halten, an das sich die Hunde gewöhnen und wobei sie sich sicher fühlen. Wenn es uns nicht gelingt, diese Sicherheit zu vermitteln, leiden die Hunde darunter, es macht ihnen keinen Spaß mehr. Das darf nicht passieren, weil sie sonst nur unwillig arbeiten. Die Hunde müssen unterscheiden lernen zwischen Spiel und Arbeit. Deswegen ist es wichtig, daß die Geschirre nur während der Arbeit getragen werden und nicht auf Spaziergängen. Es empfiehlt sich, nicht auf dem normalen Spazierweg zu trainieren, wo der Hund graben, Bäume, Büsche usw. markieren darf. Für das Training sollte eine andere Strecke bestimmt werden, jedenfalls bis der Hund den Unterschied Spiel/Arbeit wirklich begriffen hat. Ungeschickt ist es auch, wenn auf der Strecke gewendet werden muß, um die Distanz kurz genug zu halten. Hunde lernen sehr schnell, wo der Wendepunkt ist und versuchen dann, selber zu drehen und den Rückweg nach Hause anzutreten. Es ist besser, Wege auszuwählen, wo man Schlaufen machen kann, so daß dieselbe Strecke nicht doppelt gelaufen werden muß.

Beispiel eines Trainingsablaufes:
- Hunde aus dem Auto nehmen und an Stake-Out oder an Anhängerketten angebunden, versäubern lassen. (Kot zusammennehmen!)
- Trainingswagen mit Startseil festbinden.
- Zugleine anhängen und ausbreiten.
- Leithund einspannen und Kommando geben: **»Line-Out!«** Mit diesem Kommando verlangen wir von unserem Leithund, daß er die Zugleine ausgestreckt halten muß, während wir die anderen Hunde einspannen.
  Ein junger Leithund, der noch nicht die nötige Erfahrung und Ruhe hat, kann mit einer Hilfsleine am Zugleinenkarabiner eingehängt und an den Wegrand mit Bodenspirale gesichert lernen, Line-Out zu stehen. Nie aber den Leithund am Halsband zerren und »ausstrecken«, niemand läßt sich gerne den Hals langziehen! Im letzten Moment, bevor wir losfahren, lösen wir die Hilfsleine, so daß der Leithund keine Gelegenheit mehr hat, sich umzudrehen.
- Swing-Hunde (die Hunde hinter dem Leithund) einspannen.
- Team-Hunde (die Hunde zwischen Swing und Wheel) einspannen.
- Wheel-Hunde (die Hunde direkt vor dem Schlitten) einspannen. Die Hunde dürfen lärmen und springen, das ist gut für die Muskulatur und die Moral.
  Die Hunde sollen deswegen nicht bestraft werden.
  Einziges striktes Verbot: in die Leinen beissen oder streiten.

- Ist das Team bereit zur Wegfahrt, Startkommando geben: **»Mush!«** oder **»Voran!«**

Kommandos für unterwegs:

Go!	= Startbefehl »go« oder **Mush!**	
Allright	= Geradeaus an Kreuzungen	»allreit«
Come (around) **Haw!**	= Wendung des Gespanns um 180° nach links	»kam ha«
Come (around) **Gee!**	= Wendung des Gespanns um 180° nach rechts	»kam tschi«
Haw!	= links abzweigen	»ha«
Gee!	= rechts abzweigen	»tschi«
Whoa!	= anhalten	»hu«
Pfui!	= etwas falsch gemacht	

- Bei der Zielankunft läßt man die Hunde vor dem Einladen solange ausschnaufen, bis die normale Atemtätigkeit erreicht ist. In dieser Zeit werden die Hunde für die gute Arbeit gelobt, zugleich kontrolliert man die Pfoten, den Sitz der Geschirre usw.
- Den Hunden nach dem Training wenig Wasser geben, zuviel kaltes Wasser belastet den Magen. Wieder im Zwinger können die Tiere soviel Wasser zu sich nehmen, wie sie wollen.
- Zur Belohnung könnte ein kleines Hundebisquit oder ein kleiner Happen Fleisch dienen.
- Dann Hunde ausschirren, Wheeldogs zuerst, Leithund zuletzt.

Training des ersten jungen Hundes

Wer nicht erwachsene, bereits antrainierte Hunde kauft, deren Leistung wir in einem oder zwei Trainings vor dem Kauf andeutungsweise erkennen können, sondern sein Glück mit einem Welpen versucht, geht einen schwierigen, aber interessanten Weg. Wichtig ist die richtige Adresse. Ist es eine Zucht, die mit ihren Hunden Sport betreibt? Bei Hunden aus Leistungszuchten ist die Wahrscheinlichkeit größer, daß es ein guter Schlittenhund wird. Kann man eventuell den Züchter auf einem Trainingslauf begleiten? Die Fahrt auf dem Trainingswagen gibt einen guten Überblick über die Hunde aus dieser Zucht.

Trotz sorgfältiger Auswahl wird nicht jeder Welpe ein guter Schlittenhund und noch weniger wird jeder Welpe ein Leithund, der zuverlässig vorne im Gespann läuft. Es ist deshalb wesentlich, daß der Welpenhalter sich darüber im klaren ist, was er will, was er mit seinem Hund erreichen möchte. Soll aus dem Welpen in erster Linie ein zuverlässiger Schlittenhund werden oder soll es ein Familienhund sein, der vielleicht auch einmal einen Schlitten zieht?

In der Hoffnung, unser Welpe habe das Zeug zu einem tüchtigen Schlittenhund, richten wir die Erziehung darauf aus, ihn entsprechend auszubilden. Aufzucht und Haltung ist grundsätzlich nicht anders als bei jedem anderen Junghund. Es ist aber darauf hinzuweisen, daß die Haltung eines zukünftigen Schlittenhundes in der Wohnung nicht unproblematisch ist. Gerne wird er dort verwöhnt und durch die geheizten Räume verweichlicht, was seiner Ausbildung abträglich sein kann. Eine kombinierte Haltung, z.B. tagsüber im Zwinger, mittags oder abends zwei Stunden mit der Familie und nachts im ungeheizten Hausgang ist wünschenswert. Der junge Schlittenhund soll lernen, alleine, ohne dauernde menschliche Gesellschaft zu sein. Das macht ihn unabhängiger von uns und könnte helfen, wenn er als zukünftiger Leithund einige Meter vorausrennen soll. Dies ist ein wichtiges Kriterium für einen guten Schlittenhund: Er muß lernen, vorauszugehen, vorauszurennen und nicht hinter uns herzurennen. Wir dürfen ihm deswegen auf keinen Fall das angeborene Ziehen abgewöhnen, auch wenn das auf unseren Spaziergängen durchaus praktisch wäre. Leinenführigkeit und bei Fuß gehen ist kein Kriterium für einen Schlittenhund. Hingegen muß der vier, fünf Monate alte Welpe lernen, während eines kurzen Spazierganges, auf einer anderen Route als der »Vergnügungs«-Route, den Weg nicht zu verlassen, nicht zu scharren, zu graben, Bäume zu markieren usw.

Das ist bereits der Anfang eines regelmäßigen Schlittenhunde-Trainings. Die Wegstrecke soll nicht länger als einige Hundert Meter sein, das genügt für den Beginn. Dieses Anfangstraining soll unbedingt durch den zukünftigen Musher geschehen, ohne Begleitung, ohne Ablenkung für den Junghund.

Wer dem Hund für das Ersttraining ein dem Wachstum anpaßbares einfaches Zuggeschirr überzieht, gewöhnt ihn gleichzeitig an das Tragen dieses unentbehrlichen Ausrüstungsgegenstandes. Ein Stück Gummiseil, kombiniert mit einer Leine am Gurt der Begleitperson befestigt, erleichtert die Sache sehr. Allenfalls kann auch eine der bekannten Auszugleinen (3 Meter lang genügt) verwendet werden. Mit einem (hoffentlich) stark ziehenden Hund empfiehlt es sich, einen Kletter-Sitzgurt anzuschaffen, worin die Leine eingehängt wird. Die Belastung auf unseren Rücken wird erheblich reduziert.

Drei, vier solche Übungen in der Woche lehren den Hund schnell, zwischen Spiel und Arbeit zu unterscheiden. Noch mehr Vergnügen bereitet es, wenn gleich anschließend an die Arbeit Spiel und Spaß beginnen. Selbstverständlich erst, nachdem das Zuggeschirr ausgezogen ist! Sobald der Junghund begriffen hat, was von ihm verlangt wird, kann die Stecke verlängert werden, bis er zuverlässig zehn Minuten vor seinem joggenden Musher hertrabt. Jedes Training beginnt mit dem Befehl »Mush« oder »Voran«. Das bedeutet für Hund und Musher: Von jetzt an haben wir beide nichts anderes im Kopf als Arbeit! Dann rennen wir los, der Hund natürlich voraus, uns ziehend. Die Arbeit endet mit dem ebenso deutlichen Kommando »Whoa«, anhalten.

Im Alter von ca. sechs Monaten wird der Hund ab und zu am Fahrrad trainiert. Wer nicht eine dieser norwegischen Velo-Hunde-Anbindevorrichtungen anschaffen will, welche die Sicherheit für Mensch und Tier wesentlich erhöhen, verwendet, wie im Lauftraining, die Gummileine. Es ist darauf zu achten, daß der Hund nie durch das Fahrrad erschreckt wird, sonst beginnt er, sich umzublicken und wird unsicher. Das darf auf keinen Fall passieren. Ein unsicherer Hund läuft nicht gerne voraus und kann dann nur noch mit Schwierigkeiten am Schlitten eingesetzt werden. Mit dem Velo wird nicht schneller gefahren, als bis der Hund einen **langsamen** Galopp erreicht. Das Velotraining muß auf ungeteerten Feldwegen durchgeführt werden und nicht auf harten Teerstraßen.

Um die Kraft zu fördern, muß gelegentlich während des Trainings zu Fuß, am Zuggeschirr ein alter Autoreifen (oder Holzstück) angehängt werden. Zuerst zeigt man dem Hund den Reifen und zieht ihn selber einige Meter weit, damit der Junghund sich an das Geräusch gewöhnt. Ein alter Davoserschlitten, mit zusätzlichem Gewicht versehen, eignet sich allerdings noch besser als Sommertrainingsgefährt.

Im ganzen Junghundetraining ist das **gleichmäßig Ziehenlernen** das Wichtigste und nicht das Erreichen von hoher Geschwindigkeit. Diese kommt später am Schlitten oder der Pulka dazu.

Im Alter von ca. 10 Monaten wird mit einem leistungsbezogenen Training angefangen. So z. B. pro Woche drei Trainingsläufe mit dem Fahrrad über fünf Kilometer und zwei Trainingsläufe mit dem Autoreifen oder Davoserschlitten, ebenfalls über fünf Kilometer. Der Hund kann auch ins Kummetgeschirr eingespannt mit einem Zugwagen für die Pulka trainiert werden. Wer das regelmäßig macht, kann den mindestens ein Jahr alten Hund guten Gewissens auf die erste größere Tour mitnehmen oder ihn gar ans erste Pulkarennen anmelden. Georg Attla, der Indianer aus Huslia Alaska und vielfacher Sieger der nordamerikanischen Meisterschaften und des Fur Rendezvous in Anchorage, schreibt in seinem vergriffenen Buch »Alles was ich über Training und Rennen mit Schlittenhunden weiß«:

»Ein Hund macht keine Fehler. Er ist nur ein Hund und tut, was er tut, weil er ein Hund ist und wie ein Hund denkt. Du bist es, der die Fehler macht, weil Du ihn nicht trainiert hast, zu tun, was Du willst, wann Du es willst. Oder Du hast nicht begriffen, zu was er körperlich oder geistig fähig ist. Deswegen bist Du es, der für einen Fehler im Team verantwortlich ist und nicht der Hund.«

Der Leithund

Unser Schlittenhund hat in den letzten Monaten brav gelernt einige Schritte vorauszugehen, gleichmäßig zu ziehen und sich nicht ablenken zu lassen. Was ihm noch fehlt zum guten Leithund, sind die Abbiege-Kommandos. Das üben wir nun auf Wegen mit möglichst vielen Abzweigungen oder im Wald, wo große markante Bäume stehen.

Wer mit der Leithundeausbildung im Schnee beginnt, kann sich selber einen Weg trampeln. Ein Kreuz mit umliegendem Kreis von 20 Metern Durchmesser genügt. Darin ist jedes wichtige Kommando möglich. »Gee« für rechts, »Haw« für links und »Allright« für das Überqueren einer Kreuzung. Wir brauchen die Befehle nicht zu schreien, Hunde haben feine Ohren, normale Lautstärke genügt. Nichts Unangenehmeres als ein Hundeteam, dessen Musher man unnötigerweise kilometerweit brüllen hört. Der Hund trägt das Zuggeschirr, das wir mit einer Leine am Hosen- oder Klettergurt einhängen.

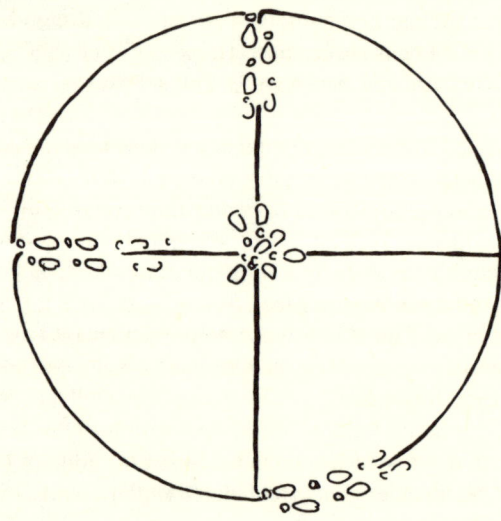

In der Hand halten wir eine leichte längere Leine, die Handleine, welche am Halsband des Hundes eingehängt ist. Jetzt marschieren wir los. Bei der ersten Abzweigung geben wir das Kommando »Gee« (rechts), gleichzeitig zupfen wir kurz an der Handleine, welche wir in der rechten, nach außen gestreckten Hand halten. Falls der Hund versucht, weiter geradeaus zu gehen, ziehen wir ihn **sanft**, aber bestimmt mit der Handleine nach rechts in diesen Weg hinein. Wir marschieren weiter und loben den Hund. Bei nächster Gelegenheit wiederholen wir dasselbe Rechtskommando. Am Anfang ist es besser, zuerst ein Kommando zu üben und im nächsten Training das andere, bis er begriffen hat, was wir von ihm verlangen. Manche Hunde verstehen sehr schnell, daß wir wollen, daß sie nach rechts oder links abbiegen. Es kann aber einige Zeit dauern, bis er merkt, was rechts oder links ist.

Die ganze Übung darf nicht länger als 10 Minuten dauern. Sie soll uns und dem Tier Spaß machen. Natürlich geben wir diese Kommandos immer, wenn wir mit dem Hund joggen oder ihn trainieren. Es ist aber falsch, den Hund für nicht gemachte Kommandos zu bestrafen. Besser ist es, den Hund mit uns in die richtige Richtung zu ziehen. Wenn wir unserem Leithund das Training verleiden, *kann* er die Kommandos nicht lernen.

Es gibt sehr gute, willige Leithunde, welche die Befehle nicht gelernt haben. Wie z.B. der acht Jahre alte Pegasus, der bis heute diese Sache nie ganz begriffen hat. Er ist trotzdem ein guter Leithund, weil er auf den Zuruf »Pfui, Pegasus« reagiert. Dann merkt er, daß die andere Richtung die richtige gewesen wäre und biegt brav und richtig ab ...

Wir müssen auch immer daran denken, daß der Hund die Augen nur 60 cm über dem Boden hat und nicht wie wir 1 Meter 60 cm. Für uns ist es, auch wenn wenig Schnee liegt und alles voller Spuren ist, einfach, dem markierten Weg zu folgen, wir finden ihn mit den Augen. Der Hund aber hat so viele Spuren in der Nase, daß wir ihm helfen müssen, den richtigen Weg zu gehen. Wir müssen auch lernen zu verstehen, wann er das Kommando nicht begreift und wann er sehr genau weiß, welches der kürzere Weg nach Hause ist und selbständig diese Entscheidung getroffen hat!

Wer Mühe hat, die beiden Kommandos für rechts und links im Kopf zu behalten, stickt oder druckt auf den rechten Handschuhrücken »Gee« und auf den linken »Haw«.

Pulkatraining

Pulkahunde haben nicht die genau gleichen Aufgaben wie die Vierbeiner eines großen Gespanns und müssen deshalb etwas anders vorbereitet werden. Außerdem laufen Musherin und Musher am Rennen selber auf den Langlaufskiern mit und müssen ihre eigene Ausdauer und Technik trainieren. Die Anhänger des Pulkasports stehen einerseits vor Problemen, die ein Nome-Style-Musher nicht kennt, andererseits haben sie es mit einem oder zwei Huskies auch einfacher als die Besitzer eines großen Teams. Ihre Athleten werden das ganze Jahr über auf Wanderungen, Skitouren und Waldläufen trainiert und erwerben sich so eine ausgezeichnete Grundkondition. Dem Vorteil dieses permanenten lockeren Ausdauertrainings steht die Gefahr der Vermischung von Spiel und ernsthaftem Sport gegenüber. Musher und Musherin müssen selber ganz diszipliniert zwischen dem seriösen Pulkatraining, während dem keine »Dummheiten« geduldet werden, und dem übermütigen Spiel, das nur durch Sicherheitsanforderungen und die Rücksicht auf andere Menschen und Tiere begrenzt wird, unterscheiden. Es ist wichtig, daß die Pulkahunde diesen Unterschied klar erkennen können: Wenn sie im Dienst sind, werden volle Konzentration und bedingungsloser Einsatz gefordert, in der übrigen Zeit dürfen sie unbeschwert herumtollen, graben, schnüffeln, Bein heben – was nicht nur Rüden, sondern auch selbstsichere Hündinnen gerne tun – und ganz allgemein ihre Welt erkunden. Die Regel, daß Spiel und Renntraining strikt zu trennen sind, gilt für alle Schlittenhunde, doch mit einem großen Team ist sie einfacher einzuhalten. Wenn sechs, acht oder noch mehr Huskies vor den Trainingswagen gespannt werden, erkennen die Hunde leicht, daß ernsthafte Arbeit verlangt wird. Die Teammitglieder motivieren sich gegenseitig zu guten Leistungen und die Leithündin sorgt zusätzlich für Disziplin. Da ein Rudel seine Mitglieder weitgehend selbständig erzieht, lernen Neulinge ihren Job vor dem Schlitten am einfachsten und schnellsten, wenn sie, hinter zwei erfahrenen Leadern und neben einem routinierten Teamdog eingespannt, auf eine kürzere Trainingsstrecke mitgenommen werden.

Ein Pulkahund hat eine schwierigere Aufgabe, weil er auf sich alleine gestellt ist, er sollte deshalb die Qualitäten einer erstklassigen Leithündin besitzen. Es wird von ihm erwartet, daß er – zwischen zwei beengenden Stangen eingespannt und ohne die Verantwortung mit einem »Kopiloten« teilen zu können – unbeirrt vorausläuft, Tempo macht, seine Pulka zieht und zusätzlich noch den langlaufenden Zweibeiner unterstützt. In einem großen Gespann sind die Leithunde »nur« für die Geschwindigkeit und den Trail zuständig. Wenn die Rennstrecke gut ausgeschildert und vor allem abgesperrt ist, spielen Kommandos zur Richtungsänderung eine untergeordnete Rolle. Viel wichtiger ist die Selbstsicherheit der Leader: Sie dürfen sich nicht durch andere Gespanne, Zuschauer, freilaufende Hunde, Langläufer, die sich auf den Trail verirrt haben, unübersichtliche Kurven, enge

Zieleinläufe und was der Überraschungen in einem neuen, unbekannten Gelände mehr sind, irritieren oder gar erschrecken lassen. Den Schlitten ziehen vor allem die Teamkollegen, die vertrauensvoll hinter der Leithündin nachlaufen und sich voll auf ihre Arbeit konzentrieren können. Ein Pulkahund muß dagegen alles selber erledigen: zuverlässig und selbstsicher vorauslaufen, Tempo bolzen und seine Pulka unbeirrt, ohne Schwächen zu zeigen, weiterziehen. Während einzelne Mitglieder eines großen Teams zwischendurch einmal kurz mit der Zugarbeit aussetzen und sich so erholen können, ist der Pulkahund permanent gefordert. Bergauf muß er das ganze Gewicht schleppen – Nome-Style-Musher können in Anstiegen ihr Gespann durch Pedalen oder Mitlaufen entlasten –, bergab wird er oft unangenehm von der Pulka geschoben, weil sein Mensch selber Bremsprobleme mit den Langlauflatten hat.

Die Anforderungen, die an den idealen Pulkahund gestellt werden, sind hoch: Er sollte ein sturer »Workaholic« mit einem unbändigen Laufdrang sein, außerdem robust, selbstsicher und selbständig, doch seiner Musherin trotzdem bedingungslos ergeben und jederzeit bereit, ihre Schwächen auszubügeln. Die gute Veranlagung muß ein Junghund mitbringen, während eine konsequente Erziehung und ein zweckmäßiges Training für eine optimale Entwicklung der erwünschten Eigenschaften sorgen sollten. Ich habe bei der Ausbildung meiner Pulkahunde einige Fehler begangen und bekam die Rechnung dafür prompt an den Rennen präsentiert. Ich habe aber auch gelernt, daß die beste Ausbildung verlorene Liebesmüh ist, wenn ein Vierbeiner das Zeug zum selbständigen Pulkahund nicht mitbringt. Nome ist beispielsweise ein einsatzfreudiger, problemloser Teamdog, doch vor der Pulka brachte er mich während der ersten Rennen beinahe zur Verzweiflung.

September 1982, endlich sinkt die Temperatur in den Morgenstunden unter 15 Grad, und wir beginnen damit, unsere Vierbeiner gezielt auf die erste Rennsaison vorzubereiten. Albin fährt mit Racy, Reina, Polar und Trampy vor dem dreirädrigen Trainingswagen über gute Waldwege und ungeteerte Waldstraßen, während ich Nome zwischen die Stangen eines kleinen Pulkagefährts spanne. Grundsätzlich ist der Entscheid, Nome separat zu trainieren, richtig. Er soll im Winter als Einzelhund für mich laufen und muß sich an Stangen und Pulkageschirr gewöhnen. Die Vorstellung, daß Husky und Musherin gleichzeitig in einem Aufwasch trainieren könnten, ist allerdings naiv. Doch der größte Fehler liegt darin, daß ich hinter Albins Trainingswagen starte und die gleiche Strecke laufe. Dadurch fühlt sich Nome seinem Rudel verbunden und erkennt nicht, daß er mit mir eine selbständige Renngemeinschaft bilden sollte. An meinem Gurt ist eine Leine eingeklinkt, die mit dem anderen Ende am rund 15 Kilogramm schweren Pulkagefährt – ähnlich einem Spielzeugsulky – befestigt ist. Ich werde bei jedem Training hinter Nome nachrennen, dabei, so ist mein Plan, auf die notwendigen Waldlaufkilometer kommen und die Grundkondition für die Rennen auf Schnee erwerben.

Diese raffinierte Rechnung kann nicht aufgehen, weil Nome und seine Musherin auf dem Trockenen tempomäßig überhaupt nicht zusammenpassen. Auf Schnee ist der Leistungsunterschied geringer: Ich komme mit Langlaufskis rascher voran als zu Fuß und kann außerdem die Zugkraft von Nome ausnützen, während sie auf dem Trockenen – vor allem bergab! – eher stört.

Wissenschaftliche Untersuchungen haben gezeigt, daß die optimale Belastung für das Ausdauertraining bei rund siebzig Prozent der maximalen Leistungsfähigkeit liegt. Ein höheres Trainingstempo ist nicht nur nutzlos, sondern auf die Dauer sogar schädlich. Wer beim Laufen nicht außer Atem gerät und sich noch locker mit dem Partner oder der Partnerin unterhalten kann, trainiert im aeroben Bereich: Die Muskeln werden durch die Atmung mit Sauerstoff versorgt, sodaß keine Übersäuerung stattfindet. Das Training stärkt den Kreislauf und fördert die Durchblutung der Muskulatur, dadurch wird die Sauerstoffversorgung verbessert. Damit steigt das Tempo, das problemlos über lange Distanzen eingehalten werden kann, ohne daß der Körper eine Sauerstoffschuld eingeht.

Auf Kurzstreckenläufen und im Schlußspurt von Rennen über lange Distanzen reicht die Atmung nicht mehr zur Sauerstoffversorgung der Muskeln aus. Der Körper stellt für diese kurzfristigen Spitzenleistungen auf die anaeroben Stoffwechselwege um, dadurch bildet sich Milchsäure und die Grenze der Leistungsfähigkeit ist sehr rasch erreicht. Durch Ausdauertraining wird die anaerobe Schwelle nach oben verschoben: Die Übersäuerung findet erst bei einem höheren Tempo statt. Früher wurde das anaerobe Training als wichtig angesehen; heute weiß man, daß Ausdauersportler höchstens fünf Prozent ihrer Zeit darauf verwenden sollten und daß Sprintspezialisten einen soliden Grundstock in Ausdauer benötigen.

Die Pulsfrequenz dient als grobe Faustregel, um das optimale Trainingstempo zu bestimmen: Bei einem Minutenpuls von 180 minus Alter in Jahren liegen Läuferinnen und Läufer ungefähr richtig. Für Spitzensportler lohnt sich eine präzise Bestimmung der anaeroben Schwelle mit Hilfe des Conconi-Tests, der in regelmäßigen Abständen wiederholt werden muß, um die positiven Auswirkungen des Trainings zu berücksichtigen. Heute ist der Conconi-Test fester Bestandteil im Trainingsprogramm aller Ausdauersportarten und er wird bereits erfolgreich auf der Galoppbahn eingesetzt. Was sich für Menschen und Pferde bewährt hat, könnte auch bei Hunden zweckmäßig sein. Sportärzte und Veterinäre haben mir bestätigt, daß die Übertragung auf Schlittenhunde physiologisch wenig Schwierigkeiten macht: Probleme könnten bei einem uneinheitlichen Team auftreten; doch eine über die Mitglieder des Gespanns stark streuende Leistungsfähigkeit ist auch im normalen Training nachteilig.

Die große Schwierigkeit liegt in der Psyche der Hunde. Menschen kann man erklären, warum sie genau mit der vorgegebenen Geschwindigkeit laufen sollen. Sie trainieren, um an Wettkämpfen erfolgreich abzuschneiden und sind bereit, sich für dieses Ziel zu plagen und zwischendurch eine lockere Einheit einzulegen, wenn dies für den Gesamtaufbau nützlich ist. Hunde rennen nicht, um sich die Kondition für die Wintersaison zu erwerben, sondern aus reiner Freude – wenn ein Eichhörnchen oder Reh den Trail kreuzt, steigert sich diese Freude zur Begeisterung. Eine Trainingseinheit macht ihnen genauso viel Spaß wie ein Wertungslauf am Rennen. Sie können nicht verstehen, daß ein langer, langsamer Sauerstofflauf zwischendurch ihren Aufbau fördern würde, und daß sie ganz allgemein im Training langsamer laufen sollten als an den Rennen. Mir fehlt das psychologische Geschick, um Nome davon zu überzeugen, daß er im Herbst und Vorwinter mit mir zusammen lockeres Ausdauertraining betreiben soll, um dann an den Rennen volle Pulle zu laufen und seine Leistungsfähigkeit ganz auszunutzen. Vielleicht sind Reiter bessere Psychologen oder Pferde lassen sich leichter beeinflussen.

Nome hat beim Pulkatraining nur sein Rudel, das mit Albin auf dem Trainingswagen vor seiner Nase wegläuft, im Sinn. Er ist frustriert, weil seine Musherin das Tempo von drei Minuten pro Kilometer nicht halten kann; mein optimales Trainingstempo liegt bei einem Kilometerschnitt von fünf Minuten. Der »Kompromiß« pendelt sich bei knapp 24 Minuten für die kupierte sechs Kilometer lange Standardstrecke ein. Nome ist dabei unterfordert, und ich bin nach jedem Training so kaputt wie nach einem harten Renneinsatz. Die Gelenke beginnen zu rebellieren, insbesondere den – vom Bergsteigen bereits leicht ramponierten – Knien behagen die raschen Abwärtspassagen über holprige Waldwege überhaupt nicht. Ich beiße mich trotzdem durch, da ich überzeugt bin, daß sich die Anstrengungen im Winter auszahlen werden. Das erste Rennen wird eine Riesenenttäuschung. Da die Skandinavierklasse zuerst startet, sollte Nome voraus laufen und die Pulka über die Strecke ziehen, ohne den Duft seines Rudels in der Nase zu haben. Doch ich habe ihn im Training zum »Nachläufer« konditioniert und nicht bemerkt, daß ihm auch grundsätzlich die Motivation zum »Einzelläufer« fehlt. Wir benötigen über eine Stunde für knapp 12 Kilometer! Ich schiebe mit dem einen Skistock die Pulka von hinten – Vorauslaufen, um den Hund zu einem höheren Tempo anzuspornen, ist nach Reglement verboten – und muß trotzdem dauernd abbremsen, um nicht auf den pomadig trabenden Nome aufzufahren. Jetzt bin ich frustriert: Beim Training hat mich Nome bis zur Grenze der Leistungsfähigkeit gefordert und am Rennen spazieren wir wie lahme Enten durch die Gegend!

Nach einigen weiteren mißglückten Versuchen muß ich einsehen, daß Nome ganz einfach keine Lust hat, die Pulka, von seinem Rudel getrennt, über die Rennstrecke zu ziehen. Er läßt sich zum Einzeleinsatz nicht motivieren, während er bei Albin vor dem Schlitten ausgezeichnete Arbeit leistet und mit Begeisterung bei der Sache ist. Experimente, mit Polar oder Reina Pulkarennen zu bestreiten, schlagen ebenfalls fehl, obschon sich die beiden Vierbeiner beim Husky Mountaineering vor der Pulka bewährt haben. Sie laufen problemlos zwischen den Stangen und ihre Begeisterung wird nicht beeinträchtigt, wenn das Gefährt von hinten schiebt. Polar und Reina sind auch genügend selbstsicher, sie lassen sich durch ungewohnte Menschen, Tiere oder Gegenstände auf dem Renntrail nicht irritieren oder gar erschrecken. Sie versagen nur, weil ihnen das Laufen ohne den Rest des Rudels keinen Spaß macht. Ich habe aus den vielen Enttäuschungen gelernt, daß aus einem Siberian Husky, der sich als Mitglied eines großen Rudels fühlt, nur ausnahmsweise ein optimaler Pulkahund wird. Dies gilt auch, wenn er unabhängig vom übrigen Team trainiert wird. Trotzdem ist dieses Einzeltraining notwendig, denn nur so ist überhaupt zu sehen, ob das Rudelmitglied zum Einzelsportler geformt werden kann. Es ist kein Zufall, daß in Skandinavien, dem Ursprungsland des Pulkasports, meistens Familienhunde eingespannt werden. Der Siberian Husky ist als typisches Rudeltier besser für die Arbeit vor dem Schlitten geeignet.

Wer einen oder zwei Huskies besitzt und Pulkasport betreiben möchte, sollte sich durch meine negativen Erfahrungen trotzdem nicht entmutigen lassen. Meine Situation ist eher speziell, weil ich einen einzelnen Hund aus einem großen Rudel herauspicken möchte und erwarte, daß er sich voll auf mich einstellt. Einzeln gehaltene Vierbeiner betrachten dagegen die menschliche Familie als ihr Rudel und rennen für ihre Musherin oder ihren Musher mit großer Begeisterung vor der Pulka, falls sie richtig trainiert wurden. Doch wer zehn Kilometer nicht locker in 30 Minuten läuft, tut gut daran, das Fahrrad hinter den Pulkawagen zu binden, wobei sich für die holprigen Waldwege ein Mountain Bike am besten eignet. Allerdings darf dabei das eigene Ausdauertraining nicht vernachlässigt werden; 40 Kilometer Waldlauf pro Woche sind ein absolutes Minimum.

Das Beispiel von Pioneer, der als »Sozialfall« im dritten Kapitel erwähnt wurde, ist instruktiv. Er stieß erst als sechsjähriger Rüde zum Rudel und fühlt sich noch immer den Menschen und nicht den anderen Hunden zugehörig. Deshalb läuft er begeistert vor der Pulka – solange die Sache nicht zur Arbeit ausartet! – und interessiert sich keinen Deut für die Route des großen Gespanns. Er paßt sein Tempo im Training zuvorkommend meinen Wünschen an und wartet an Rennen brav, bis ich mich nach einem Sturz wieder hochgerappelt habe. Pioneer wäre wegen seiner Fixierung auf den Menschen ein idealer Pulkahund, wenn er wirklich laufen könnte, und wenn er bereit wäre, für seine Musherin alles zu geben. Pioneer führte sechs Jahre lang das Leben eines bequemen Haushundes, deshalb fehlen ihm heute die athletischen Voraussetzungen für ernsthafte Rennen. Ich versuchte zwei Jahre lang, ihn trotzdem zu einem passablen Pulkahund zu formen und dachte dabei an die zahlreichen Zweibeiner, die erst mit Vierzig – entspricht ungefähr sechs Hundejahren – oder in einem noch höheren Alter mit Ausdauersport begonnen haben und in einzelnen Fällen noch mitten in die Weltelite hineingelaufen sind. Das einzige Ergebnis war die Bestätigung des Ausspruchs eines erfahrenen Mushers: »Wenn bei einem Hund die Elektronik nicht stimmt, sind alle Anstrengungen zur Verbesserung von Motor und Getriebe nutzlos.« Pioneer ist ein lieber Kerl und freut sich riesig, wenn er mich auf bequeme Wanderungen begleiten darf, aber zu einem hart arbeitenden Pulkahund läßt er sich nicht umbauen, sein Kopf ist nicht darauf eingestellt.

Trampy ist aus anderem Holz geschnitzt: Er ist ein richtiges Arbeitstier mit einem unbändigen Laufdrang, robust, seiner Musherin bedingungslos ergeben und jederzeit bereit, von seinem Rudel getrennt selbständig vor der Pulka zu laufen. Er hat seinen Durchhaltewillen auf vielen Mittelstreckenrennen eindrücklich bewiesen. Trampy ist die Ausnahme von der Regel, daß ein einzelner Siberian Husky, der aus einem fest geformten Rudel herausgepickt wird, nur widerwillig Pulkasport betreibt. Doch leider ist dieser Wunderhund gegenüber Fremden so ängstlich, daß er nicht als Einzelhund auf Sprintrennen eingesetzt werden kann. Er verlangsamt seinen Lauf vor jedem Streckenposten, weicht Zuschauern in einem großen Bogen aus und gerät in Panik, wenn er den mit lärmigen Menschen bevölkerten Zieleinlauf sieht. Auf langen Strecken spielen solche kurzen Episoden eine untergeordnete Rolle, aber auf den kurzen Trails, die dicht mit Zuschauern gesäumt sind, summieren sich die Zeitverluste. Dazu kommt, daß ich Trampy viel zu gerne habe, um ihn einem solchen Dauerstreß auszusetzen.

Vordere Plätze an Sprintrennen stellten sich erst ein, als ich zwei Hunde vor die Pulka spannte. Vorne läuft die rennverrückte T.C., eine Alaskan-Husky-Hündin, die sich durch nichts am und auf dem Trail irritieren oder erschrecken läßt. Sie macht das Tempo und bildet den »Schutzschild« für Trampy, der als Gegenleistung die 35 Kilogramm schwere Pulka weitgehend alleine schleppt. Die Begleitung einer Doppelpulka hat ihre skifahrerischen Tücken; das Tandem T.C./Trampy brachte neben einigen Rennerfolgen auch zahlreiche blaue Flecken.

Rechts oben: Alwin, Blue, Fredy, Scruffy, Helly, Ussa, Polar, Umbra, Racy, Buck und Misty (von rechts nach links) unterwegs an den Schweizer Meisterschaften in Sils (Engadin). (Foto: Glacier)

Rechts unten: Auf dem Weg zum Mont Tendre im Wadtländer Jura arbeiten Musher und Hunde hart, um die beladenen Schlitten auf Kurs zu halten (Foto: Ernst Müller)

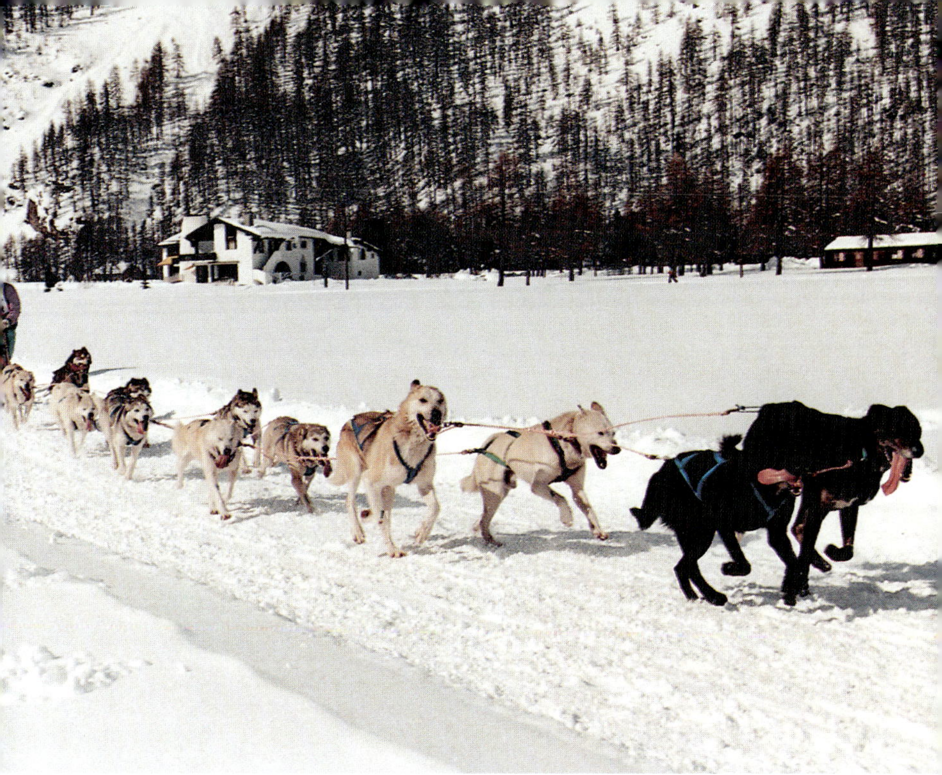

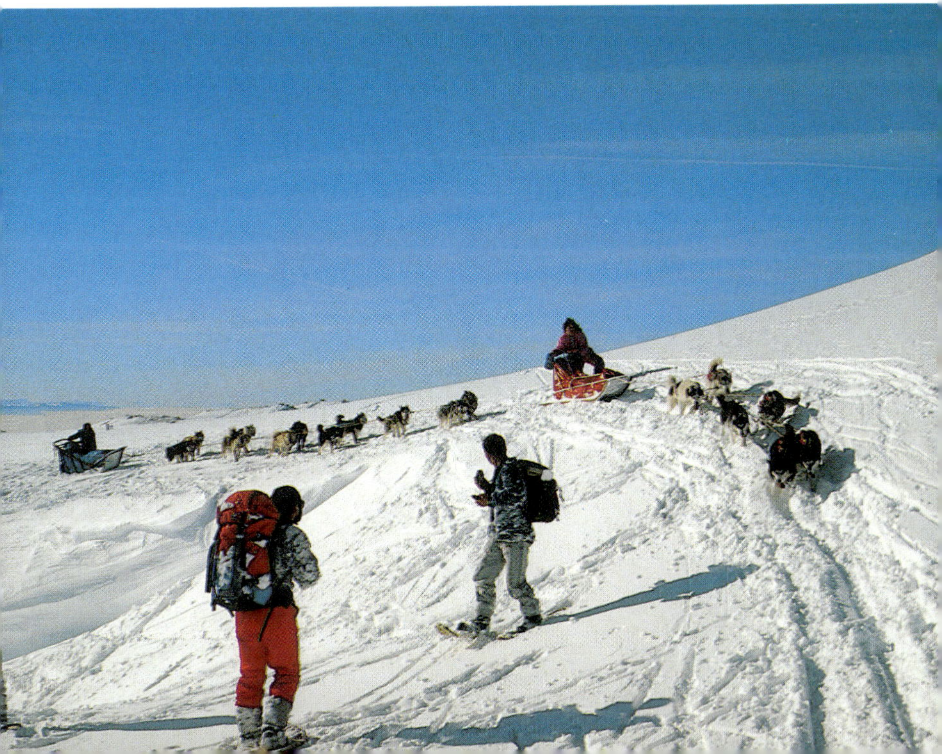

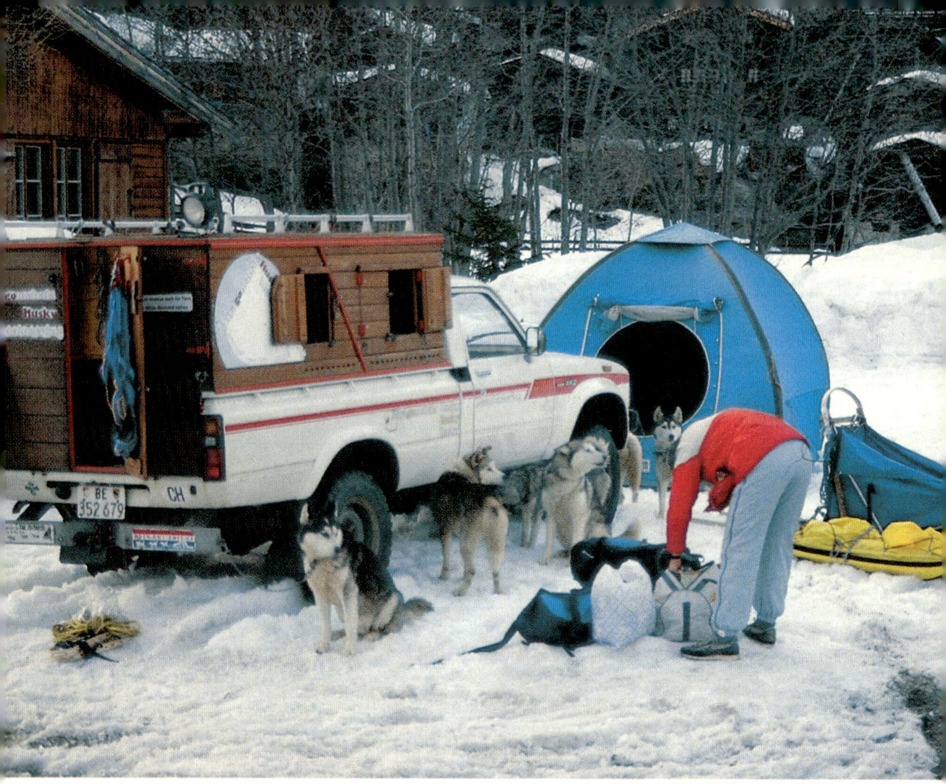
BE 352 679
CH

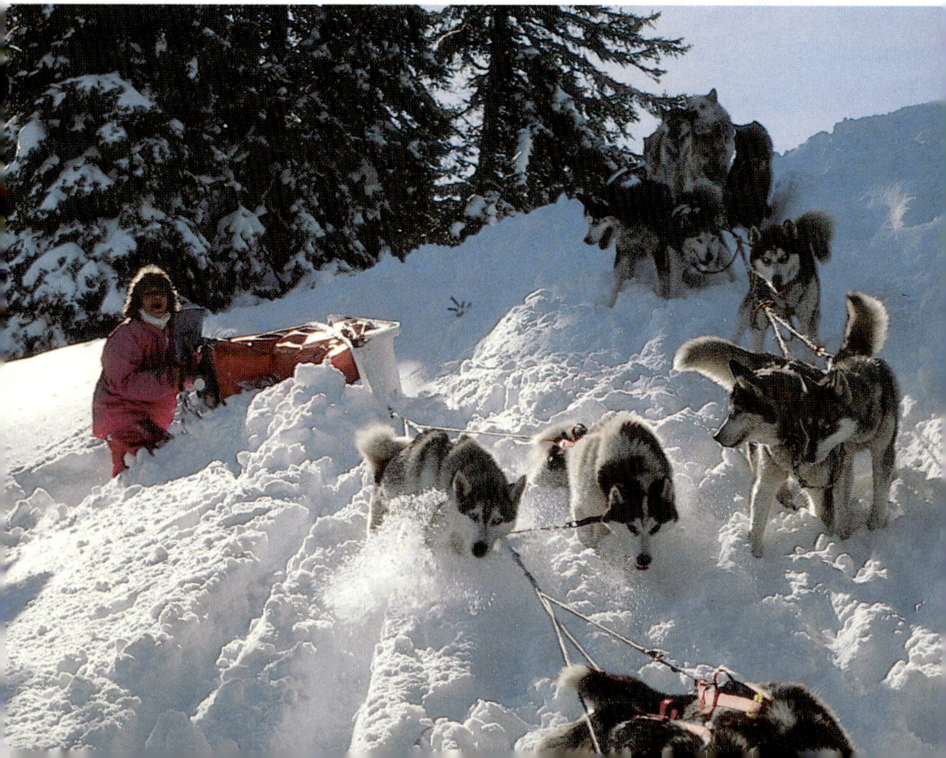

Trainingstabelle

Wer als Neuling ein Hundeteam zu trainieren beginnt, hat große Schwierigkeiten, das richtige Maß zu finden. Er hört von Iditarod in Alaska mit 1800 km Distanz, von Wil Stegers Trans-Antarctic Expedition, von Sprintrennen über 3 x 40 km und auch von Sprintrennen über 2 x 7 km. Wer soll da wissen, was das Maß der Dinge ist?

Da kaum einer mit dem Iditarod anfängt, soll nachstehende Tabelle für ein Sprint-Team der Kategorie für 3 - 6 Hunde zeigen, wie ein Gespann für die erste Saison aufgebaut werden kann. Die an den Rennen gemachten Erfahrungen des ersten Winters geben die Hinweise für die Zukunft. Wer mit unerfahrenen jungen Hunden beginnt, soll die Ziele nicht zu hoch stecken und z.B. ein Mitteldistanzrennen (wenn überhaupt) erst für Ende Saison planen.Und das erst wenn die Hunde mindestens 1 1/2 Jahre alt sind.

Wir gehen davon aus, daß das erste Rennen anfangs Januar stattfindet und bis Ende März ungefähr vier oder fünf Rennen bestritten werden sollen. Wer nicht an Rennen teilnimmt, sondern für Touren trainiert, soll sich **auch** an diese Tabelle halten, denn Touren müssen genauso seriös vorbereitet werden.

	August	September	Oktober	November	Dezember
Woche	3. 4.	1. 2. 3. 4.	1. 2. 3. 4.	1. 2. 3. 4.	1. 2. 3. 4.
Mo					
Di		4 4 4 4	6 6 6 6	8 8 8 8	8 8 8 8 km
Mi	2 2				
Do		4 4 4 4	6 6 6 6	8 8 8 8	8 8 8 8 km
Fr					
Sa	2 2	4 4 4 4	6 6 6 6	8 8 8 8	8 8 8 8 km
So	4 4	6 6 6 6		8 8 8 8	8 8 8 8 km

Links oben: Blatten im Lötschental, am Abend vor der Tour über die Lötschen- und Grünhornlücke zum Fieschergletscher und aufs Fiescherhorn (Berner Alpen, vgl. Tourenvorschlag 15). Die Pulka ist bereits gepackt, das übrige Material wird im blauen Packsack des Toboggan, der hinter der gelben Pulka steht, versorgt. Die Huskies übernachten nochmals in den Schlafkojen des Hundetransporters; Musher und Musherin im blauen Reservezelt (Foto: Albin Schelbert)

Links unten: Das Lenken eines schwer beladenen Toboggans ist nicht einfach. Wenn der Schlitten abrutscht und die Kraft nicht mehr reicht, ihn aufrechtzuhalten, kippt er (Foto: Ernst Müller)

Während des Winters richte man sich nach den wetterbedingten Möglichkeiten und dem Zustand des Teams. Oft genügen zwei kurze Trainings während der Woche, um Stimmung und Kondition zwischen den Rennen aufrecht zu erhalten.

Wer gerne mit der Stoppuhr trainiert, soll daran denken, daß kleinere Leistungsschwankungen normal sind. Es kann nicht in jedem Training eine neue Spitzenzeit erreicht werden. Die Hunde sollen zwar so oft wie möglich im Galopp rennen, aber nur mit ca. 70% Leistung. Die höchstmögliche Geschwindigkeit ist den Rennen vorbehalten. Falls die Motivation abnimmt, genügt es oft, das Training für eine Woche zu unterbrechen und während dieser Zeit höchstens kurze Spaziergänge zu machen. Das dadurch gesteigerte Bewegungsbedürfnis hilft, die Fortsetzung des Trainings erfolgreich zu gestalten. Natürlich kontrollieren wir bei Leistungsabfall die Gesundheit der Hunde, es könnte ihnen etwas fehlen.

Ein kleines Trainingsbuch, worin Datum, Distanz, Richtzeit und Wetterbedingungen notiert werden, allenfalls zusätzliche Angaben über Pfotenzustand und Pflege, bei größeren Teams die jeweilige Position der Hunde, usw. ist praktisch.

Ernährung

Wer von seinen Schlittenhunden Leistung verlangt, muß sie der Situation entsprechend ausgewogen ernähren. Das heißt, die Hunde müssen Sommer und Winter, mit oder ohne Training, so gefüttert werden, daß sie gesund bleiben und ihr Gewicht halten.

Folgende Informationen sind deswegen nützlich:

1. Außer Haus gehaltene Hunde brauchen im Winter wesentlich mehr Kalorien als Tiere, die im Haus wohnen. Sie brauchen in erster Linie mehr Fett und etwas mehr Kohlenhydrate in Form von Getreide, also Brennstoffe, die der Energiegewinnung dienen.

2. Während der intensiven Trainings- und Rennzeit haben die Hunde einen erhöhten Bedarf an Protein. Sie brauchen deshalb während dieser Zeit mehr Fleisch, also Baustoffe, die der Bildung und Erhaltung der Körpersubstanzen dienen.

3. Damit das Fett, die Kohlenhydrate und die Proteine verwertet werden können, braucht es entsprechende »Wirkstoffe«. Das sind Vitamine, Mineralien und Spurenelemente. Sie dienen den Stoffwechselvorgängen. Auch bei diesen ist der Bedarf während der arbeitsintensiven Zeit erhöht.

4. Praktisch alle Körperfunkionen können nur mit Wasser stattfinden. Die regelmäßige und genügende Wasseraufnahme ist lebenswichtig. Im Winter, wenn das Wasser im Becken gefriert, muß für zusätzliche Wasseraufnahme, neben dem in der Nahrung enthaltenen, gesorgt werden.

5. Während der inaktiveren Sommerzeit soll kein Hochleistungsfutter gegeben werden. Es enthält zuviel Protein, Fett, Mineralien und Vitamine. Da es die Hunde ohne Leistung nicht verwerten, können sie davon krank werden. Zuviel Protein z.B. ist schädlich für die Nieren.

Wer seine Tiere auf einfache Art und Weise richtig ernähren will, sucht einen Hundefutterlieferanten mit spezialisiertem Angebot an Vollnahrungen für Sommer und Winter. Seriöse Anbieter stehen mit Rat und Tat zur Seite und erfahrene Musher können ebenfalls Auskunft geben.

6. Rennen

*Natalie nimmt an ihrem ersten Rennen teil – Die Anfänge des
Nome- und Pulka-Sports – Rassen, Rennen und Organisationen –
Mit einem Pulkagespann an Mitteldistanzrennen – Die Rennregeln*

Natalie nimmt am ersten Rennen teil; Hundeboxen; Pfotenpflege.

Die Anmeldebestätigung zum Start des ersten Rennens liegt vor. Die
wichtigsten Informationen für den »Cheechako«-(Anfänger)Musher
sind Ort und Zeit des Mushermeetings. Dort werden von der Rennleitung alle Informationen über den Rennablauf, die Startliste und Startnummer abgegeben. Natalie, unsere Chechaco-Musherin, fährt am
Freitagnachmittag mit den Eltern los. Ihre drei Hunde sind im Anhänger untergebracht, der vom Landrover gezogen wird. Die aufgebaute
Box ist eine große, unterteilte Sperrholzkiste. Jede Einzelbox ist 85
cm tief, 65 cm breit und 72 cm hoch. Darin haben zwei Hunde auf fri-
schem Stroh Platz. Die Türen sind biß- und scharrfest aus Aluminium,
mit Löchern versehen, so daß die Hunde etwas sehen können und genügend frische Luft haben. Der bereits gewachste Schlitten ist auf
dem Dach festgebunden und die ganze Ausrüstung unterhalb der Boxen versorgt. Dazu gehören der Kotkessel mit Schaufel und Säcken,
die Anbindekette (Stake-Out) mit zwei Stahlpfosten, der Wasserkani-
ster, die Futternäpfe, das Hundefutter. Zugleine mit Geschirren,
Schneeanker und Startseil sind in einer Kiste versorgt. Eine weitere
Kiste enthält Booties für die Pfoten und ein paar Medikamente wie
z.B. Kohletabletten gegen Durchfall, usw.

Es ist schon dunkel, als Natalie am Rennort ankommt; bald ist der
Startplatz erreicht. Jetzt muß noch der Parkplatz für ihre Startklasse
gefunden werden. Mit der Stirnlampe sieht sie hinten rechts die Tafel
»Kategorie C 2 bis 3 Hunde«. Verschiedene Teams sind schon da und
haben den »Stake-Out« aufgestellt. Natalies Vater parkiert gleich neben Beda und Conny, die beide mit je drei Hunden fahren. Beda hat
eine sehr günstige Lösung für den Transport der Hunde gefunden. Er
hat einen »Renault Express« mit kleinem wirtschaftlichem Motor gekauft. Ein anderes ähnliches Fahrzeug wäre z.B. der Fiat Fiorino. Diese Autos sind eine Art Kombi, mit großem Laderaum, je nach Ausrüstung gemacht für Handwerker als Servicefahrzeug oder als preiswer-

tes Familienauto. Beda nimmt die hintere Sitzbank fürs Wochenende heraus und schiebt durch die großen hinteren Türflügel die Hundekiste aus Sperrholz hinein. Auf der oberen Ebene sind zwei Boxen, 1,6 m lang, 60 cm breit und 70 cm hoch, jede für drei Hunde. Die Tiere haben durch die Heckfenster Sichtkontakt mit der Umgebung. Oberhalb der Hecktüre am hinteren Ende des Daches kann ein Klappe geöffnet werden, die den Hunden frische Luft zuführt, wenn es warm ist. Im Raum unterhalb der Hunde findet die ganze Ausrüstung Platz. So reisen Hunde und Musher komfortabel und günstig an die Rennen.

Natalies Anhänger wird abgekuppelt und gesichert. Er steht mit genügend Abstand zum Nachbarauto für die Anbindekette des eigenen Teams. Die Hunde werden von Natalie und ihren »Handlern« (den Helfern) an die Ketten gebunden. Sie freuen sich über das abendliche Futter, welches, schon zu Hause vorbereitet, in genau abgemessenen Rationen verteilt wird. Eine halbe Stunde nach der Fütterung gehen die Hunde gern zurück in die Box, ihr Hundehaus an den Rennen. Die Geschickteren unter ihnen springen selbst hinein, die anderen warten darauf, daß sie hineingehoben werden.

Pünktlich um 20 Uhr ist Natalie am Mushermeeting im Gemeindesaal. Nebst der Junioren-Lizenz des SVS, des Schweizerischen Verbandes für Schlittenhundesport, muß sie die Impfzeugnisse vorlegen, die vom Renntierarzt auf Vollständigkeit der vorgeschriebenen Impfungen kontrolliert werden. Nötig ist zweijährlich die Tollwutimpfung und jährlich die Staupe-, Hepatitis-, Leptospirose-, Zwingerhusten- und Parvoimpfung.

Die Startliste wird ausgeteilt. Natalie hat die ausgeloste Nummer 7, Startzeit zum ersten Lauf Samstagmorgen um 10 Uhr 12. Die Rennregeln hat sie zu Hause wiederholt sorgfältig studiert und mit ihrem Vater diskutiert. Sie kennt die Überhol- und die Pistenmarkierungsvorschriften, die wichtigsten Spielregeln. Der Vater macht sie darauf aufmerksam, daß eines der schnellen erfolgreichen Teams hinter ihr startet. Bei der Startnummernausgabe stellt sich Natalie diesem Musher vor und erkundigt sich, was sie bei einem Überholvorgang tun soll. Der erfahrene Musher erklärt ihr, daß es genüge, wenn sie auf seine Aufforderung anhalte, so daß er schnellstmöglich und ohne Behinderung vorbei könne, ganz im Sinne der Rennregel.

Natalie ist beruhigt, der Schnelle kennt jetzt seine neue Konkurrentin. Keiner überholt gerne Teams, die er nie zuvor gesehen hat. Nicht alle, die unterwegs sind, haben ein diszipliniertes Gespann. Leicht gibt es ein Durcheinander, und wertvolle Zeit geht verloren. Der Rennleiter gibt Informationen über die Piste. Natalie hört von einer engen Kurve mit nachfolgender Straßenüberquerung nach ca. 2,5 km. Sie überlegt sich, wie sie diese schwierigen Stellen vor dem Rennen anschauen könnte und rechnet mit den Eltern: wenn sie ihr am Samstagmorgen um 7 Uhr die Hunde aus den Boxen nehmen zu einer ersten kurzen Versäuberung, hat Natalie zwischen Frühstück und Startvorbereitungen eine halbe Stunde Zeit, mit den Skiern die enge Kurve und die Straßenkreuzung abzufahren.

Nach dem Meeting ist es schon 22 Uhr, gerade die richtige Zeit, die Hunde vor dem Schlafengehen noch einmal herauszulassen. Auf dem Startplatz, wo der Anhänger mit den Hunden steht, herrscht zu dieser Zeit reger Betrieb. Stirnlampenlichter huschen über die große Anzahl Hunde, die aufgeregt und erfreut über die Kälte und den Schnee an den Ketten herumspringen, bellen und heulen. Natalie nimmt sich die nötige Zeit für ihre vierbeinigen Kameraden. Sie nimmt Polaris, Asterix und Kyrre aus der Box, bindet sie an die Ketten, gibt ihnen noch etwas Wasser und hält mit ihnen und ihren Eltern einen beruhigenden Schwatz, bevor sich alle schlafen legen; die Hunde zusammengerollt in den Boxen und Natalie mit den Eltern im naheliegenden Hotel. Nach einer unruhigen Nacht – der Start zum ersten Rennen ist schließlich keine Alltäglichkeit – ist Natalie froh, um sieben Uhr wieder bei ihren Hunden zu sein. Rasch sind alle draußen und können ihr Geschäft verrichten. Der Vater nimmt den Kot zusammen und deponiert ihn im dafür bereitgestellten Container. Jetzt bekommt jeder Hund, frühzeitig vor dem Rennen, einen tüchtigen Schluck Wasser, aromatisiert mit etwas Futter. Natalie besichtigt auf den Langlaufskis die Kurve mit Straßenkreuzung. Die enge Kurve werde ich schon schaffen, denkt sie, und die Straßenkreuzung wird gesichert, also müßte eigentlich alles gut gehen...

Nach dem Frühstück, um 9 Uhr, ist es Zeit, die letzten Vorbereitungen zu treffen. Der Schlitten, noch auf dem Anhängerdach, wird in den Schnee gestellt und auf gute Gleitfähigkeit geprüft. Natalie ist nicht ganz zufrieden, deshalb wachst sie nach. Wie bei einem Ski wird das Wachs mit der Gaslampe heiß eingebügelt und was überflüssig ist, sorgfältig mit der Klinge abgezogen. So, jetzt läuft der Schlitten fast von selbst. Die Zugleine und das Startseil mit Karabinerhaken hängt Natalie vorne ein, der vorgeschriebene Transportsack für einen allenfalls verletzten Hund wird auf der Ladefläche fixiert, und die leuchtend farbigen Zuggeschirre werden bereit gelegt. Jetzt sucht Natalie einen weiteren Helfer, um das Team auf die Startlinie zu bringen. Er ist schnell gefunden. Einer hilft dem anderen. Halb zehn, Zeit, um die Hunde, die in den Boxen ungeduldig scharren und heulen, herauszulassen und die Geschirre anzuziehen.

Natalies Mutter hebt den ersten Hund aus der Box, legt ihn, damit die Pfoten trocken bleiben, auf eine Decke und macht Pfotenpflege. Nicht immer sind die Pfoten in bestem Zustand. Je nach Training, in Regenwetter, auf grob gekiesten Feldwegen oder auf Wegen mit eisigen Stellen, gibt es Riße in der Sohle, die den Hund beim Rennen behindern könnten. Deswegen wird nun die Haut entweder mit norwegischer Pfotensalbe oder mit einem flüssigen Schutzverband behandelt. Bei Kyrre, der einen größeren Riß im linken Hinterfuß hat, genügt die Salbe nicht. Natalies Mutter verpaßt ihm deshalb einen Pfotenschuh aus Nylonstoff, den er schon einige Tage im Training tragen mußte. Den kurzen, abgelaufenen Zehennagel bei Polaris hat Natalie schon zuhause mit einem Sekundenkleber vorne zugeklebt und damit gehärtet, so daß keine Gefahr besteht, daß der Nerv schmerzen könnte. Die Pfoten sind das Kapital der Hunde, deswegen ist die regelmäßige Pflege wichtig.

Die offizielle Rennzeit ist im Lautsprecher zu hören und gleichzeitig die Aufforderung für die ersten Teams, sich bereit zu machen. Natalie schlüpft aus den warmen Yeti-Boots und zieht ihre leichten Rennschuhe mit rutschfesten Sohlen an. Darüber trägt sie kniehohe Gamaschen. Unter der Daunenjacke trägt sie bereits die dünne, winddichte Jacke mit übergezogener Startnummer. Die Daunenjacke wird sie im letzten Moment ausziehen. Gegen kalte Ohren hilft die Zipfelmütze. Am Schlittenhandgriff fixiert sie eine Art Überhandschuhe. Darunter genügen dünne wollene Fingerhandschuhe, die griffig genug sind, um mit ihnen die Hunde einzuspannen. Um zehn Uhr beginnt sie mit dem Einspannen, damit das Team für die angekündigte Inspektion des Rennrichters bereit ist. Der Leithund Polaris kommt zuerst, dann werden Asterix und Kyrre nebeneinander, hinten im Team eingespannt. Während der Ausrüstungsinspektion wird jeder Hund mit einem Farbtupfer markiert. Dies soll verhindern, daß die Hunde während dem Anlaß ausgewechselt werden können; samstags und sonntags müssen dieselben eingespannt werden. Natalie könnte allenfalls am Sonntag einen Hund weglassen und nur mit zwei Hunden fahren.

Die Hunde springen in den Zugleinen hoch, sie bellen und heulen. Wenige Minuten vor dem Start stellt sich Natalie auf den Schlitten. Sie löst das Startseil, und nur mit Mühe können die beiden Helfer den Schlitten festhalten. Mitten durch die interessierten Zuschauer bahnt sich ihr Team den Weg zur Startlinie. Noch eineinhalb Minuten bis zum Start. Die Hunde sind so laut, daß Natalie die Stimme des Starters fast nicht versteht. Sie schaut deshalb auf die große Uhr, die im Startraum steht. Der rote Zeiger hüpft, noch zwanzig Sekunden, noch zehn, fünf, zwei, eins, los... »Mush!«; Natalies Team galoppiert los und schlagartig herrscht Ruhe. Sie hört nur das Sausen der Kufen und die Begeisterungsrufe der Zuschauer.

Endlich ist sie unterwegs, die ganze Nervosität legt sich. Sie findet schnell den Rhythmus mit ihrem Team. Regelmäßig pedalt sie, einmal mit dem linken, einmal mit dem rechten Bein. Ab und zu spricht sie zu ihren Hunden ein leises freundliches Wort. Die Kurve ist schon in Sicht und bald, mit Herzklopfen, geschafft; die Straßenkreuzung, durch zwei Posten gesichert, überquert das Team nach ihrem »Allright!«-Kommando ohne Schwierigkeiten. Aufregung verursacht ein unvorsichtiger Zuschauer, der mit seinem kleinen Hund so nahe an der Strecke steht, daß es sich Natalies Leithund nicht verkneifen kann, schnell im Vorbeirennen den Dackel zu packen und zu schütteln. »Pfui Polaris!« Natalies lauter Ruf verhütet Schlimmeres, der Leithund läßt den Dackel los, und mit einiger Unruhe im Team geht es weiter. Schlittenhunde im Rudel betrachten einen kleinen Hund gerne als Jagdwild, vor allem wenn er sich direkt neben der Piste aufhält. Die Zuschauer sollten ihren Familienhund zuhause lassen. Ein Rennen ist nicht der Ort, wo er hingehört.

Plötzlich ein Ruf von hinten: »Trail! Anhalten!« Mit »Whoa!« steht Natalie auf die Bremse, hält an, und schon rauscht der Schnelle vorbei. Unglaublich, dieses Tempo. Natalies Hunde haben gar keine Zeit, Dummheiten zu machen. Mit rennregelkonformem Abstand von mindestens einer Gespannslänge galoppieren sie hinten nach, eine Weile vom schnellen Tempo des vorauslaufenden Gespannes profitierend. Bald aber ist sie wieder alleine mit ihrem Team, und der Rhythmus ist wieder da. Natalie pedalt regelmäßig und unterstützt ihre Hunde, die hechelnd den Hügel hochtraben. Den Berg hinunter wird der Schlitten schneller als er sollte. Sie bremst mit einem Fuß, indem sie den Absatz in den Schnee drückt. Nun fährt sie um eine Linkskurve. Natalie steht mit dem linken Bein auf der linken Kufe und drückt mit dem rechten

Fuß die rechte Kufe stark gegen außen. Gleichzeitig zieht sie den Handgriff gegen links.

In der nächsten Kurve passiert es, der Schlitten gerät mit einer Kufe in eine tiefe Bremsspur, kippt, und unser Cheechako stürzt kopfüber in den Schnee. Natalie läßt den Handgriff nicht los und läßt sich nachschleppen. Die Zipfelmütze fliegt weg, der Halsausschnitt und die Ärmel füllen sich mit Schnee, doch sie beherzigt das erste und letzte Gebot für Musher: »Never loose your team« (verliere nie dein Gespann). Endlich stoppen die Hunde. Natalie kommt wieder auf die Beine, stellt den Schlitten auf, und »Mush«, weiter geht's. Die Mütze kann sie nicht mehr holen, da sie bereits einige Meter hinter ihr liegt. Sie müßte den Schneeanker setzen, aber soviel Zeit will sie nicht verlieren. Sie schüttelt den Schnee von ihren Kleidern, es muß ja nicht jeder sehen, daß sie unterwegs auch einmal nicht auf dem Schlitten stand... Mit kalten Ohren fährt Natalie weiter. Von weitem leuchtet eine rote Streckentafel, rechts am Pistenrand. Natalie hört auf zu pedalen und betrachtet aufmerksam die kommende Abzweigung. Einmal, zweimal gibt sie ein »Ghee!«-Kommando, und der Leithund biegt ab Richtung Ziel. Hunderte von Zuschauern sind in der Ferne zu sehen. Hoffentlich geht alles gut. Ihre Hunde sind sich noch nicht gewöhnt, in eine Gasse einzubiegen mit so vielen Leuten, die klatschen und schreien. Ihr Leithund wird langsamer, und nur mit Natalies aufmunternden Zurufen läßt er sich bewegen, auf der langen Geraden ins Ziel zu rennen, wo Freunde und Eltern warten. Im Zielraum steht Natalie auf die Bremse, bückt sich und setzt gleichzeitig mit einer Hand den Schneeanker. Jetzt steht das Gespann. Der Renntierarzt kontrolliert kurz die Hunde und gestattet dann, an den Stake-Out zu fahren. Der erste Lauf ist vorbei. Es ist geschafft.

Natalie lobt ihre Kameraden für die Arbeit und gibt ihnen nebst Wasser einen kleinen Happen Fleisch als Belohnung. Sie ist stolz auf die gute Leistung und zeigt es ihnen auch. Aus dem Auto nimmt sie eine andere Mütze, holt einen heißen Tee, der für die Musher bereitsteht, und geht zum Anschlagbrett. Dort sind die Resultate des heutigen Tages notiert. Beim Laufzeit-Vergleichen hat sie den Eindruck, daß der Sturz und der Zwischenfall mit dem Dackel doch einige Sekunden gekostet haben.

Sie wird deshalb in Zukunft mehr an Orten trainieren müssen, wo Spaziergänger mit ihren Familienhunden unterwegs sind, um ihren Leithund an kleine Hunde zu gewöhnen. Im morgigen zweiten Lauf will sie alles daran setzen, ihre Leistung zu bestätigen und mit ihrem Team das erste Rennen so zu beenden, daß es Spaß machen wird, die kommenden Anlässe zu bestreiten. Sie hofft auch, bis dahin ihre Schlittenfahrtechnik noch etwas zu verbessern.

Der Anfang des Nome- und Pulka-Sports

Die Stadt Nome an der Beringsee in Alaska war zur Jahrhundertwende ein blühender Ort. 1898 fand man dort, an der Mündung des Yukon-Rivers, im Ufersand den Fluß heruntergeschwemmtes Gold. Die Nachricht verbreitete sich rasch in den Süden, und innert weniger Jahre zogen fast 20000 Menschen dorthin. Nome, die Stadt mit den goldenen Stränden, wurde berühmt. Viele kamen in der kurzen Sommerzeit mit dem Schiff von Seattle, andere reisten auf dem Landweg nach den Yukon Territories und von dort mit dem Boot auf dem Yukonfluß. Sie alle waren besessen von der Idee, ans große Gold zu gelangen. Es wurde Sand gewaschen und gegraben, um Goldkörner zu finden. Die Leute bauten Holzhäuser oder lebten in Baracken oder gar Zelten. Das einzige Transportmittel neben Schiff oder Kanu im Sommer war im Winter der Hundeschlitten. Es gab viele Hunde in Nome, wurden doch Ausrüstung, Essen, Post, Baumaterial, schlicht alles, was Menschen brauchen, mit Hundeschlitten transportiert. Es erstaunt deshalb nicht, daß Goldgräber und Prospektoren im Winter, wenn das Graben im gefrorenen Boden kaum möglich war, zum Spaß begannen, mit ihren Teams Rennen auszutragen. Der »Nome Kennel Club« (Hundeklub) schrieb 1908 das erste große Rennen aus, das »All Alaska Sweepstakes«; von Nome entlang der Telegraphenleitung nach Candle und zurück, über eine Distanz von 650 km. Damit hatte der moderne Schlittenhundesport seinen Anfang genommen.

Weitere Rennen in Nome wurden organisiert, so z.B. das Solomon Derby über dreimal 105 km, oder das Joy Race (Vergnügungsrennen) zum Frühlingsauftakt. Das Joy Race war 123 km lang. Es führte zum Ziel im Ort Council. Als »Balast« durfte, das heißt mußte, der Musher die Dame seiner Wahl mitführen. Das All Alaska Sweepstakes fand sein Ende während des Ersten Weltkrieges (1917). Zum 75jährigen Jubiläum des ersten Rennens im Jahre 1908 wurde es 1983 ein weiteres Mal durchgeführt. 23 Teams waren am Start. Der Sieger, Rick Swenson, beendete dieses außerordentliche Rennen in einer Zeit von 84 Stunden und 42 Minuten. Er erreichte damit »nur« die sechstbeste Siegerzeit der früheren Jahre. Swenson war fast 10 Stunden langsamer als Iron Man Johnson mit seinem Rekord im Jahre 1910, trotz der wesentlich besseren Ausrüstung als damals. Das erste Rennen in Anchorage, der heute größten Stadt in Alaska, fand 1916 statt. Von Alaska aus verbreiteten sich der Sport und das Wissen um die Schlittenhunde in den Zwanziger Jahren nach den südlicheren Vereinigten Staaten und Kanada. 1932 an den Olympischen Winterspielen von Lake Placid war ein Schlittenhunderennen sogar olympische Demonstrationssportart. Aus den USA wurden denn auch die ersten Siberian Huskies nach Mitteleuropa importiert und die Informationen über den Nome-Sport mit ihnen.

An den meisten Rennen in Mitteleuropa gehört die Pulka-Klasse nebst den Nome-Klassen dazu. Im Jahr 1931 wurde der Norsk Trekkhundklubb (norwegischer Zughundeclub) gegründet und 1934 der Svensk Draghundklubb (schwedischer Zughundeclub). Sie organisierten Ausbildungskurse und begannen Rennen auszuschreiben. Heute gibt es z.B. in Norwegen 74 angeschlossene Vereine mit nahezu 9000 Aktiv-Mitgliedern. Jedes Wochenende finden lokale oder regionale Rennen statt in den Klasseneinteilungen Damen, Herren, Junioren usw. genauso wie wir es von Langlauf-Anlässen kennen. Die Distanzen an Sprintläufen variieren zwischen 5 km bei Staffettenrennen bis zu 30 km für nationale Meisterschaften. Daneben gibt es z. B. in Schwedisch-Lappland den »Fjelldraget« ein Dreitagerennen für Zweierequipen, die ihren Hund oder ihre Hunde auf Langlaufskis begleiten. Oft sind es ein Ehepaar oder der Vater mit Tochter oder Sohn, die sich diesem Wettbewerb stellen. Es gibt an diesem Anlaß zwei Klassen, die Elite und die Volksläufer. Jede Equipe braucht Karte und Kompaß, die Wahl der Strecke ist frei. Einzig der Ort für den nächtlichen Lagerplatz ist vorgeschrieben. Dort wird das Zelt aufgebaut, draußen im Schnee gekocht, und morgens um 9 Uhr fällt der Startschuß für die nächste Etappe. Jede Hilfe von außen ist verboten. Alles, was man braucht, muß mitgeführt werden. Wer nur mit einem Hund und kleiner Pulka teilnimmt, hat natürlich selbst einen größeren Rucksack zu tragen als diejenigen mit drei Hunden und großem Schlitten. Nach drei Tagen und einer Distanz von ca. 150 Kilometern wird die Siegerequipe erkoren, wobei, wie bei uns am Skimarathon, für die meisten das Durchkommen wichtiger ist als das Siegen. Es gibt Equipen, die schon seit fünfzehn Jahren mitmachen, wie z.B. der pensionierte Grubenarbeiter Sven Eric mit seiner Frau. Er fährt nicht um den Sieg, deswegen hat er das Ganze auch schon probehalber als Tour eine Woche vor dem Rennen gemacht.

Sowohl in Norwegen wie auch in Schweden werden Pulka-Teams eingesetzt, um verletzte Skilangläufer zu Ambulanzstationen zu bringen. Meist sind es Drei-Hunde-Teams, die an Wochenenden in den Skigebieten einsatzbereit sind. Mit Handfunk ausgerüstet, sind sie schnell an Ort und Stelle, um zu helfen. Verletzte werden warm eingebettet in der zwei Meter langen Ambulanzpulka transportiert. Wie viel schöner ist das doch, als mit dem Lärm der Motorschlitten transportiert zu werden.

In Skandinavien wurden seit den Anfängen die ganz normalen Begleit-, Schutz- und Wachhunde für die Arbeit am Schlitten eingesetzt. Populär sind der Deutsche Schäferhund, Riesenschnauzer, Boxer, Rottweiler, Dobermann und natürlich Jagdhunde wie Pointer, Deutsche Kurz- oder Stockhaar-Vorstehhunde. Dieselben Hunde sind im Sommer auf dem Übungsplatz zu finden und stellen als Sanitäts- oder Schutzhund ihren Meister. Die Jagdhunde werden im Herbst für die intensiv betriebene Jagd eingesetzt. So haben Hund und Meister eine Ganzjahresbeschäftigung, die beiden Spaß macht und sie gesund hält.

Stig Julander, der Präsident des schwedischen Polarhundeclubs, ist jedenfalls davon überzeugt, daß der Skandinaviersport das Richtige ist. Mit vier Grönlandhunden vor einem Trekkhund-clubb-Schlitten, der nebst dem Zelt das ganze Futter für Mensch und Tieren enthielt, lief er auf Langlaufskis in 29 Tagen 1120 km durch Schwedisch-Lappland. Sein kleines Büchlein »Ensam, 4 hundar 112 vita mil« zeugt davon. Seine Hunde Kero, Tor, Ajako und Jola zogen die Last von 160 kg, die unterwegs ständig abnahm, von Nikkaloukta im Norden nach Grövelsjön im Süden.

Organisationen, die Schlittenhunderassen, die Rennen
Der Schlittenhundsport in Mitteleuropa begann mit der Gründung des SKNH, des Schweizerischen Klubs für Nordische Hunde im Jahre 1959. Der SKNH hat den Grundstein für den Sport gelegt und während Jahren Pionierdienste geleistet, die nachhaltig die Entwicklung von Sport und Zucht in ganz Mitteleuropa beeinflußten. Das damalige und heutige Ziel des SKNH ist die Förderung von Haltung und Zucht nordischer Hunde. Der SKNH hat heute ca. 500 Mitglieder und betreut, als ein der SKG (Schweizerischen Kynologische Gesellschaft) angeschlossener Zuchtverein, 15 nordische Hunderassen. Dazu gehören die nordischen Jagd- und Hütehunde wie zum Beispiel der norwe-

gische **Elchhund** oder der finnische **Lapinporokoira** und selbstverständlich die vier Schlittenhunderassen. Das sind:

»Die Frachtlokomotive des hohen Nordens«, der **Alaskan Malamute.** Die Mahlemiuts, ein Eskimostamm im nordwestlichen Teil Alaskas, züchteten diese Hunde. Die Rasse wurde später aus wenigen in die USA gebrachten Exemplaren aufgebaut. Malamutes sind die größten und schwersten Schlittenhunde; Rüden haben ein Gewicht bis zu 40 kg. Sie sind menschenfreundlich, ihr Gewicht und ungestümes Temperament verlangen aber eine starke Hand. Einzeln sind sie gute Begleiter, untereinander können sie sich aber recht aggressiv verhalten, was ihren Einsatz in größeren Teams schwierig macht. Man sieht sie meist in Gespannen mit drei bis fünf Hunden.

Der **Grönlandhund,** die ursprünglichste Rasse unter den Schlittenhunden, ist etwas kleiner als der Malamute. Er wird in Grönland auch heute noch regelmäßig für die Alltagsarbeit am Schlitten eingesetzt. Er ist ein ausgeprägtes Rudeltier, temperamentvoll und »wild« geblieben. Deswegen ist er nicht gerade der ideale Begleithund. Kompakter gebaut als der Malamute, entwickelt er große Kräfte, die es in geordnete Bahnen zu lenken gilt. Auch die Grönländer findet man meist in Gespannen mit drei bis fünf Hunden.

Der **Samojede** ist der weiße, langhaarige Hund mit dem »lächelnden Gesicht«. Er stammt ursprünglich aus Sibirien. Seinen Namen hat er vom Nomadenvolk der Samojeden, die dort als Jäger und Rentierzüchter lebten. Ende des 19. Jahrhunderts gelangten erste Exemplare nach England, wo die Rasse aufgebaut wurde. Samojeden sind angenehme Begleit- und Schlittenhunde, wenn auch oft bellfreudiger als die anderen Schlittenhunderassen.

Der **Siberian Husky** ist der kleinste und schnellste der Schlittenhunde. Er erlangte Berühmtheit durch Rennerfolge in Nome an den All Alaska Sweepstakes. Ganze Teams wurden aus Sibirien nach Alaska gebracht und behaupteten sich erfolgreich gegen die größeren, stärkeren Frachthunde. Leonhard Seppala siegte mit Siberians in drei aufeinanderfolgenden Jahren. Er nahm 1925 an der Schlittenhundestaffette teil, mit welcher lebensnotwendiges Diphterie-Serum von Anchorage nach Nome transportiert wurde. Seppala und seine Hunde wurden zur lebenden Legende. 1926 lud man ihn mit seinem Team in den südlichen Teil der USA ein. Dort nahm er auch an Rennen teil und verkaufte Hunde. Dadurch wurden die Siberian Huskies auch dort bekannt. Sie haben sich bis heute als ausgezeichnete Schlittenhunde bewährt. Trotz ihrer Menschenfreundlichkeit eignen sie sich wegen ihrer Unabhängigkeit vom Menschen und ihrer Jagdleidenschaft als Begleithunde nur eingeschränkt.

Zur Förderung der Schlittenhunderassen gehört natürlich nebst züchterischen Veranstaltungen wie z.B. Ankörungen auch die Organisation von Zugwettbewerben. Deswegen schaffte der SKNH eine Sportkommission, welche Trainingswochen durchführte. Im Schlittenlager 1970 wurden dann zum erstenmal richtige Rennen an zwei aufeinanderfolgenden Tagen in mehreren Kategorien ausgetragen. Schon damals aber gab es erste Unstimmigkeiten im SKNH zwischen Befürwortern und Gegnern des Sportes. Um eine vom Rassenhundeclub unabhängige Entwicklung der Schlittenhunderennen zu gewährleisten, gründeten 1973 einige SKNH-Mitglieder den TCE (Trail Club of Europe), der sich in der Folge gut entwickelte, ohne die SKNH-Sportaktivitäten zu verdrängen. Beide Vereine begannen, in einer gesunden Konkurrenz zu einander stehend, an verschiedenen Orten Rennen zu organisieren. So z.B. in Lenk, Splügen, Sils/Silvapana, Saignelégier. Der TCE ist heute ein international tätiger Rennverein mit Anlässen in der Schweiz, Deutschland, Österreich und Italien.

1975 schrieb der DCNH (Deutscher Club für Nordische Hunde) im Schwarzwald in Todtmoos sein erstes großes Rennen aus, und schon wenige Jahre später wurden in Mitteleuropa ein Dutzend Rennen von verschiedenen Clubs organisiert. Durch diese Entwicklung entstand das Bedürfnis nach Vereinheitlichung der Rennregeln, nach Koordination von wichtigen Anlässen und von zu vergebenden Titeln. Dies machte eine Dachorganisation notwendig. 1983 wurde die ESDRA, (European Sled Dog Racing Association) gegründet. In ihr sind diejenigen nationalen europäischen Verbände organisiert, welche Schlittensport für alle Hunde durchführen.

Die ESDRA, eine Schwesterorganisation der ISDRA (International Sled Dog Racing Association), einer nordamerikanischen Schlittenhundesport-Organisation, verfaßt die Rennregeln und veranstaltet alljährlich in Zusammenarbeit mit den nationalen Vereinen die Europameisterschaften. Die im Jahre 1986 gegründete IFSS (International Federation for Sled Dog Sport), die Welt-Dachorganisation des Schlittenhundesports, hat im Februar 1990 in Sils-Silvaplana-St. Moritz die ersten Sprint-Weltmeisterschaften ausgeschrieben und sie mit 125 Teilnehmern aus 15 Nationen in einem Dreitage-Rennen erfolgreich durchgeführt. Weltmeistertitel wurden in den Klassen Pulka Damen und Herren, 6-Hunde, 8-Hunde und 10-Hunde errungen. Am Start waren rund 700 Hunde. Solche Weltmeisterschaften sollen nun abwechselnd in Nordamerika und in Europa ausgetragen werden. Die IFSS ist seit Herbst 1989 Vollmitglied der AGFIS (Association Générale des Fédérations Internationales des Sports). Diese Organisation ist die höchste Sportautorität neben dem Olympischen Komitee.

Bis anfangs der Achtzigerjahre wurde der Schlittenhundesport praktisch nur mit FCI (Fédération Internationale de Cynologique) registrierten Schlittenhunderassen durchgeführt, da er ja durch die Rassenhundevereine aufgebaut worden war. Der zunehmende Fluß von Informationen aus Nordamerika (wo der Sport immer mit sogenannten Leistungskreuzungen, den Alaskan Huskies, ausgeübt worden war), der Reiz etwas Neues auszuprobieren und natürlich der Wunsch, schneller zu sein, führten dann anfangs der Achtziger Jahre zu grotesken Situationen. Solche aus den USA eingeführten Leistungszüchtungen, die meist schneller sind als Siberian Huskies, wurden mit Stammbäumen versehen, um an den hier nur für Rassehunde organisierten Rennen eingesetzt werden zu können. Die ESDRA-Mitgliedervereine konnten diesem Treiben nicht tatenlos zusehen und beschlossen 1986, die Rennen für nicht registrierte Hunde offiziell zu öffnen, nachdem es niemand geschafft hatte, der Sache Einhalt zu gebieten. In vielen Fällen ist es tatsächlich unmöglich, den Rassehund vom Leistungsbastard zu unterscheiden. Es mag auch eine Rolle gespielt haben, daß die FCI als größte Rassehundeorganisation Europas nicht in der Lage war, dem Stammbaumbetrug einen Riegel zu schieben, ja sogar tolerierte, daß z.B. der kynologische Verband eines unserer Nachbarländer für solche Hunde offiziell FCI Stammbäume ausstellte ...

Ein weiterer wesentlicher Grund für die Öffnung war die Absicht, als anerkannte Sportart in die AGFIS aufgenommen zu werden. Die Mitgliedschaft wäre ohne europäische Zusammenarbeit mit den nordamerikanischen Schlittenhundesportorganisationen, die nie irgendwelche Rassevorschriften kannten und auch keine Notwendigkeit dafür sahen, nicht möglich gewesen.

In der Schweiz wurde in der Folge im Jahre 1986 der SVS (Schweiz. Verband für Schlittenhundesport) gegründet, der offen ist für Hunde mit oder ohne Stammbaum. Das wiederum bewirkte Neugründungen von Rennorganisationen für die vier Schlittenhunderassen, wie zum Beispiel den SSK (Schweiz. Schlittenhundesport-Klub). Das geflügelte Wort »Jedem Schweizer (Mitteleuropäer) sein eigener Verein« könnte fast auch hier gelten. Heute präsentiert sich die Situation so, daß praktisch in jedem mitteleuropäischen Land Schlittenhundesportvereine tätig sind, die sogenannte geschlossene Rennen organisieren, d.h. nur für die vier Schlittenhunderassen mit Stammbaum. Andere Verbände führen offene Anlässe durch, also für Hunde mit oder ohne Papiere. Kontraproduktiv ist die Intoleranz einzelner Vereine, welche oft vergessen, daß die Schwierigkeiten für Schlittenhundesportler mit oder ohne registrierten Hunden im dichtbesiedelten Mitteleuropa dieselben sind ... Es gäbe genügend echte Probleme, um die man sich gemeinsam kümmern sollte, wie: sehr beschränkte Möglichkeiten, einen Zwinger zu erstellen, ungenügende Trainingsgelegenheiten wegen geteerter Straßen und, vor allem in Deutschland, Schwierigkeiten mit Jagdpächtern, unvernünftige Hundesteuern für in Zwingern gehaltene Hunde, sehr beschränkte Mitbenutzungsmöglichkeiten von Loipen usw. Statt dessen werden gerne in Clubmitteilungsblättern oder gar öffentlich Rundschläge gegen Leistungskreuzungen und die erfolgreichen Veranstalter solcher Anlässe ausgetragen, wobei ignoriert wird, daß damit der ganze Schlittenhundesport zu Schaden kommt.

Am Fernsehen aber schaut man sich interessiert die neuesten Videos von Iditarod, Yukon Quest oder Alpirod an. Man schwärmt in Erlebnisberichten von Schlittentouren in Alaska oder Kanada und übersieht großzügig, daß eben dort, im Land der Träume, Reinrassigkeit nie ein Kriterium war. Die sogenannten Alaskan Huskies sind meist Kreuzungen zwischen einheimischen arktischen Schlittenhunden und Jagdhunden. Sie sind zwischen 18 und 26 kg schwer, mit gutem Kreislauf und Gangwerk, starken Pfoten und überdurchschnittlicher Ausdauer; Eigenschaften, wie sie für das Iditarod und das Yukon Quest, die längsten, härtesten Rennen dieser Erde, nötig sind. Die »Alaskans« für Sprintrennen wiederum sind leichter und feiner gebaut und können schneller rennen als die Iditarod Hunde. Alaskan Husky, Indian Dog, Village Dog, Canadian Hound, Targee Hound, sind alles Begriffe für Leistungshunde, die für den Sport gezüchtet werden. Sie enthalten mehr oder weniger Jagdhundeblut, je nach Geschmack des Züchters. Wer allerdings glaubt, daß die Zucht solcher Hunde einfach wäre, daß man die »Mischung« leicht finden würde, daß Bastarde oh-

Rechts oben: Grönlandhunde (Foto: Ernst Müller)

Rechts unten: Alaskan Malamute (Foto: Ernst Müller)

nehin robuster und gesünder seien, sollte besser die Finger davon lassen. Qualifizierte Hundezucht ist mit oder ohne Stammbäume eine ernsthafte Angelegenheit und nichts für Laien mit Alaska-Träumen. Es gibt schon zuviele Hunde, die einen »guten Platz« suchen, als daß man noch selbst zu diesem Elend beitragen müßte.

Wer Hunde züchtet, muß sich zum voraus überlegen, was mit den Nachkommen geschehen soll, falls sie für den Sport nicht brauchbar sind. Wer sich für Alaskan Huskies interessiert, hält sich besser an die sehr wenigen guten Züchter, überlegt sich, ob er den Sport mit solchen Hunden anfangen will und kauft sich dann zwei oder drei, oder aber er verzichtet auf etwas Geschwindigkeit und fährt mit registrierten Hunden. Auch dort gilt es natürlich, vorsichtig zu sein. Lange nicht jeder feilgehaltene Siberian Husky, Malamute, Grönlandhund oder Samojede ist auch ein Leistungstier. Nur Hunde aus Leistungszuchten bieten die Gewähr dafür. Nebst fehlerfreiem Körperbau und gutem Kreislauf entscheidet das Hirn, der eingebaute Wille zum Rennen, über seine Eignung als Schlittenhund, und gerade das sieht man einem »herzigen Welpen« nicht an.

Das *Iditarod*, »the last great race« (Iditarod, das letzte große Rennen), 1973 zum erstenmal durchgeführt, verläuft über eine Distanz von rund 1800 km von Anchorage nach Nome quer durch Alaska. Es wurde von Joe Redington Senior, einem renommierten Schlittenhundezüchter, gegründet, der mit einem Team von fünf Alaskan Huskies, zusammen mit der mehrfachen Iditarod Siegerin Susan Butcher, einem Bergführer und einem Fotografen 1979 den 6193 Meter hohen Mt. McKinley bezwang. Das *Yukon Quest,* »the challenge of the North« (Yukon Quest, die Herausforderung des Nordens) ist ca. 1500 km lang und führt seit 1984 von Jahr zu Jahr abwechselnd von Whitehorse, Kanada, nach Fairbanks, Alaska und umgekehrt. Entlang der Quest-Strecke liegen wenige Dörfer. Deshalb gibt es nur sieben Checkpoints, wo die Musher Unterkunft finden und wo Hundefutter deponiert werden kann. Dadurch wird das Rennen sehr schwierig. Es muß z.B. wesentlich mehr Hundefutter mitgeführt werden als am Idi-

Links oben: Leithund Georgia (Siberian Husky); im Hintergrund die Berner Alpen (Foto: Ernst Müller)

Links unten: Samojeden am Stakeout (Foto: Ernst Müller)

tarod, an welchem 27 Checkpoints anzufahren sind. Der Schweizer Peter Thomann, vor einigen Jahren mit seinen Hunden nach Alaska umgezogen, erreichte am Quest 1990 mit Siberian Huskies den tollen sechsten Rang.

Das *Alpirod* ist in etwa das europäische Pendant zum Iditarod in Alaska und das einzige europäische Qualifikationsrennen dafür. 1988 von einem italienischen Geschäftsmann und Schlittenhunde-Enthusiasten gegründet, fand es seither dreimal statt und wird auch in Zukunft Teams aus Alaska, Kanada und zehn europäischen Ländern in die Alpen bringen. Zwölf Etappen in Italien, Frankreich, Österreich und der Schweiz mit Distanzen zwischen 20 und 150 km sind zu bestreiten. Die vorgesehene Totaldistanz liegt jeweils bei 1000 km. Es konnten aber infolge der Schneeverhältnisse z.B. 1990 nur 573 km durchgeführt werden. Die Etappen sind nicht zusammenhängend. Die Teams fahren deshalb mit ihren Fahrzeugen von Ort zu Ort. Die Veranstalterin des Alpirod, die Firma Bianca, eine Firma mit Sitz in Mailand, engagiert jeden Winter temporär rund 50 Fachleute aus sechs Nationen, um diesen Großanlaß durchzuführen. Ein namhafter französischer Sponsor aus der Hundenahrungsbranche ist mit großem Engagement dabei und schreibt ein Preisgeld aus.

Private Organisationen wie die Bianca können unbehelligt von Clubstreitereien ihre Arbeit oft effizienter erledigen und bringen gerade deswegen die alaskischen oder kanadischen Profi-Teams nach Mitteleuropa. Es ist ein phantastisches Bild, wenn etwa Libby Riddles aus Alaska, die erste Gewinnerin des Iditarod, Joe Runyan, der mehrfache Sieger des Yukon Quest oder der Indianer Grant Beck aus Yellowknife mitten in Europa in den Alpen ein 14-tägiges Rennen bestreiten. Die europäischen Mitkonkurrenten können von der großen Erfahrung dieser Top-Musher profitieren und helfen damit, den Sport weiter zu entwickeln. Das Alpirod ist die europäische Long-Trail-Meisterschaft der ESDRA.

Ein weiteres interessantes Projekt ist bei Bianca in Bearbeitung. Im Jahre 1992 soll ein Langdistanzrennen mit 25 Teilnehmern von Sibirien nach Alaska führen, quer durch das Heimatland der Siberian Huskies, der Halbinsel Kamtschatka. Noch sind viele logistische Fragen offen, z.B. wie die Überquerung der 50 km breiten Bering-Straße zwischen den beiden Nationen bewältigt werden kann.

Aber auch die mitteleuropäischen Clubs sind nicht untätig. Sie organisieren nebst den Sprintrennen, welche über max. 3 x 25 km führen, auch zunehmend Mitteldistanzrennen über 50 bis 100 km. So hat z.B. St. Cergue in der Schweiz im Winter 1990 ein Rennen über 2 x 50 km ausgeschrieben. Eines der ersten Mitteldistanzrennen wurde in La Pesse im französischen Jura organisiert. Es führt über die Distanz von 100 km. Weitere solche Rennen können in Deutschland, Österreich und Italien bestritten werden. Ein außergewöhnlicher Anlaß findet jedes zweite Jahr in Österreich statt, der auf Initiative des Leiters der Alpinschule Innsbruck organisierte »Silvretta-3000-Hochgebirgstrail«. 1989 bestritten 52 Teams in zwei Tagen das Rennen über eine Distanz von 64 km und eine Höhendifferenz von sage und schreibe 5000 Metern. Der tiefste Punkt liegt in Ischgl auf 1364 m.ü.M. und der höchste Punkt ist das Kronenjoch auf 2974 m.ü.M. Dazwischen sind verschiedene weitere Auf- und Abstiege zu bewältigen. Am Start sind sowohl Gespanne in der 5-8-Hunde-Klasse, der 2-4-Hunde-Klasse als auch Pulka-Teams mit 1 bis 3 Hunden.

Mit einem Pulkagespann an Mitteldistanzrennen

Anfangs der Achtzigerjahre war La Pesse, das etwas versteckt im französischen Jura liegt, ein Geheimtip für Liebhaber und Liebhaberinnen von längeren Distanzen. Aus einem ursprünglichen Randonnée, einer organisierten Wanderung für Schlitten- und Pulkagespanne, entstand das erste Mitteldistanzrennen in Mitteleuropa. Die Strecke gilt als schwierig: Im stark kupierten Terrain sind lange Anstiege und steile Abfahrten zu bewältigen und der Trail ist schmal, weil er im waldreichen Gelände nur mit einem Schneemobil und nicht mit dem Ratrack gespurt werden kann. In den ersten Jahren wurden am Samstag 40 und am Sonntag 50 Kilometer gelaufen, mit einem Biwak am vorgeschriebenen Ort dazwischen. Seit 1988 dauert das Rennen zweieinhalb Tage. Am Freitagabend wird mit einer guten Stirnlampe in die Nacht hinein gestartet, für eine 25 Kilometer lange Halbetappe. Dadurch hat sich das Rennen auf 115 Kilometer und zwei Biwaks verlängert.

Albin mit dem Schlitten und ich mit der Pulka waren bereits vier Mal dabei. Ich erinnere mich noch gut an die erste Teilnahme im März 1985.

Auf dem großzügigen Stake-Out-Platz mitten im kleinen Dorf, direkt neben der Kirche, herrscht Pionierstimmung. Die über 50 Musher und Musherinnen, die am Freitag aus Frankreich, Deutschland, Italien, Holland, Belgien und der Schweiz angereist sind, besitzen noch kaum Erfahrung mit Mitteldistanzrennen: sie wissen nicht, ob ihre Hunde und sie selber die Strecke von 90 Kilometer durchhalten werden. Die meisten haben noch nie im Schnee biwakiert und ihre Ausrüstung, die im Schlitten oder in der Pulka für die Nacht vom Samstag auf den Sonntag mitgeführt werden muß, ist teilweise abenteuerlich und entsprechend gewichtig. Doch die Begeisterung ist groß; Nebel, Wind und dichter Schneefall vermögen sie nicht zu dämpfen.

Alle studieren die Windungen der Route auf dem am Mushermeeting verteilten Kartenausschnitt. Der Trail ist im Gelände nicht ESDRA-konform markiert und ausgeschildert, Streckenposten sind nur wenige – vielleicht alle zehn Kilometer einer – vorgesehen und die Schneemobilspur dürfte rasch verweht und eingeschneit sein.

Ich führe ein langes Gespräch mit Trampy. Er wird seine unerfahrene Musherin entlasten und die Verantwortung für den Trail übernehmen, dafür verzichte ich auf jeglichen Komfort, die Pulka wiegt nur knapp 15 kg. Für einmal kann ich meine Erfahrung als Alpinistin ausnützen; die anderen Musher führen ganze Berge von unnötigem Material und viel zu viel Eßwaren mit und belasten ihre Vierbeiner zu stark. Deshalb ist die Ausfallquote in der Skandinavierklasse hoch. Nur Trampy sowie ein großer, kräftiger Grönlandhund halten als »Einzelzugpferde« durch. Die meisten Musher mit Einzelhund müssen bereits am Samstag aufgeben; die anderen sowie einige der großen Gespanne kapitulieren am Sonntag. Pulkateams mit zwei oder drei Huskies sind den Anforderungen dagegen gut gewachsen.

Um 14.00 Uhr ist Minutenstart: Zuerst die Skandinavierklasse, dann die Kategorien A und O. Schlitten mit weniger als sechs Hunden sind auf der langen, anspruchsvollen Strecke nicht zugelassen. Dieser Entscheid der Rennleitung zeigt eindrücklich, welche enorme Leistung vom einzelnen Pulkahund gefordert wird.

Trampy legt ein beachtliches Tempo vor, wir überholen in den ersten Anstiegen vier Pulkateams. Nach einer Stunde ziehen Albin und gleich darauf Toni Schmidt – von ihm haben wir seinerzeit als blutige Anfänger Racy und Reina gekauft – mit ihren A-Gespannen vorbei. Jetzt kann ich mich uneingeschränkt auf Trampys Nase verlassen, die Spur seiner Zwingerkollegen wird er bestimmt nicht verlieren. Die Gegend ist märchenhaft: Waldstücke wechseln mit offenen Weiden, dazwischen immer wieder Einzelbäume und kleine Gruppen, alles tief verschneit; die schwach erkennbare Spur windet sich durch versteckte Tälchen, über Kuppen und fällt jäh in kleine Tobel ab; manchmal duckt sich ein einsamer Hof mit tief herabgezogenem Dach im Windschatten.

Pulka und Skier laufen wie auf Watte, kein Ton, kein Ruck, aber auch keine lange Gleitphase. Trampys Kondition müßte *frau* haben, mir tun bereits die Arme weh und er läuft unbeirrt seinen raumgreifenden, kräftesparenden Trab, obwohl er mit jedem Schritt tief im weichen, pulvrigen Schnee einsinkt.

Wir biegen in ein Hochtal ein, und da stehen wie aus dem Nebel gezaubert Pferde im Schnee. Sie kommen neugierig näher, doch Trampy ist schüchtern und läuft rasch vorbei; wie erging es wohl Albin mit dem jagdbesessenen Nome und Polar im Gespann?

Um halb fünf bricht kurz die Sonne durch die Wolken; doch ich sehe das Glitzern und Funkeln der Schneekristalle kaum und fluche über die Windjacke, die sich wegen der Startnummer nicht ausziehen läßt. Der Schweiß läuft übers Gesicht, brennt in den Augen und kitzelt an der Nase. Trampy setzt zum Galopp an, jetzt höre auch ich Bellen und Jaulen. Da vorne muß der Biwakplatz liegen.

Am Morgen ist das kleine Hochgebirgszelt beinahe im Neuschnee versunken, von Trampy ist einzig die Nasenspitze sichtbar. Er begrüßt mich begeistert und möchte sogleich starten. Ich packe zusammen und erkläre ihm, daß zuerst viele langsamere Teams – andere Pulkagespanne, aber auch über ein Dutzend der großen Schlitten! – auf die Reise geschickt werden. Da wedelt er stolz mit der Rute und nimmt die erste Steigung gleich im Galopp; *frau* sollte besser trainieren! Endlich ist die Kuppe überschritten und das lockere Langstreckentempo pendelt sich ein.

Trampy ist ein Goldschatz, er hängt an den Skienden eines schnellen Pulkafahrers und läßt sich nicht abschütteln. Erst nach zwei Stunden überholt uns Toni mit dem ersten A-Gespann. Er ist mit der Bestzeit vom Samstag als Letzter gestartet und hat, zusammen mit Albin, das ganze Feld von hinten aufgerollt. In einer längeren Steigung lagen plötzlich um die dreißig Gespanne dicht aufgeschlossen vor ihnen. So muß es wohl zu den Goldrush-Zeiten am Klondike ausgesehen haben.

An den ersten Mittelstreckenrennen ließ die Rennleitung am Sonntag jeweils die langsamsten Gespanne zuerst starten. Sie wollte das Feld nicht so stark auseinander ziehen und den schwächeren Fahrern einen ganzen langen Tag für die Strecke zur Verfügung stellen. Die Kehrseite dieses Entscheids waren die vielen Überholmanöver. Seit sich die Mittelstreckenanlässe von »Volksläufen« zu richtigen Rennen gemausert haben, starten wieder, wie allgemein üblich, die schnellsten Gespanne zuerst.Kurz nachdem er uns passiert hat, erwischt Toni die falsche Abzweigung. Die Irrfahrt ist kurz, doch in der Zwischenzeit geht Albin an die Spitze. Racy bringt eine tolle Leistung; sie spurt auf einem unbekannten, verschneiten Trail Kilometer um Kilometer vorne weg.

Hinter uns rückt der Schlittentreck näher, rund zwanzig A- und O-Gespanne schieben sich keuchend vorbei. Doch dann ziehen Trampy und ich für die letzten Kilometer unsere Spur ganz alleine durch die tiefverschneite Juralandschaft. Wir schleppen die Pulka gemeinsam über steile Anstiege hoch und er führt mich zuverlässig über die glattgefegten Kuppen, wo jede Spur verweht ist und ich die verklebten Augen im böigen Wind, der die Schneekristalle waagrecht vor sich herpeitscht, kaum öffnen kann.

Beinahe vier Stunden sind wir bereits unterwegs, das gemeinsame Erlebnis und die Tatsache, daß ich auf ihn angewiesen bin, sind ein richtiger Aufsteller für Trampy. Der schüchterne, psychisch angeschlagene Hund ist nach diesem ersten Mittelstreckenrennen nicht wiederzuerkennen. Heute fordert er selbstbewußt seine Streicheleinheiten und trägt die Rute stolz wie eine Standarte.

Den größten Erfolg konnte Trampy 1986 zusammen mit T.C. am Neuschneerennen vom Dachsberg im Schwarzwald feiern. Die Sonne brannte am Samstag vom tiefblauen Himmel und verwandelte den von Mittwoch bis Freitag gefallenen weißen Segen in einen weichen Brei. Die großen Gespanne wühlten sich über die 40 Kilometer lange Strecke und die Musher steckten öfters bis zum Bauch im nassen Schnee, weil sie wohl allerlei unnützen Ballast mitführten, aber nicht an Schneeschuhe gedacht hatten. T.C. und Trampy stellten am Samstag in der Pulkaklasse Bestzeit auf und distanzierten außerdem die meisten der großen Gespanne. Doch die unzureichenden Langlaufkünste ihrer Musherin verhinderten einen vollständigen Triumph. Der Frost verwandelte den Trail über Nacht in einen schmalen Eisschlauch – nur so breit wie eine Schneemobil-Spur und damit zum Stemmen mit den Langlauflatten absolut ungeeignet, dafür gespickt mit hartgefrorenen Rippen, Furchen und Löchern vom Vortag – und sorgte im Gelände daneben für prächtigen Bruchharsch. Nach dem ersten Dutzend verzichtete ich darauf, die weiteren Stürze zu zählen. Jetzt beneidete ich die Schlittengespanne um ihre guten Bremsen und war zufrieden, das Ziel am Sonntag mit keinen weiteren Schäden als zahlreichen blauen Flecken und einer zerbrochenen Pulkastange zu erreichen.

Trampy ist in der Zwischenzeit ein alter Herr geworden, der mich mit großer Begeisterung auf Wanderungen begleitet, aber nicht mehr an Rennen eingesetzt werden kann. T.C. hat eine schwere Operation gut überstanden und freut sich riesig, wenn sie bei kürzeren Trainingsläufen dabei ist, doch Rennen kann auch sie keine mehr durchstehen.

Wegen verschiedenen organisatorischen Schwierigkeiten und widrigen Umständen findet das erste Hochgebirgsrennen in der Silvretta erst im April 1989 statt. Das ist mindestens ein Jahr zu spät für das Tandem T.C./Trampy. Ich bilde mit Reina und Polar ein Veteranenteam: Musherin und Vierbeiner – das Hundealter in Menschenjahre umgerechnet – sind Mittfünfziger. Albin setzt ebenfalls die alte Garde ein mit der zuverlässigen, aber nicht mehr ganz schnellen Racy an der Spitze.

Die Skiwahl bildet in der Pulkaklasse ein vertracktes Problem. Die flachen Böden von Fimber-, Ochsen- und Vermunttal schreien nach der leichten Langlaufausrüstung, während sich über Kronenjoch und Ochsenscharte Alpinskis aufdrängen. Ich entschließe mich für den

Kompromiß Telemarkausrüstung und Albin organisiert mir mit viel Mühe zwei Diagonalzugkabel, damit ich für die Abfahrt besser gewappnet bin – ältere Tourenfahrer werden die Backenbindung mit Tiefzughaken noch kennen.

Am Samstag ist das Wetter schlecht; es schneit und stürmt beim Aufstieg durchs Fimbertal zum Kronenjoch (2981 m). Reina und Polar machen ihre Sache gut, wir können an drei langsamen Teams vorbeiziehen und werden nur von einem schnellen Gespann überholt. Doch die Abfahrt gerät zum Alptraum: Der erste Hang ist steil, die Sicht miserabel und die langen schmalen Telemarkskis eignen sich auch mit Diagonalzug nur schlecht zum Schwingen. Ich lege trotz Bremskette einen größeren Teil der fünf Kilometer bis zur Jamtalhütte abwechselnd auf Bauch und Hinterteil zurück. Einige gute Pulkafahrer überholen mich souverän, doch die meisten – besonders jene mit Langlauflatten – kämpfen ebenfalls mit den Tücken des Geländes. Ich bin mit Reina und Polar schon lange im Ziel der ersten Etappe eingetroffen und immer noch tauchen nasse, abgekämpfte Schneemänner mit ihrem Pulkagespann aus dem Nebel auf.

Am Sonntag ist das Wetter strahlend, die Sicht entsprechend gut und die Abfahrt von der Ochsenscharte (2931 m) recht sanft. Erst der Moränensteilhang unterhalb der Wiesbadnerhütte wird nochmals happig. Auf dem Silvrettastausee drehen Reina und Polar richtig auf und die kurze Gegensteigung zur Bielerhöhe macht ihnen im Unterschied zu mir überhaupt keine Mühe. Veteranen sind langsam aber ausdauernd: Durchs flache Vermunttal schnappen wir die drei Pulkagespanne wieder, die uns beim Aufstieg zur Ochsenscharte überholt haben. Schade, daß die Strecke wegen Schneemangels verkürzt werden mußte; Reina und Polar steigern sich mit jedem Kilometer, während die anderen Hunde, denen die Erfahrung im Husky Mountaineering fehlt, immer langsamer werden.

Im Frühling 1991, wenn das nächste Silvretta-Hochgebirgsrennen stattfindet, werden Reina und Polar, in Menschenjahre umgerechnet, bereits im Pensionsalter stehen. Doch wenn ich den beiden gut zurede, werden sie vielleicht doch noch einmal für ihre Musherin laufen. Ich habe ihnen versprochen, das Schwingen mit den Telemarkskis und den niedrigen, leichten Lederschuhen fleißig zu üben, damit wir in den Abfahrten nicht mehr so viele der im Aufstieg hart erkämpften Minuten verlieren.

Nun ist es natürlich nicht damit getan, Rennen auszuschreiben. Es muß ja auch für die entsprechende Ausbildung gesorgt werden. Der Schweizerische Verband für Schlittenhundesport führt deshalb jedes Jahr im Dezember im Urnerboden ein Trainings- und Ausbildungslager durch. Eine Woche lang wird in Theorie und Praxis geübt. Verschiedene Fachleute sprechen zu Themen wie Training, Ernährung, Zwingerhygiene, usw. Dias und Filme werden gezeigt. Tourenbegeisterte lernen die dafür geeignete Spezialausrüstung kennen und versuchen den Umgang mit Karte und Kompaß. Langlauf wird geübt und für erste Schritte im Schneeschuhlaufen stehen Schneeschuhe zur Verfügung.

Die Teilnehmer wohnen im Hotel oder Massenlager, einige im Wohnwagen oder Wohnmobil. Die jungen Schlittenhunde lernen, in der Box zu übernachten und gewöhnen sich gleichzeitig an die sehr spezielle Atmosphäre, die auch an Rennen herrscht, wenn so viele Tiere so nahe beieinander sind. Erfahrene Musher sind anwesend, um ihre Teams auf Schnee zu trainieren. Sie stehen den Anfängern mit Rat und Tat zur Seite.

Der DSSV (Deutscher Schlittenhunde Sport Verband) führt im Pitztal eine Trainingswoche für Pulkaläufer durch. Eine Sportart, die bei uns erstaunlicherweise nicht sehr verbreitet ist, auch wenn die Tatsache, daß es nur einen einzelnen Hund dazu braucht, eigentlich für diese Disziplin sprechen würde. Sowohl Langlaufausbildung wie auch die Ausbildung für die Hunde sind den Bedürfnissen der »Skandinavier« angepaßt.

In Italien gibt es die »Scuola Italiana Sleddog«, eine Schlittenhundeschule, die am Passo di Tonale nordöstlich von Mailand und im Hochland Asiagos, nicht weit entfernt von Venedig, Kurse durchführt, in denen Anfänger lernen, mit Schlittenhunden umzugehen, sie zu pflegen und mit Teams zu fahren. Die Gebrüder Khatchikian, welche die Schule 1985 gründeten, leiten die Kurse mit viel Enthusiasmus. Im

Herbst und Frühling, wenn kein Schnee liegt, werden ähnliche Kurse mit Trainingswagen ausgeschrieben. Renommierte Musher wie z.B. der vierfache Iditarod Sieger Rick Swenson, standen bei der Gründung als Berater zur Verfügung. Weitere Möglichkeiten, nicht gerade Schlittenhundesport zu lernen, aber doch wenigstens gründlich hineinzuschnuppern, sind Schlittenhundetouren in Lappland oder Alaska, wie sie Reiseveranstalter ausschreiben. Meist kann man tageweise oder ganze Wochen mit einem Team fahren und übernachtet bei den Mehrtagestouren unterwegs in Hütten oder im Zelt. Das ist eine ausgezeichnete Gelegenheit, einmal »Musher« zu sein. Jedenfalls könnte eine solche Tour die Entscheidung, ob man sich ins Abenteuer eines eigenes Team stürzen will oder nicht, erleichtern, bevor man hier unglückliche Entschlüsse getroffen hat. Wer eine Tour buchen will, soll vorsichtshalber Referenzen verlangen, denn nicht jeder, der im Norden Schlittenhunde hält und Touren ausschreibt, geht mit ihnen auch anständig um oder ist ein guter Gastgeber.

Die Rennregeln
Die Rennregeln des Schlittenhundesportes auf der ganzen Welt gehen zurück auf die Anfänge in der Goldgräberstadt Nome. Die Vorschriften wurden später von der ISDRA neugefaßt und sind heute in Europa (von der ESDRA redigiert) an allen größeren Rennen gültig. (Die Pulka-Regeln übernahm man aus Skandinavien.) Glücklicherweise ist das so, die Teilnahme an Rennen im Ausland wäre recht schwierig, hätte man jedesmal etwa zwanzig Seiten neue Regeln zu lernen um zu wissen wie der Trail markiert ist und wie zu überholen wäre . . .

Nachstehend sind einige der wichtigeren Vorschriften zitiert:

Über die Ausrüstung:
Der Schlitten muß stabil genug sein, den Fahrer zu tragen, und er muß eine Ladefläche für den Transport eines Hundes besitzen. Der Schlitten muß mit einer soliden Bremse, einen Bogen vorne (Brushbow) und einem Schneeanker oder einer Notleine versehen sein.

Die Pulka muß durch zwei feste Zugstangen mit dem Hundegeschirr so verbunden sein, daß sie nicht auf die eingespannten Hunde auflaufen kann.

Maulkörbe und Würgehalsbänder sind verboten. Peitschen sind verboten.

Über die Größe der Gespanne:
Kategorieneinteilung Nome-Style:
2 - 3 Hunde, 3 - 6 Hunde, 4 - 8 Hunde, 7 - 10 Hunde,
Unlimitiert = min. 7 Hunde bis 16 oder 18 Hunde.

Kategorieneinteilung Nordic-Style:
Die Anzahl der Hunde im Skandinaviergespann ist frei.
Die gesamte Last beträgt ohne Ansehen der Rasse 20 kg für einen Hund, 40 kg für zwei Hunde, 55 kg für drei Hunde. Für jeden weiteren Hund werden 10 kg gerechnet. Das Gesamtgewicht wird um 5 kg je Hündin im Gespann verringert.
Über die Trailmarkierung:
»Abbiegen nach links« wird durch ein rotes Schild auf der linken Seite der Strecke angezeigt.
»Abbiegen nach rechts« wird durch ein rotes Schild auf der rechten Seite der Strecke angezeigt.
»Geradeaus« wird durch blaue Schilder angezeigt.

Über das Verhalten während des Rennens:
Ein überholendes Gespann hat das Vorfahrrecht, wenn sein Leithund weniger als 15 m vom Schlitten des voranfahrenden Gespannes entfernt ist.
Der eingeholte Fahrer muß den Weg freimachen, indem er das Gespann auf eine Seite der Piste lenkt. Er muß abbremsen oder anhalten, wenn der überholende Fahrer dies verlangt.

Gesunder Menschenverstand und Sportlichkeit müssen vorherrschen. Ein Betragen von Fahrer, Helfer oder Gespann, das dem Ansehen des Sports oder des Rennens nach Ansicht des Rennleiters schadet, führt zur Disqualifikation des betreffenden Gespannes.

Diese kleine Auswahl zeigt, daß eine gute Regelkenntnis notwendig ist, um mit Spaß an einem Rennen teilnehmen zu können.

7. Husky Mountaineering I

Touren mit Schlitten und Pulka im Jura und Hochgebirge –*Huskies sind einsatzwillige und begeisterte Alpinisten – Wer einen Zipfel Abenteuer erhaschen will, darf harte Anstiege, pikante Abfahrten und ganz allgemein die Auseinandersetzung mit den Tücken des Geländes nicht scheuen – Erst die Erfahrung lehrt, was alles schief gehen kann, wenn man mit Hunden im Gebirge unterwegs ist*

Sobald die Rennsaison abgeschlossen ist, kommen die Touren zu ihrem Recht. Die Hunde merken ganz genau, wenn fürs Husky Mountaineering gepackt wird und flippen vor Begeisterung und Vorfreude beinahe aus. Sie wissen von früher, daß der Kontakt zwischen Mensch und Hund auf Touren ganz eng ist. In den Bergen sind Musher und Vierbeiner besonders stark aufeinander angewiesen und die Huskies genießen die gute Zusammenarbeit, die sich über viele Stunden und meistens über mehrere Tage – wenn sie ganz besonders Glück haben, sogar über gemeinsame Zeltnächte! – erstreckt. Die runden Hügel und Hochflächen von Jura und Schwarzwald eignen sich ausgezeichnet für Unternehmungen mit Schlitten und Pulka. Seit einigen Jahren werden Touren für Langlaufgruppen und Schneeschuhwanderer angeboten. Bei diesen Trecks wird im Freien – Zelt, Biwaksack, Iglu – oder in einfachen Hütten übernachtet; trotzdem sind die Menschen nur mit einem leichten Tagesrucksack belastet, weil das umfangreiche Gepäck im Schlitten verstaut und von den willigen Hunden gezogen wird. Die Huskies sind freundlich gegenüber den vorerst fremden Touristen und genießen die vielen Streicheleinheiten und Liebkosungen. Sie, die normalerweise die Zuneigung ihres Menschen mit zehn, zwanzig oder noch mehr Vierbeinern teilen müssen, stehen auf den Trecks im Mittelpunkt. Sie kosten es richtig aus, »Hauptperson« zu sein, und die Teilnehmer und Teilnehmerinnen der Wildnistouren sind begeistert von den Naturerlebnissen und von den liebenswürdigen, einsatzfreudigen Schlittenhunden.

Ernst Müller, der mit seinem Hundeteam regelmäßig Touristengruppen begleitet, vermittelt ein Stimmungsbild aus den Freibergen:

Gut gelaunt helfen sieben abenteuerlustige Frauen und Männer mit, zwei Toboggan-Schlitten zu packen. Die Schlitten sind groß und stark gebaut, mit einer 2,2 m langen Ladefläche und einer extra dicken Gleitfläche aus Kunststoff. Die Ladefläche ist bedeckt mit einem roten Ladesack aus wasserfestem Zeltstoff. Kochkessel, Dreibein, Zelte, Liegematten, Schlafsäcke, Kochkisten mit dem Essen für 6 Tage, 20 kg Hundefutter pro Team, Anbindeketten, Reservematerial, das alles findet darin Platz. Zuoberst aufgepackt werden die Schneeschaufeln, der Zwischenproviant für unterwegs, der Kehrrichtsack und die mit heißem Tee gefüllten Thermosflaschen. Gründlich bindet Ernst, der Hundeführer, die Last mit Seilen fest, so daß unterwegs nichts herunterfallen kann, auch nicht, wenn der rund 130 Kilogramm schwere Schlitten im tiefen Schnee einmal kippen sollte. Freddy, der Tourenleiter, verteilt die Schneeschuhe und erklärt die Bindung. Schneeschuhlaufen ist einfacher als man denkt. Ein paar Probeschritte zeigen es, der Schritt ist nur wenig breiter als normal, sehr schnell fühlt man sich sicher. Zwei Modelle stehen zur Verfügung: Die modernen Sherpas mit Alurahmen und voller Neopren-»Decke« (ein Kunststoffmaterial); sie haben eine gut geführte Bindung mit Harscheisen. Durch den Alurahmen sind sie praktisch bruchfest und wartungsfrei. Wem die modernen Dinger nicht gefallen, der zieht sich ein Paar der etwas leichteren Bear Paws (Bärentatzen) mit Lederbindung an. Mit gebogenem Eschenholzrahmen und mit Rohhautstreifen bespannt und lakkiert sind sie sehr schön anzuschauen. Sie werden auch heute noch von kanadischen Indianern hergestellt. Die Indianer sind es ja, welche die »Snow Shoes« über Jahrtausende benutzt und weiter entwickelt haben. Für die Jagd, auf Reisen, für jeden Gang während der langen Wintermonate waren die Schneeschuhe unentbehrlich. Heute ermöglichen sie uns ein entspanntes, gemütliches Wandern. So, jetzt klappt's, alle haben begriffen, daß man die Füße nicht hochheben muß wie bei einem Gockelkampf, sondern die vorne hochgebogenen Schneeschuhe nur nachschleppen soll.

Die 16 Schlittenhunde wissen genau, daß es bald los geht, sie tragen bereits die extra gut gepolsterten Tourenzuggeschirre, und die Zugleine liegt bereit. Zwei, drei Schneeschuhläufer, auf dem Rücken den Tagesrucksack mit Mütze, Handschuhen, Sonnenbrille und Sturmbluse machen sich auf den Weg. Die Route für die nächste Stunde ist besprochen. Sie wandern voraus, über die Weiten der Freiberge, fernab von Straßen und Langlaufpisten. Höchstens behindert durch einen der häufigen Stacheldrahtzäune, legen sie eine Spur vorbei an einsamen

Höfen und durch Wälder. Die beiden Hundeteams folgen schon bald in ihrer Spur. Ernst führt das vordere, Freddy das hintere Gespann. Nach den Schlitten kommen die langsameren Wanderer, welche über die freudig arbeitenden Hunde staunen. Wenn es streng wird durch den tiefen Schnee, legen alle an den Schlitten Hand an, ziehen vorne mit, stoßen hinten und helfen den Hunden. Die Stunden ziehen sich dahin, und die Nomaden machen mit ihren Tieren Rast. Ein kalter Wind bläst über den Höhenzug. Die Sturmbluse wird übergezogen, und im Windschatten einiger Büsche macht der heiße Tee die Runde, derweil die Hunde zusammengerollt vor dem Schlitten liegen und dösen. Die Erfahrenen unter ihnen wissen, daß sie ruhig warten müssen bis es weitergeht. Freddy öffnet den Proviantsack und jeder greift zu. Ein Stück Schokolade, Dörrfrüchte oder Brot mit Speck finden begeisterten Absatz. Das interessiert natürlich auch die Hunde, vor allem die jungen unter ihnen. Sie wissen noch nicht, daß Ernst ihnen gleich mit allem Nachdruck befehlen wird, Platz zu machen und gleichzeitig den Hundefreunden erklärt, daß nur er die Hunde füttern würde und zwar einmal am Tag, abends nach getaner Arbeit. Er kontrolliert nun Zugleinen und Hundepfoten, mögliche Druckstellen von den Zuggeschirren und benutzt die Gelegenheit, mit seinen jetzt brav wartenden Tieren ein freundliches Wort zu wechseln.

Nach dem Imbiß wird wieder aufgepackt, und die Karawane zieht weiter, bis gegen 16 Uhr ein Lagerplatz für die Nacht gefunden wird. An den Lagerplatz werden einige Ansprüche gestellt, schließlich hängen der abendliche Komfort und der gute Schlaf davon ab. Gesucht wird eine flache, windgeschützte Mulde am Waldrand, die Menschen und Hunden Unterschlupf bietet. Fallholz für das Kochfeuer gibt es da genug und Bäume, um die Hunde für die Nacht anzubinden, auch. Die beiden Tourenleiter und ihre sieben Gäste ergänzen sich sehr gut. Schon am ersten Abend wird die optimale Arbeitsteilung gefunden. Jeder hilft mit, sei es als Holzsammler, Koch, Zeltaufbauer, Latrinenbauer oder Lagerfeuerbetreuer. Dani und Sepp schaufeln eine runde Grube von zwei Metern Durchmesser frei von Schnee, in der sie nachher das Kochfeuer entfachen. Der umliegende Schnee dient als Sitzbank, und die Schneeschuhe, aufrecht in den Schnee gesteckt, sind Rücklehne und Windschutz zugleich. Das große Dreibein wird aufgestellt, und der Kochkessel, gefüllt mit Schnee, wird aufgehängt. Nach dreiviertel Stunden sind 16 Liter Wasser für die Hunde geschmolzen und handwarm, und die hungrigen Tiere bekommen ihr eingeweichtes Hochleistungs-Trockenfutter, das sie mit Genuß hinunterschlingen. Ruhe kehrt ein, es wird Zeit, die eigene Verpflegung zuzubereiten. Schmackhafte Eintopfgerichte sind das Richtige für Magen und Geist. Beliebt sind sie, die mit Knoblauch gewürzten Mahlzeiten à la mode de Freddy. Auch der »Bannok«, das flache, im Pfannendeckel gebackene Fladenbrot, findet begeisterte Zustimmung. Zwischendurch wirft man einen Blick auf die Hunde und sieht, daß fast alle ein Loch in den Schnee gescharrt haben, worin sie vom Wind geschützt schlafen. Der eine oder andere hat sein »Bett« noch nicht bereit. Da nimmt Ernst, die Schneeschaufel und hilft Georgia, Xylia und Baldy, ihren Schlafplatz richtig vorzubereiten. Jetzt liegt auch der letzte Hund komfortabel; im Licht der Stirnlampe leuchten die Augen grün oder rot. Nach dem Kaffee beginnt man, an das eigene Bett zu denken, sei es das Zelt oder der Biwaksack. Die richtige große Tanne mit ausladenden Ästen wurde noch bei Tageslicht gefunden. Der Biwaksack, mit dem Kopfende gegen den Stamm gerichtet, enthält die luftgefüllte Liegematte und den Schlafsack. Kurz noch die Zähne geputzt, das Waschen wird auf den Morgen verschoben.

Unbequem, manchmal kalt, ist es, den frischen Schnee vom Biwaksack zu klopfen, die Schuhe auszunesteln, Jacke und Hose auszuziehen und in den steifen Schlafsack zu steigen, derweil der Wind bläst und sich die Schneeflocken feucht unter den Kragen schieben. Doch bald ist es geschafft, alles ist eingepackt. Jacke, Hose und Schuhe liegen nebenan im Plastiksack. Die Stirnlampe, die Zipfelmütze und die Handschuhe sind im Kopfteil des Biwaksackes verstaut. Es wird langsam wärmer, Hände, Füße und Nacken tauen auf, die Stimme der Jura-Tanne wird hörbar, wie sie singt, rauscht, knarrt. Einzelne Schneeflocken und Tannennadeln fallen knisternd auf den Biwaksack und begleiten den müden Hundeführer in einen leichten Schlaf. Wenn die Tanne lauter singt, erwacht er, blickt verschlafen Richtung Himmel, wo einzelne Sterne leuchten, er sieht schwarz die starken Äste des großen Baumes, fühlt sich beschützt und schläft wieder ein. Bis Alatna die Stimme zum Geheul erhebt und alle in einen Chorgesang einstimmen, der nach kurzer Zeit abrupt endet, höchstens fortgesetzt durch einen einsamen, von ferne hörbaren Hofhund. Wieder liegt Ernst, der Hundeführer, wach, hört die Stimmen, schläft wieder ein und genießt die Freiheit, die ein Hundeteam bietet.

Am nächsten Morgen beim Frühstückstee erwachen die Lebensgeister schnell. Der eine oder andere hat eine kühle Nacht verbracht; die

111

erste seines Lebens im Winter draußen im Schnee. Genauso wie Baldy, der junge Rüde, der sich mit steifen Beinen streckt. Nicht gewöhnt, angebunden zu sein, hat auch er schon besser geschlafen, zuhause im Zwinger im Hundehaus. Ein Zwiegespräch mit seinem Musher weckt auch dessen Appetit auf den neuen Tag, und schon bald freuen sich alle auf die kommenden Entdeckungen. Zuvor aber wird alles sorgfältig aufgeräumt, die Asche verteilt, die Feuerstelle zugeschaufelt. Der Abfall wird im Kehrrichtsack mitgeführt. Selbst ein Indianer müßte sich der hinterlassenen Spuren nicht schämen.

Etwas weniger geruhsam als Juratrecks, dafür ganz besonders spannend, sind Touren mit Schlitten und Pulka im schroffen Gelände der Alpen:
Der Wecker schrillt und reißt mich aus dem kurzen Schlaf. Nachts um elf hatten wir Racy, Reina, Nome, Polar, Trampy, Vegy, Timber und Uschba in ihre Schlafboxen verpackt und sind, nach einem letzten Kontrollgang mit Kotschaufel und Abfallbehälter, selber in die Daunensäcke gekrochen. Jetzt ist es vier Uhr morgens, kalt und dunkel; das Lötschental liegt im Schatten der schroffen Wände der Bietschhornkette, 800 Meter höher auf der anderen Talseite scheint der Mond auf die sanfteren Skihänge über der Lauchernalp. Unser altes Reservezelt – die neue Leichtbehausung ist bereits im Schlitten verpackt – steht am Ufer der Lonza ausgangs Blatten, bis hierher ist die Straße im Winter geräumt. Albin setzt den Kocher in Betrieb, und ich schäle mich widerwillig aus dem weichen Sack. Als Morgenmuffel liebe ich frühe Starts im Halbdunkeln überhaupt nicht; doch es ist unvermeidlich, denn für heute steht ein langer Berglauf auf dem Programm.

Mit den Hunden und den zahlreichen Ausrüstungsgegenständen – Zelt, Kocher, Benzin, Kochtopf, Futternäpfe, Schlafsäcke, Isoliermatten, Proviant für Zwei- und Vierbeinige, Reservekleider, Flickzeug, Seil, Pickel, Schaufel, Reserveleinen und, und, und – dauert es eine halbe Ewigkeit, bis alles bereit ist. Endlich um halb sechs sind Reina und Trampy zwischen den Pulkastangen eingespannt; ich

Rechts: Auch leichte Voralpentouren haben ihre Tücken. Auf dem Weg von Schönisei zum Nollen (Hohgantgebiet, vgl. Tourenvorschlag 8b): Racy kämpft sich durch den Baumverhau, die anderen Huskies folgen; zuletzt schiebt Albin den Schlitten unter dem Stamm durch und taucht ebenfalls aus der Unterwelt auf (Foto: Regine Diethelm)

schlüpfe aus der warmen Steppjacke und stopfe sie hastig zum übrigen Material in die Pulka. Auf einer »normalen« Skitour wird ganz langsam gestartet, und die warmen Kleider kommen erst später, wenn der Muskelmotor richtig heizt, in den Rucksack. Doch Huskies sind ehrgeizig und verachten ein lockeres Einlaufen. Auf den vereisten Spuren, die in der schwachen Morgendämmerung knapp zu sehen sind, wird mir auch im leichten Langlaufanzug rasch heiß werden, und ein Halt zur Tenüerleichterung ist in der ersten Laufstunde, wenn sich die Hunde mit der ganzen aufgestauten Begeisterung in die Leinen stemmen, kaum möglich. Vorerst aber schließe ich frierend die Skibindung; die Zähne klappern nicht nur vor Kälte, eine gewisse nervöse Spannung und etwas Angst sind beim Start immer mit dabei.

Ich löse die Halteleine und ab geht die Post, 30 Kilometer und 2200 Meter Höhendifferenz liegen vor uns. Für Pulka und Schlitten ist der Einstieg über den Langgletscher – der seinem Namen alle Ehre erweist – und die Lötschenlücke in die Berner Hochalpen ideal. Skitouristen benützen zum Aufstieg jedoch meist ganz bequem die Jungfraubahn und kehren nach einer Tourenwoche oder einem Tagesausflug ins Lötschental zurück. Das heißt im Klartext, eine bequeme, gut angelegte Aufstiegsspur fehlt, dafür haben sich die Skier der Abfahrer und Abfahrerinnen tief in den weichen Nachmittagssulz eingegraben. Jetzt, am frühen Morgen, rattern meine Latten über die gefrorenen Rippen, Furchen und Löcher wie über ein Karrenfeld. Ich werde hin und her geschüttelt und habe meine liebe Mühe, das Gleichgewicht zu halten und beim hastigen Vorwärtsschieben der Skier nirgends hängen zu bleiben. Nach zehn Minuten geht es hopp, hopp über einen Lawinenzug, dahinter folgt eine kurze Abfahrt zurück zum Talboden. Die Bindung ist auf Laufen eingestellt, die Felle bremsen, am Bauch-

Links oben außen: Schlittentransport auf dem Weg zum Gornergletscher (Wallis, vgl. Tourenvorschlag 16), im Hintergrund das Matterhorn (Foto: Vreni Kaufmann)

Links oben innen: Auf Juratour backt Freddy Bannock zum Frühstück (Foto: Ernst Müller)

Links unten außen: Trampy, Nome und Polar mit ihrer Pulka im Aufstieg zur Allgäu Lücke (Hohgantgebiet, vgl. Tourenvorschlag 8a). Racy und Reina (fünf Monate jung) spuren im Neuschnee begeistert vorne weg (Foto: Albin Schelbert)

Links unten innen: T.C. und Trampy ziehen ihre Pulka über den oberen Steilhang am Giglistock (Berner Alpen, vgl. Tourenvorschlag 14), im Hintergrund die Sustenhornkette. Am hinteren Ende der Pulka ist der niedrige Bremsbügel zu erkennen, der sich auf der Abfahrt nur schlecht bedienen läßt und deshalb auf späteren Touren weggelassen wurde (Foto: Albin Schelbert) gurt zieht die Pulkaleine nach vorn, und ich lande im Halbdunkeln in der nächsten Tanne. Hoffentlich hat Albin, der mit Racy, Nome, Polar, Vegy, Timber und Uschba etwas später gestartet ist, nichts von meinem Sturz bemerkt!

Auf der Fafleralp wird es langsam hell. Wir sehen, wie wenig Schnee in diesem Jahr im April liegt. Die Skifahrer und Skifahrerinnen sind ein Stück weit zu Fuß über eine apere Rippe abgestiegen. Mit unseren Teams müssen wir im Talboden bleiben und mehrmals die Mäander der Lonza queren. Reina und Trampy verstehen meinen Eiertanz um die Löcher im Eis überhaupt nicht: Ihnen wurde im Sommer Schwimmtraining verordnet, und jetzt ziert sich ihre Musherin wegen harmloser knöcheltiefer Wasserlachen. Der Langgletscher hat sich noch zwei weitere Zutrittsschikanen ausgedacht. Als erste Mautstelle erwartet uns ein riesiger, noch kaum verfirnter Lawinenkegel. Die hartgefrorenen Schneeknollen erinnern an ein grobblockiges Geröllfeld. Ich muß die Skier ausziehen, um die Pulka zwischen Schneehügeln durchzuschieben und über eisige Brocken zu heben. Die langen Zugstangen bleiben beim Zickzackkurs immer wieder an Schneeblöcken hängen und zwischendurch verschwinde ich, mal mit dem linken, mal mit dem rechten Bein, bis zur Hüfte in einem der Löcher zwischen den Schneebrocken. Der Schweiß rinnt in Strömen, dabei habe ich vor weniger als einer Stunde noch vor Kälte geschlottert. Auch Albin kämpft mit den Tücken des Lawinenkegels; der vollgepackte Schlitten schlingert und schwankt wie auf stürmischer See. Unsere Huskies lassen sich durch das mühsame Gelände überhaupt nicht beeindrucken, sie drehen nur von Zeit zu Zeit irritiert den Kopf, weil es so ungewohnt harzig vorwärts geht.

Als nächstes Hindernis stellt sich uns eine Moräne, deren Abhang bereits ausgeapert ist, in den Weg. Ich wuchte die Pulka über die Steine und durch den schlammigen Kies, der sich an den Skischuhen festsaugt. Reina und Trampy stemmen sich mit aller Kraft ins Geschirr. Ohne ihren bedingungslosen Einsatz würde ich mit dem Gepäck hoffnungslos im Schlick stecken bleiben. Der Belag der Pulka knirscht und quietscht, die neuen Kratzer werden an den Sprintrennen der nächsten Saison einige Sekunden, wenn nicht sogar Minuten, kosten. Dann stehen beide Teams endlich auf dem flachen Langgletscher, der harmlos, als könnte er kein Wässerchen trüben – dabei hält er für Albin eine weitere unliebsame Überraschung bereit – zur Lötschenlücke hochzieht. Nach dem morgendlichen Hindernislauf ist ein Halt fällig.

Unsere Huskies jaulen zuerst ungeduldig, sie sind erstaunt über die Pause. Wir führen die Langgletschertour jedes Frühjahr durch – heuer ist es die fünfte Auflage – und sind zur Freude der Vierbeinigen bisher immer in einem Zug die 1600 Höhenmeter und 15 Kilometer bis zur Lötschenlücke durchgelaufen; doch so schlecht wie in diesem Frühling waren die Verhältnisse noch nie. Sobald die Hunde merken, daß wir es mit der Rast wirklich ganz ernst meinen, rollen sie sich bequem zusammen: Augen zu, Rute übers Gesicht, ein kurzer Schlaf regeneriert die Kräfte, so können sie uns anschließend umso schneller bergaufwärts hetzen.

Albin gesteht mir bei Tee und Biberfladen, daß er am Morgen seinen Schlitten vom gleichen Baum gekratzt hat, bei dem auch ich nach der kurzen Abfahrt getaucht bin. Wir dehnen die Pause etwas aus, um die eindrückliche Landschaft in Ruhe genießen zu können. Der nach Westen orientierte Langgletscher liegt noch im Schatten, doch im Norden leuchten die Gipfel von Großhorn und Mittaghorn bereits in der Morgensonne. Die Grenze zwischen Licht und Schatten rutscht langsam über den Anengletscher tiefer; der Tag verspricht herrlich, aber auch heiß zu werden! Auf der anderen Talseite versteckt sich das mächtige Bietschhorn halbwegs hinter dem Lötschentaler-Breithorn. 1948 durfte ich mit einem Bergführer und meinem älteren Bruder das Bietschhorn über den Nordgrat im Aufstieg und den Westgrat im Abstieg traversieren; ein einmaliges, unauslöschliches Erlebnis für ein vierzehnjähriges Mädchen. Seither lassen mich »die Burgen mit den verschlossenen Türen, hinter denen das Abenteuer wohnt« nicht mehr los. Sie ließen mich den Schlüssel zu ihrem Zauberreich finden und haben später noch den genauso bergverrückten und abenteuerlustigen Ehepartner dazu geliefert. Frühe Tagwache, kalte Biwaks auf harten Felsleisten, endlose Schneehatscher, Zitterabstiege mit profillosen Kletterpatschen durch vereiste Couloirs, Schneesturm oder Bindfadenregen, Riesenrucksäcke mit schwerem Klettermaterial und nur einer kleinen Trinkflasche, die längst leer ist, das alles und vieles mehr schrumpft zu einem Nichts neben der Schönheit und Intensität der Bergerlebnisse. Albin und ich sind unverschämte Glückspilze. In einem Alter, in dem die ganz schwierigen Touren nicht mehr drin liegen, können wir altbekannte Gipfel dank unseren Huskies von einer ganz neuen, spannenden und vor allem schönen Seite kennenlernen. Racy, Reina, Nome, Polar, Trampy, Vegy, Timber und Uschba sorgen dafür, daß auch nach einer langen Bergsteigerlaufbahn nie lähmende Routine aufkommt, daß stets ein Stück kribblige Ungewißheit erhalten bleibt. Schlitten und Pulka wurden für die endlosen Weiten der nördlichen Landschaft konstruiert, sie eigenen sich schlecht für schroffe Steilhänge und wilde Gletscherbrüche. Gerade deshalb sind unsere Hunde jederzeit für spannende Überraschungen gut und verhelfen selbst harmlosen Skimugeln zur notwendigen Würze.

Vom Nordgrat des Sattelhorns über der Lötschenlücke leuchten große blanke Flächen im Morgenlicht, das Eis glänzt und schimmert wie Silber. Ein wunderschöner Anblick, aber auch ein Hinweis auf die schlechten Verhältnisse, die nach dem schneearmen Winter in den großen Eiswänden der Berner Alpen herrschen. Weit oben steht es noch, das Sattelhorn; höchste Zeit, daß wir uns wieder auf den Weg machen, die Temperatur steigt, und die Hunde werden schon bald im aufgeweichten Schnee einsinken. Das erste Stück ist flach, und Albin kann trotz des vollgepackten Schlittens lässig auf den Kufen stehen und sein Gespann zwischendurch mit Pedalen unterstützen. Er kommt zügig voran, Reina und Trampy nehmen die Verfolgung auf. Sobald ich ihr Tempo nicht mehr halten kann, blicken sie vorwurfsvoll zurück: Vorne lockt ein Gespann zum Überholen und hinten an der Pulka hängt ein langweiliger Bremsklotz; die Musherin soll sich gefälligst etwas anstrengen! Es wird steiler, Albin muß vom Schlitten, er übt Laufschritt im schlecht verfirnten Schnee. Der Langgletscher lacht sich ins Fäustchen: Eisige Stellen, auf denen Albin mit den Schneeschuhen rutscht, wechseln mit weichen Passagen, wo er ohne diese tief einsinken würde. Jetzt bin ich mit den Skiern im Vorteil, meine beiden Zugpferde reagieren sofort und erreichen die Lötschenlücke triumphierend um Nasenlänge vor seinem Gespann.

Der große Aletschfirn gleicht einem Ameisenhaufen. Wir kreuzen auf der Abfahrt zum Konkordiaplatz einen endlosen Treck, der sich in der prallen Vormittagssonne keuchend aufwärtsschiebt. Die Jungfraubahn hat alle diese »Schnupperalpinisten« aufs Joch geschaufelt. Die wenigsten wissen wohl, daß Schlittenhunde am Bau der Bahn beteiligt waren. Die Jungfraubahngesellschaft importierte Arbeitshunde aus Grönland, um die Winterversorgung der Basis »Eigergletscher« sicherzustellen, nachdem Träger und Maultiere im tiefen Schnee kapituliert hatten. Heute werden die Sommergäste auf dem Joch von Nachkommen dieser Grönlandhunde spazierengefahren.

Da der Aletschfirn genau nach Osten orientiert ist, hat die Sonne den Schnee bereits tüchtig aufgeweicht und Reina realisiert sofort, daß sie in der Aufstiegsspur am bequemsten laufen kann; sie weigert sich trotz meiner Kommandos, den entgegenkommenden Gruppen auszuweichen. Ich habe Gelegenheit, die Psyche der Skialpinisten zu studieren. Die meisten erwidern freundlich lächelnd meinen Gruß und akzeptieren meine Entschuldigung, wenn sie zum Schritt aus der Spur gezwungen werden. Einige benützen die Gelegenheit, um den Rucksack kurz abzustellen und verschiedentlich klicken die Fotoapparate; Huskies sind fotogen, besonders mit der eindrücklichen Nordwand des Aletschhorns als Hintergrund. Ganz wenige schimpfen über die Störung und ein dicker, untrainierter Brocken will den Weg partout nicht frei geben. Reina schlägt im letzten Moment einen kurzen Haken und die nachfolgende Pulka kippt ihn beinahe in den Schnee.

Magere 300 Höhenmeter für acht Kilometer Strecke ergeben knapp vier Prozent Gefälle. Im Wildwasser wäre das bereits höchste Alarmstufe, doch auf den Skiern kann kaum von Abfahrt gesprochen werden. Dank der guten Spur erreichen wir den Konkordiaplatz trotzdem schnell, und für mich heißt es, Bindung auf Laufen einstellen und Felle wieder montieren. Obschon sie bereits fünf Stunden lang erstklassige Arbeit geleistet haben, können Reina und Trampy die Weiterfahrt kaum erwarten. Albins Team jault empört und springt nervös in die Zugleinen, weil er mir beim Start einen kleinen Vorsprung gewährt. Im Aufstieg zur Grünhornlücke wird's heiß; die Hunde wühlen sich durch den weichen Schnee. Bei mir macht sich der morgendliche Kampf mit der Pulka im Lawinenkegel und am aperen Moränenhang bemerkbar. Er hat einiges an Kraft gekostet, und ich bin froh über die ausgefahrene Abfahrtspiste, die sich auf der anderen Seite der Grünhornlücke auf den Fieschergletscher hinunterzieht. Unten angekommen sind Reina und Trampy absolut taub für meine verzweifelten Haw-Rufe, vielleicht riechen sie bereits die Kochtöpfe der Finsteraarhornhütte. Erst unter der Zustiegsleiter bleiben sie beleidigt stehen und lassen sich mühsam nach haw drehen, so daß ich den Lagerplatz doch noch erreiche. Albin hat bereits das Zelt aufgestellt und mit der langwierigen Schneeschmelzerei begonnen. Huskies sind genügsam, aber nach über sechs Stunden harter Arbeit brauchen sie viel zu trinken, und auch das mitgeführte Trockenfutter muß eingeweicht werden. Wir verdösen den Nachmittag und studieren den gegenüberliegenden Gletscherbruch, der zur Firnhochebene unter den Fiescherhörnern führt. Die Skitour scheint gut gespurt, aber für Schlitten und Pulka dürfte der 300 Meter hohe, zerschrundete Steilhang doch eine Schlüsselstelle sein.

Es ist heiß wie im Strandbad, leider fehlt diesmal der Gletschersee. Letztes Jahr beim Zeltplatz auf der Triftlimmi unterm Tieralplistock hatten wir mehr Glück: Die Eisdecke eines großen Wasserlochs taute gerade rechtzeitig für das Nachmittagsbad auf. Der Furkapaß blieb damals lange geschlossen, so daß unsere Hunde Ende Juni die neue Disziplin »Spaltenhüpfen« auf dem unteren, aperen Stück des Rhonegletschers üben konnten. Einsturzgefahr bestand nicht, denn die zahlreichen Querspalten waren kaum halbmeterbreit, doch die eingespannten Hunde behinderten sich gegenseitig, so daß immer wieder einer mit zwei Beinen im Leeren zappelte. Den tolpatschigen, etwas ängstlichen Nome erwischte es besonders häufig. In solchem Gelände würde sich die grönländische Fächereinspannung bewähren: Jeder Hund hat seine eigene Zugleine und kann sich seinen Weg im Spaltenwirrwarr unbehindert suchen. Der Nachteil liegt bei der schlechten Kraftübertragung, und sobald die Hunde durcheinanderlaufen, bildet sich außerdem ein kaum entwirrbarer Leinensalat.

Die Sonne verschwindet hinter dem Grünhorn, die Temperatur sinkt, und wir verkriechen uns ins Zelt. Für einmal ist kein Schneesturm angesagt, der ganze Platz auf den Isoliermatten wird Albin und mir gehören, wir können uns auf eine lange, komfortable Nacht vorbereiten. Racy, Reina, Polar, Nome, Trampy, Vegy, Timber und Uschba liegen eng zusammengerollt in ihren Schneemulden, die buschige Rute dicht über Gesicht und Nase gelegt. Sie genießen die wohlverdiente Ruhe und verschwenden keinen Gedanken daran, den Mond, der groß und rund über dem Hugisattel aufsteigt, anzuheulen: Chorgesang ist für Begrüßungen und spezielle Anlässe reserviert. Nur ich kann die Augen noch nicht schließen, die nächtliche Stimmung ist viel zu schön, um sie profan zu verschlafen. Ich liege bequem im warmen Daunensack und blicke durch den schmalen Lüftungsschlitz ins Freie. Der Mond bescheint unser kleines Zelt auf dem Fieschergletscher mit seinem sanften Licht, während die Finsteraarhornhütte auf dem Felssporn im Schlagschatten der Bergkette liegt. Dort drängen sich jetzt die vielen Osterbesucher – gegen Abend sind noch ganze Karawanen vom Jungfraujoch kommend über die Grünhornlücke herangezogen – die Luft im überfüllten Schlafraum dürfte zum Schneiden sein, und bestimmt sind bereits zahlreiche Schnarcher fleißig an der Arbeit.

Unzählige Sterne funkeln und glitzern vom nachtschwarzen Himmel, die Gegend ist in ein weiches, unwirkliches Licht getaucht, Konturen lösen sich auf, Entfernungen verschwimmen. Wie oft haben Mondschein und Sternengeflimmer Albin und mich auf mühsamen Abstiegen nach langen, harten Touren schon genarrt: Bizarre, furchteinflößende Gendarme entpuppten sich beim Näherkommen als kleine, harmlose Felsbrocken. Dafür sank der bequeme Talboden, der vor wenigen Minuten nur noch einen knappen Steinwurf entfernt schien, immer weiter nach unten, und wir suchten im tückischen Mondlicht, das alle Proportionen verzerrt, zwischen Plattenschüssen und Felskanten immer wieder nach der nächsten Abseilstelle. Im bequemen Zelt, wenn Durst und Hunger gestillt sind, wenn wir im Luxus von Schlafsack, Isoliermatten und Ersatzkleidern schwelgen können, die willige Schwerarbeiter und Schwerarbeiterinnen für uns hochgeschleppt haben, sind die vom sanften Mondlicht in eine unwirkliche Märchenwelt verzauberten Berge einfach schön. Wer aber hungrig und durstig durch die Gegend stolpert und realisiert, daß wieder einmal ein Biwak mit keinen weiteren Zutaten als »strammer Haltung« fällig ist, hat wenig übrig für die Metapher vom »Mondscheinwanderer in der blauen Kathedrale der Nacht«.

Vom Gipfel des Finsteraarhorns zieht sich der Südwestgrat gegen den Fieschergletscher, er bildet auf 3616 Meter einen kleinen Absatz, dort quert die Normalroute den Grat auf dem Weg von der Hütte zum Hugisattel. Vor einigen Jahren haben Albin und ich auf diesem »Frühstücksplatz« mit leerem Bauch und ausgedörrter Kehle – dank Schnee nicht ganz so schlimm wie in einer Dolomitensüdwand – während einer langen Nacht mit den Zähnen geklappert. Der Wind pfiff durch die Daunenjacken, und die Matratze bestand aus erstklassigem Urgestein. Bester Anschauungsunterricht für die Relativitätstheorie: In der Nordostwand waren die Stunden im Hui verflogen – besonders eilig hatten sie es in den vereisten Schlußkaminen –, während sich im Biwak die Minuten endlos zogen. In unseren Gedanken mutierten die Pritschen in der Finsteraarhornhütte – Schnarcher hin oder her – zu Fünfsternbetten, und wir verfluchten die boshafte Taschenlampe, die tagsüber nutzlos im Rucksack gebrannt und die Batterie verbraucht hatte. Beim Abstieg über den Nordwestgrat ließen sich Griffe und Tritte im Fels recht gut ertasten, und vom Hugisattel führte eine verlockende Spur, deren tiefe Trittlöcher auch im Dunkeln zu erkennen waren, weiter. Eine gemähte Wiese, meinten wir, bis sich ein erstes Loch in der Spur als Fallgrube entpuppte. Die Spalte war nicht besonders breit, ich konnte mich mit Seilunterstützung von Albin leicht freizappeln. Fünf Minuten später spürte ich erneut viel Luft unter den Füßen, die Wiederholungen folgten in unregelmäßigen Abständen. In der Statistik heißt das »Zufallsprozeß«. Im Dunkeln ließ sich nicht ausmachen, welche der schwarzen Löcher vom Einsinken in harmlosen Sulz und welche von durchstoßenen Schneebrücken stammten. Ich streikte und Albin ließ sich rasch davon überzeugen, daß ein eindeutig kaltes Biwak dem ungewissen Ausgang eines russischen Rouletts vorzuziehen sei. Die Erinnerung an die frostige Nacht erhöht den Charme unserer jetzigen Behausung. Ich räkle mich wohlig im warmen, weichen Sack und rücke die Steppjacke noch etwas komfortabler als Kopfkissen zurecht: Schlafenszeit.

Am Morgen werden wir durch die vorbeiziehenden Skifahrergruppen geweckt. Wie unsere Huskies merken, daß es bald losgeht, ist ihre Begeisterung kaum zu bremsen. Sie reißen beinahe die Stake-Out-Kette aus der Verankerung und heulen vorwurfsvoll, weil wir uns zuwenig beeilen. Der Start ist aufregend, da Felsbrocken für die Befestigung der Halteleine fehlen. Ich liege als Anker im Schnee und versuche, die Bindungen zu schließen. Kaum stehe ich halbwegs auf den Skiern, ziehen die beiden Renner an und reißen mich wieder um. Beim zweiten Versuch klappt es, und wir ziehen im Eilzugstempo an den verdutzten Alpinisten vorbei. Albin wartet beim Skidepot im Fieschersattel (P. 3923 m); Endstation für Schlitten und Pulka. Wir verankern die Zugleinen zuverlässig mit Pickel und Ski, und Albin steigt mit dem gut gesicherten Polar weiter über den Grat zum Fiescherhorn, während ich vorsichtshalber bei den beleidigt jaulenden Kollegen warte.

Letzten Mai im Monte-Rosa-Gebiet durften alle mit bis zum Gipfel der einfachen Signalkuppe (4554 m). Doch dies ist keineswegs ein Bergsteigerrekord für Schlittenhunde. Susan Butcher und Joe Redington befuhren mit ihren Gespannen den McKinley (6194 m), und auch der Montblanc wurde bereits von Huskies besucht. Für solche Expeditionen ist ein großes Helferteam unumgänglich; da wir nur zu zweit mit unseren Hunden unterwegs sind, müssen die Ziele vorsichtig ausgewählt werden. Schlittenhunde sind mit viel Einsatz und Begeisterung bei der Sache und haben volles Vertrauen in ihren Tourenleiter oder ihre Tourenleiterin; dieses darf nicht durch unmögliche oder gefährliche Aufgaben mißbraucht werden. Viele Berge im Einzugsgebiet von Zermatt eignen sich mit ihren weiten Firnfeldern und langen, sanften Gletschern ausgezeichnet für Touren mit Schlitten und Pulka. Nicht nur die Signalkuppe präsentiert sich als idealer Hundeberg, auch andere Ziele im Monte-Rosa-Stock sowie Breithorn und

Cima di Jazzi erscheinen wie fürs Husky Mountaineering geschaffen, und wer den Steilhang zum Adlerpaß – für Schlitten und Pulka eine heikle Schlüsselstelle – überwinden kann, dem öffnet sich mit der Allalin-Gruppe ein weiteres Skitourenparadies.

Doch ganz harmlos ist das Hochgebirge nie. Auch der skifreundliche Grenzgletscher wartet auf dem Weg zur Signalkuppe mit zahlreichen Spalten auf. In den weitaufgerißenen Mäulern einiger besonders großer Exemplare ließen sich bequem ganze Einfamilienhäuser verstauen. Diese Monster sind ungefährlich; sie sind nicht zu übersehen und lassen sich einfach umgehen. Als problematisch erweisen sich kleinere Spalten, wenn sie nur mit einer dünnen, trügerischen Schneeschicht bedeckt sind und während der Skitourensaison als gut getarnte Fallgruben auf unerfahrene und unvorsichtige Bergsteiger warten. Zwischen 3400 und 3700 Meter brüstet sich der Grenzgletscher mit einem kleinen Eisbruch, der uns auf der Abfahrt tüchtig ins Schwitzen brachte. Trotzdem sind Spalten und Gletscherbruch nicht der Grund dafür, daß Albin und ich mit einem Hundebesuch des Monte-Rosa-Gebietes lange zugewartet haben. Der Zugang ins Tourengebiet ist mit allerlei eher technischen Hindernissen gespickt, die sich mit dem vielen Gepäck und den temperamentvollen Huskies nur mühsam überwinden lassen. Deshalb stehen die einfachen Skiviertausender oberhalb von Zermatt und Saas Fee nicht jedes Jahr auf unserem Programm. Der Langgletscher, der direkt ins Herz der Berner Alpen führt, ist trotz gelegentlicher Flausen um vieles nervenschonender.

Ich habe mir mit der Steppjacke einen bequemen Sitz auf dem Schlitten eingerichtet und blinzle faul in die Sonne. Ganz oben am Südostgrat des Fiescherhorns ist Albin mit Polar am Seil zu erkennen. Die beiden steigen vorsichtig über die leichten, mit einigen harten Firnflecken vermischten Felsen ab. Die Rudelmitglieder haben die Nutzlosigkeit ihres eifersüchtigen Protests eingesehen; sie liegen friedlich eingerollt in ihren Schneemulden und genießen einen kurzen Vormittagsschlaf. Es wird noch mindestens eine halbe Stunde dauern, bis Albin und Polar wieder bei uns im Fieschersattel eintreffen. Ich kann ohne schlechtes Gewissen Löcher in den blauen Himmel träumen und meinen Erinnerungen an den Hindernislauf vom letzten Mai nachhängen:

In Täsch endet die offiziell befahrbare Straße, und wir müssen Schlitten, Pulka, Material und Proviant zusammen mit sieben quirligen Hunden in die Visp-Zermatt-Bahn verfrachten – teils zur Freude, teils zum Entsetzen der zahlreichen Touristen. In Zermatt heißt es rasch umsteigen. Ich wünsche mir mindestens zehn Hände und die Kräfte von Herkules, um das Gepäck und die aufgeregt jaulenden und zerrenden Vierbeiner quer über den Bahnhofplatz zu schaffen und sicher in einem Abteil der Gornergratbahn zu verstauen. Wir befestigen den ersten Schub Hunde vorsorglich am Skigestell im Vorraum, stellen Pulka und Schlitten daneben und rennen schnell zurück, um den ungeduldig tobenden Rest, der an der Perronabschrankung angebunden ist, zu holen. Doch Nome, Polar und Reina folgen uns begeistert über den Bahnhofplatz mit dem scheppernden Skigestell im Schlepp. Wir hätten daran denken sollen, daß an den Weltmeisterschaften im Lastenziehen der Champion unter den Schlittenhunden über 700 Kilogramm bewältigt hat, da ist ein simples zwei Meter langes Eisengestell ein Pappenstiel für drei erwartungsvolle Huskies.

Station Rotenboden: Wir werfen hastig unser Gepäck aus dem Wagen in den Schnee und stolpern – die Leinen zwischen den Füßen und um die Beine gewickelt – im Gewusel der aufgeregten Hunde ins Freie. Schlitten und Pulka sind rasch beladen – wir haben trotz der aufregenden Umsteigerei nichts in Täsch, Zermatt und der Gornergratbahn vergessen!–, die Sonne strahlt vom blauen Himmel, die Türe zu den verlockenden Gipfeln scheint weit offen zu stehen. Die Monte-Rosa-Hütte liegt zum Greifen nahe auf der Unteren Plattje, am Nordwestfuß der Dufourspitze. Die Route führt in einer fallenden Traverse dem Südhang des Gornergrates entlang auf den flachen Gornergletscher, der zur Einmündung des Grenzgletschers gequert wird, dann folgt die 200 Meter hohe Gegensteigung zur Hütte. Zwei Stunden benötigen die Skitouristen normalerweise vom Rotenboden zur Monte-Rosa-Hütte. Wir sind überzeugt, mit unseren sieben Hundestärken die Strecke zum geplanten Zeltplatz auf der kleinen Terrasse über der Hütte in höchstens einer Stunde zu bewältigen. Sollen wir nach all den Transportaufregungen den Nachmittag gemütlich vor dem Zelt verdösen oder noch einen Abstecher auf die Cima di Jazzi wagen? Doch wir haben bei unserer Rechnung vergessen, das stabile, warme Frühjahrswetter einzukalkulieren.

Die Abfahrt zum Gornergletscher führt durch die Mulde am Ostfuß des Riffelhorns und biegt dann um die Ecke zu den Südhängen des Usser Gornerli. Ich reiße einen verzweifelten »Textilstopp«, bevor die Pulka mit voller Wucht ins Geröll prallt. Der Schnee hört schlagartig auf; die Sonne hat ganze Arbeit geleistet und die drei Kilometer lange

Traverse zum Gletscher vollständig ausgeapert. Schlitten und Pulka fixieren, Stake-Out einrichten, Hunde ausspannen und am Stake-Out befestigen, Material auspacken und in Rucksäcke und Taschen verstauen. Albin marschiert mit Racy an der Leine und dem Schlitten auf dem Buckel los – von hinten ist nur der Schlitten als schwankendes Ungetüm zu sehen, das auf zwei kurzen, dünnen Beinen vorwärts zappelt. Ich folge mit der Pulka auf den Schultern. Polar, der am Gurt angehängt ist, rennt aufgeregt vor meinen Füßen hin und her; es riecht bestimmt verführerisch nach Murmeltieren. Ich stolpere über das Geröll, die Pulkastangen verhängen sich immer wieder zwischen den Steinen, und Polar zieht im dümmsten Moment kraftvoll in die falsche Richtung. Ich kämpfe ums Gleichgewicht und fluche lauthals über die elende Schinderei.

Unten am Gletscher verkeilt Albin den Schlitten zwischen großen Blöcken und befestigt die Zugleine mit dem Pickel in einem geeigneten Riß: Der improvisierte Stake-Out muß längere Zeit halten. Wir hasten zurück, während uns ein kapitaler Steinbock spöttisch von seinem Logenplatz, wenige Meter über dem Weg, mustert; hoffentlich ist er verschwunden, bevor wir mit den weiteren Hunden an seinem Ausguckfelsen vorbei zum Gletscher absteigen. Das Materialdepot erscheint riesengroß. Die Vierbeiner haben uns verwöhnt: Früher, in der hundelosen Zeit, geizten wir auf Bergtouren mit jedem Gramm – ich habe sogar den Stiel der Zahnbürste abgesägt –, doch jetzt hat sich allerlei Luxus in die Ausrüstung eingeschlichen. Wir helfen uns gegenseitig beim Aufbasten des Gepäcks; zum Schluß hänge ich noch die Leinen von Trampy und Reina an meinen Gurt und klemme einen eingerollten Schlafsack unter den rechten Arm, während Albin Nome an die Leine bindet. Wir möchten den Hin- und Rückweg nicht noch ein drittes Mal unter die Füße nehmen, deshalb ist das Gepäck beängstigend labil aufgetürmt und wir lassen Timber und Vegy frei mitlaufen.

Trampy wickelt mir die Leine um die Füße, ich federe den Sturz mit beiden Händen ab. Der eingeklemmte Schlafsack wird frei und kollert in der Fallinie nach unten, er hüpft über kleine Felsstufen und verschwindet hinter einer Geländekante, Timber und Vegy nehmen die Verfolgung begeistert auf und verschwinden ebenfalls im unübersichtlichen Terrain. Wir steigen in der Nachmittagshitze über bröcklige Moränen hinauf und hinunter, traversieren Geröllfelder und matschige Schneeflecken, erklettern kleine, wasserüberronnene Felsstufen und schreien uns die Kehle heiser. Albins Blicke werden immer vorwurfsvoller: Selbst ein blutiger Anfänger verliert seinen Schlafsack nicht! Doch nach drei harten Stunden ist der Sack gefunden und die beiden Ausreißer sind eingefangen. Der Steinbock verläßt seinen Ausguck und kommt neugierig näher. Er läßt sich durch das Rudel überhaupt nicht beeindrucken, während unsere Huskies verschüchtert die Rute zwischen die Hinterbeine klemmen: In Großwildjagd wurden sie nicht ausgebildet. Wir packen Schlitten und Pulka für diesen Tag zum endgültig letzten Mal, und ich werde das Gefühl nicht los, daß der Steinbock hinter meinem Rücken schadenfroh grinst.

Die Hunde werden unruhig und wecken mich aus meinen Erinnerungen. Kurz darauf tauchen Polar und Albin hinter dem letzten Felszakken auf und steigen über den kurzen Schneehang ins Fiescherjoch ab. Der erste Teil der Abfahrt über die Firnhochebene ist leicht. Vor dem Steilhang montieren wir die Bremsketten, und Albin kurvt in eleganten Schwüngen durch den Gletscherbruch. Er steht auf den Kufen und lenkt den Schlitten mit Gewichtsverlagerungen. Wenn es zu steil wird, betätigt er die breite Fußbremse; diese krallt sich in den Schnee und unterstützt die Wirkung der Kette, die unter den Kufen durchgespannt ist. Racy führt ihr Gespann präzise der Aufstiegsspur entlang um die Spalten und über die schmalen Schneebrücken. Reina und Trampy folgen dichtauf, während ich die Aufgabe habe, ihre Pulka mit den Skiern zu bremsen. Nach einem ersten nervösen Stoppversuch ist auch unser Team eingespielt; viel zu schnell erreichen wir wieder den Zeltplatz auf dem Fieschergletscher. Nach ausgiebiger Schneeschmelzerei wird mit dem Ziel Konkordiaplatz gepackt, denn für den nächsten Tag stehen Ebnefluh und Rückkehr ins Lötschental auf dem Programm.

Die kurze Gegensteigung zur Grünhornlücke wird happig. Der Hang ist nach Osten orientiert und die Sonne hat den Schnee aufgeweicht. Albin versinkt oft bis zum Bauch im Sumpf und selbst mit den Skiern stehe ich bis über die Knöchel im weißen Brei. Szenenwechsel: Die Abfahrt über den Grüneggfirn ist traumhaft, wir haben für diesen Westhang genau den richtigen Zeitpunkt erwischt. Zehn Zentimeter aufgefirnter Sulz liegen auf einer zuverlässigen harten Unterlage. Die Skier schwingen von alleine, ich brauche nur den Kopf in die gewünschte Richtung zu drehen. Reina und Trampy stechen in der Fallinie zum Konkordiaplatz, und ich schwebe wie auf einer Wolke hinter ihrer Pulka nach, das Verbindungsseil stört für einmal überhaupt nicht. Wer nur über glattgebügelte Pisten rutscht und sich mit Steighilfen hochbaggern läßt, kann sich solche Sternstunden, in denen einfach alles stimmt, überhaupt nicht vorstellen. Glücklicherweise ahnen die vielen Skifahrer nicht, welche einmaligen Erlebnisse ihnen entgehen. Es hat für meinen Geschmack eh schon zu viele Menschen im Hochgebirge. Vor dreißig Jahren konnten wir noch zu dritt eine wunderschöne Märzwoche lang bei besten Schneeverhältnissen ganz alleine in der Finsteraarhornhütte hausen und unsere Spur jeden Morgen durch einen weiteren jungfräulichen Hang auf einen neuen Gipfel ziehen; keine anderen Skialpinisten kamen uns dabei in die Quere. Das Essen war knapp, denn wir hatten alles auf dem eigenen Buckel herbeigeschleppt. Die Temperatur lag auch im Winterraum ständig unter dem Gefrierpunkt; das Brennholz setzten wir nur ganz sparsam zum Kochen ein, für Heizzwecke war es in der Vorhelikopterzeit für ein Studentenbudget viel zu teuer. Wir konnten Natur pur erleben und einen winzigen Zipfel Abenteuer erhaschen. Heute treten sich die Gäste in der vergrößerten Finsteraarhornhütte gegenseitig auf die Füße; sie spachteln Halbpension, trinken Bier oder Süßwasser aus Aludosen – die Versorgung aus der Luft macht's möglich – und reklamieren, wenn der Service nicht perfekt funktioniert. Mit den Besucherzahlen ist auch der Komfort in den SAC-Hütten gestiegen; sie verkommen mit der Zeit zu Gasthöfen, und dieser Trend läßt sich angesichts der Touristenströme kaum aufhalten. Immer mehr Organisationen bieten Bergferien als bequemes, müheloses Pauschalarrangement an. Doch wer meint, er könne rückversicherte Erlebnisse mit garantiertem Komfort buchen, betrügt sich selber: Das echte Abenteuer wird nicht auf einem Silbertablett ans Bett serviert.

Der Konkordiaplatz vermittelt einen grandiosen, geradezu arktischen Eindruck: Großer Aletschfirn, Jungfraufirn, Ewigschneefeld und Grüneggfirn vereinigen sich auf dem weiten Platz zum großen Aletschgletscher, der nach Süden gegen das Rhonetal tief hinunter bis unter den berühmten Arvenwald fließt. Die letzten Skitouristen haben sich über die breite Eisentreppe – die eher zu einem Bahnhof als in die Bergwelt paßt – in die Konkordiahütte, auf dem kleinen Plateau in der Westflanke des Faulbergs, verzogen. Eben noch glühten die Berggipfel blutrot wie auf einer Kitschpostkarte, nun fällt die Dämmerung ein, die Farben verblassen, und die schwarzen Schatten kriechen an den Berghängen immer höher hinauf; der ganze, weite Konkordiaplatz gehört nur noch uns und unseren Hunden. Wir haben das Zelt am Fuße der Grünegg zwischen große Felsblöcke, an denen sich der Stake-Out einfach verankern läßt, aufgestellt. Die Vierbeiner sind gefüttert und haben reichlich getrunken, Albin hat ihre Schlafmulden mit der Schaufel noch etwas ausgebessert und der Kot ist eingesammelt. Bis morgen früh gibt es nichts mehr zu tun. Wir sitzen, die warme Wollmütze über den Ohren, mit Steppjacke und Überhose dick eingepackt vor dem Zelt und schlürfen genüßlich eine letzte Tasse Tee. Auch die Zweibeiner verlieren während der Tourentätigkeit im Hochgebirge viel Flüssigkeit und müssen ausreichend trinken, um leistungsfähig zu bleiben. Trotzdem dosiere ich vor dem Einschlafen jeweils vorsichtig: Es gibt entschieden angenehmeres, als mitten in der Nacht aufzustehen; Natur pur kann auch mühsam und vor allem kalt sein.

Die Berge sind nur noch als schwarze Kulisse zu erkennen, doch schon bald wird der Mond hinter der Grünhornkette auftauchen und genau wie gestern alles in sein unwirkliches, mildes Licht tauchen. Dank unseren Vierbeinern können wir das Gebirge ganz hautnah erleben, so wie es von den großen, überfüllten Hütten aus nicht mehr möglich ist. Siberian Huskies sind besonders eifrige, hart arbeitende Alpinisten. Doch wer selber Erfahrungen im Hunde Mountaineering sammeln möchte, kann auch Vertreter anderer Rassen oder Mischlinge einspannen. Bergtauglichkeit der Vierbeiner ist jedoch strikte Voraussetzung, andernfalls werden die einsatzfreudigen Tiere überfordert und nehmen gesundheitlich Schaden. Von den Nordischen haben sich nebst den Siberian Huskies vor allem die Samojeden, die großen weißen Hunde mit dem lächelnden Gesicht, sowie die robusten Grönlandhunde im Hochgebirge bewährt. Der Alaskan Malamute, die Frachtlokomotive des hohen Nordens, ist zu schwer und massig für einen optimalen Einsatz im wechselhaften Schnee der Alpen, während Alaskan Huskies auf Hochgeschwindigkeit gezüchtet sind und mit ihrem meist dünnen Fell eine Nacht am Stake-Out auf dem Gletscher nur schlecht ertragen. Wer mit diesen Rennspezialisten Hochtouren ausführen will, handelt ähnlich wie ein Radfahrer, der auf Bergwegen eine Rennmaschine mit Scheibenrädern anstelle eines Mountain Bikes benützt. Die Eignung fürs Hochgebirge ist nicht auf die nordischen Rassen beschränkt. Wer einen gesunden, gut trainierten, mittelgroßen, nicht zu schwer gebauten Hund mit einem dichten Fell besitzt und selber über Alpinerfahrung verfügt, kann seinen Kameraden problemlos auf Skihochtouren mitnehmen.

Die meisten Hunde ziehen den Schlitten mit Begeisterung. Auch in

Mitteleuropa wurden sie früher als Pferd des kleinen Mannes verwendet – die Hofhunde im Emmental können sich noch heute mit ihrer erfolgreichen Karriere vor dem Milchkarren brüsten. An die Arbeit zwischen den Pulkastangen müssen die Vierbeiner dagegen oft mit etwas Geduld gewöhnt werden. Sensible Tiere fühlen sich zuerst eingeengt und manche erschrecken, wenn die Pulka auf einer steilen Abfahrt von hinten schiebt. Ich habe schon früher darauf hingewiesen, daß sich die Pulka für Einsteiger mit Einzelhund geradezu aufdrängt. Doch für anspruchsvolle Touren braucht es mindestens zwei Vierbeiner. Sobald das Gelände steiler wird, ist ein Einzelhund überfordert: Entweder muß der Musher dauernd schieben, was mit Skiern an den Füßen und wegen der gebückten Haltung unbequem und anstrengend ist, oder der Hund zieht nur die leere Pulka, was auf einer Tagestour Spaß machen kann, aber das Problem des Materialtransports für längere Unternehmungen nicht löst. Für einen einzelnen Vierbeiner empfiehlt sich im Gebirge die Verwendung einer Packtasche. Die Faustregel besagt, daß Hunde auch über lange Strecken bis zu einem Drittel ihres Körpergewichts tragen können; das sind immerhin sechs bis acht Kilogramm Biwakmaterial und Nahrungsmittel, die der Zweibeiner nicht in den eigenen Rucksack stecken muß.

Mit mehr als zwei Hunden wird es schwierig, die Pulka im anspruchsvollen Gelände zu beherrschen: Spitzkehren im Steilhang sind mit einem langen Pulkazug problematisch, und die Abfahrten erweisen sich als pikant. Ab vier Hunden ist es zweckmäßiger, einen Schlitten zu benützen. Bezüglich der optimalen Hundezahl sind zwei gegensätzliche Gesichtspunkte zu beachten. Unter »normalen« Bedingungen sind zusätzliche Hundestärken vorteilhaft: Der Musher kann im flachen Gelände locker auf den Kufen stehen und muß sich weniger plagen, wenn der Anstieg steil wird. Anders liegen die Dinge in heiklen Passagen, wenn die Route durch einen Gletscherbruch führt oder um Felsblöcke und senkrechte Absätze zirkelt, und wenn in der Abfahrt ein Steilhang zu meistern ist. Da erleichtert jeder Hund weniger die Aufgaben des Mushers. Albin löst für besonders steile Abfahrten jeweils die hintere Schlaufe des Hundegeschirrs von der Zugleine, so daß die Vierbeiner nur noch am Halsband befestigt sind und so weniger Kraft entwickeln können. Manchmal drängt es sich auch auf, einige oder sogar alle Hunde auszuspannen, um eine besonders schwierige Abwärtspassage mit dem Schlitten alleine sicher zu meistern.

Doch dieses Vorgehen hat seine Tücken: Huskies sind auch nach einem langen, im Rekordtempo zurückgelegten Anstieg noch längst nicht müde. Sie besitzen jede Menge überschüssige Kraft und toben, sobald sie von der Zugleine los sind, ausgelassen durchs Gelände. Dabei fehlt ihnen jede Vorstellung über die Gefahren des Hochgebirges. So verschwand Reina auf der ersten Fiescherhorntour mit einem Riesensatz in einer breiten Gletscherspalte. Albin stoppte schreckensbleich und zerrte hastig das Bergseil vom Schlitten. Wir waren bereits damit beschäftigt, einen Flaschenzug einzurichten, als Reina quietschvergnügt aus der Versenkung auftauchte. Sie hatte, ohne es zu merken – deshalb hat sie auch nichts gelernt und ist um keinen Deut vorsichtiger geworden! – unheimlich Glück gehabt: Im Gewirr des Gletscherbruchs führte ein Nebenarm der Spalte an die Oberfläche zurück und Reina konnte gemütlich hinausspazieren.

Noch mehr Nerven kostete das Erlebnis im Wildstrubelgebiet. Wir wählten nach drei tollen Tourentagen für die Abfahrt nach Kandersteg den Weg über den Roten Totz ins Ueschenetäli. Den Steilhang unter dem Schwarzgrätli befuhr Albin ohne Hunde. Ich wartete oben, bei der Einfahrt in diese Schlüsselstelle, mit der ganzen Bande und ließ sie erst frei, nachdem Albin 400 Meter tiefer auf dem flachen Boden von Unterbächen installiert war. Doch wir hatten die Rechnung ohne die Neugier und Unternehmungslust unserer Vierbeiner gemacht. Vegy, T.C. und Timber folgten zwar brav dem Zickzack meiner nicht immer eleganten Wedelspuren, aber Racy, Polar, Nome, Reina und Trampy setzten sich nach rechts gegen die teilweise ausgeaperten Schroffen und Felsköpfe der Wyssen Flue ab. Ich rechnete mir bereits aus, wie lange es wohl dauern würde, um die fünf Ausreißer von den verlockenden Fleischtöpfen des Berggasthauses Schwarenbach, auf der anderen Seite der Bergkette, zurückzuholen. Wenige Minuten später hätten wir viel dafür gegeben, wenn die fünf Schlawiner tatsächlich über den Ueschenegrat zum Gemmipaßweg gezogen wären; doch kurz vor dem Übergang erspähten sie Albin und stachen in der Fallinie nach unten, plötzlich wollten sie ihren Meister ganz schnell erreichen. Das Gelände wurde immer steiler, und schließlich rutschte Polar als erster kopfvoran über eine Kante und stürzte ins Leere! Er gab – wie eine Katze – blitzschnell Gegensteuer mit dem Schwanz, segelte der mindestens dreißig Meter hohen überhängenden Felsstufe entlang nach unten und tauchte mit den Beinen voran tief im aufgeweichten Schnee ein. Bevor wir uns über das Wunder, daß sich Polar trotz des

Riesensturzes nicht verletzt hatte, freuen konnten, trat bereits Nome die Flugreise an. Zu unserem Entsetzen folgten kurz darauf auch noch Reina und Trampy, wie Schafe, die sich kopflos dem Leithammel nach ins Verderben stürzen! Einzig Rudelchefin Racy zeigte sich überlegen; sie umging die nassen, rutschigen Platten in einem großen Bogen und traf ohne Zwischenfall bei den Alphütten von Unterbächen ein.

Seit diesen und einigen weiteren Schreck-Erlebnissen, die glücklicherweise alle ohne ernsthafte Verletzungen abgelaufen sind, lassen wir unsere Hunde nur noch im garantiert harmlosen Gelände frei laufen. Deshalb ist die Zahl der Vierbeiner, die auf Hochtouren eingesetzt werden kann, eng begrenzt. Nach Albins Erfahrungen entspricht, je nach Schwierigkeitsgrad und Länge der Tour, ein Team von fünf bis sieben Huskies vor dem Schlitten einem akzeptablen Kompromiß zwischen den Komfortansprüchen des Mushers und der Sicherheit aller Beteiligten. Damit die Hunde im tiefen Schnee den Trail nicht mühsam selber brechen müssen, empfiehlt es sich, sie einzeln, kurz hintereinander an die Zugleine zu spannen. Der Gang-Hitch ist nur für Rennen und Trecks auf einer breiten, präparierten Piste oder bei hartem Firn zweckmäßig: Bei höheren Geschwindigkeiten benötigen die Hunde nach vorn und hinten mehr Raum, und die paarweise Anspannung hält die Gespannlänge trotzdem in überschaubaren Grenzen, außerdem motivieren sich nebeneinander laufende Hunde zu einem größeren Tempo. Auf Touren im Tiefschnee ermöglicht jedoch der modifizierte Tandem-Hitch die Benützung von Skispuren: Die einzeln eingespannten Huskies rempeln sich nicht gegenseitig aus dem schmalen Trail.

8. Husky Mountaineering II

Tips fürs Husky Mountaineering: Anforderungen an Hunde, Musher und Ausrüstung – Kurzbeschreibungen einiger lohnender Hunde-Touren, die wir im Gelände erprobt und für gut befunden haben

Wer mit seinen Hunden Hochtouren unternehmen will, muß über Alpinerfahrung verfügen und kennt somit die notwendige Bergausrüstung. Meine Materialtips beschränken sich deshalb auf einige wenige Ergänzungen und auf spezifische Anforderungen für das Husky Moutaineering.

Reservehandschuhe sind im winterlichen Hochgebirge ein absolutes Muß. Doch auf Schlittentouren werden Handschuhe nicht nur naß, sie fallen beim Hantieren während der Fahrt auch verflixt schnell in den Schnee. Das Gefährt wenden und zurückfahren, um verlorenes Material einzusammeln, ist nicht besonders einfach. Es empfiehlt sich, genügend Ersatzhandschuhe einzupacken und kleinere Gegenstände – auch die Brille! – mit Schnüren oder anderen Vorrichtungen gut zu sichern.

Da der Musher auf steileren Anstiegen hinter dem Schlitten nachrennen und öfters schieben muß, sind feste, hochgebirgstaugliche Schuhe – leichte Trekkingpatschen gehören nur auf den Renntrail – und gute Gamaschen unumgänglich. Schneeschuhe sparen im tiefen Pulver und bei weichem, durchnäßtem Schnee viel Kraft. Der Musher muß sie aber so kurz wählen, daß er damit auch am Steilhang gehen und im flachen Gelände auf den Schlittenkufen stehen kann. Ein Klettergurt erleichtert den Job des Zweibeiners ebenfalls. Er kann sich mit einer kurzen Reepschnur am Schlitten anhängen und so den Zug besser verteilen. Wer sich nur am Handgriff hält und nach vorne gebeugt hinter dem Schlitten nachrennt, kann seine Kräfte nicht voll ausschöpfen und kommt wegen der verkrampften Haltung rasch außer Atem. Außerdem machen sich die Hunde, wenn der Musher angebunden ist, nicht bei jedem dummen Fehler selbständig auf den Weiterweg.

Kocher und Kochgeschirr dürfen nicht zu klein sein. Wir mußten uns von langjährigen Gewohnheiten lösen: Leichte Biwakbrenner, die mit Gas oder Trockensprit arbeiten, sind ungeeignet. Da jeder Vierbeiner pro Tag mindestens zwei Liter Flüssigkeit trinken sollte, benötigt man einen leistungsfähigen Kocher und einen großen Kessel – am besten den altbewährten, schwarzen Suppentopf der Pfadfinder.

Der nächste Hinweis richtet sich nur an routinierte Bergfüchse: Ersatzkleider, Übernachtungskomfort – warmer Schlafsack, Isoliermatte – und Nahrungsmittel können auf Schlittentouren dank der vierbeinigen Schwerarbeiter und Schwerarbeiterinnen großzügiger bemessen werden als auf hundelosen Unternehmungen. Hoffentlich haben weniger erfahrene Alpinisten diese Stelle überlesen! Ich weiß aus langjähriger Tätigkeit als Tourenleiterin im SAC, daß regelmäßig zu viel Material und Nahrungsmittel mitgeschleppt werden. Besonders Neulinge zeichnen sich durch riesige, mit unnötigen Gegenständen vollgestopfte Rucksäcke aus. Es ist richtig, daß zusätzliches Material in bestimmten Situationen mehr Sicherheit bedeuten kann, doch die Nachteile sind nach meiner Erfahrung entschieden größer. Der schwere Sack beeinträchtigt nicht nur den Genuß, er verhindert auf schwierigen Touren ein angemessenes Tempo und erhöht so das Risiko: Die Seilschaft verweilt länger in stein- und eisschlaggefährdeten Passagen, dem Wetter bleibt ausreichend Zeit, umzuschlagen, und die mühsame Rucksackschlepperei frißt Kräfte, die später in einer unerwartet dramatischen Situation fehlen können.

Auf Hochtouren mit Schlitten und Pulka wirkt sich zusätzliches Material etwas weniger nachteilig aus. Da Vierbeiner belastbar sind und auch einige überflüssige Pfunde dulden, ist beim Packen der Ausrüstung keine Briefwaage notwendig. Trotzdem lautet meine Devise: Im Zweifelsfall weglassen. Wenn ich nicht überzeugt bin, einen bestimmten Gegenstand in den Bergen unbedingt zu benötigen, bleibt er zuhause. Diese Regel zahlt sich aus. An der Tour von Teufi im Dischmatal über Dürrboden und Fuorcla da Grialetsch zum Piz Sarsura und zurück bis zum Biwakplatz oberhalb der Alp Grialetsch nahmen sechs Gespanne teil. Es wurde mir etwas mulmig, als ich die fünf Schlitten mit je sechs bis acht vorgespannten Hunden sah. Doch Reina und Trampy liefen den großen Teams locker um die Ohren. Ich war mächtig stolz auf meine beiden Pulkarenner, die mit Albin Schritt halten konnten und die anderen vier Gespanne richtig abhängten. Die anderen Musher hatten ihren Hunden halbe Ferienhäuser auf den Schlitten gepackt, und das bremst. Der häufigste Fehler besteht darin, viel zu viel Eßwaren mitzuschleppen. Weder Menschen noch Hunde verhungern, wenn die Tour einmal länger als geplant dauern sollte. Es ist unnötig, für solche Fälle Ersatznahrung mitzunehmen. Albin und ich verfügen dazu über zahlreiche Erfahrungen. Am instruktivsten ist die Episode mit dem Grislybären, die noch aus der hundelosen Zeit stammt: Während wir in den Arrigetch Mountains hinter dem Polarkreis an einer herrlichen Granitnadel kletterten, fraß der Herrscher über die Brooks Range im Basislager unseren mühsam sechs Tage lang herbeigeschleppten Proviant. Wir hängten trotzig noch drei Klettereien an und buckelten anschließend die mit Bergausrüstung, Zelt und weiterem Material noch immer gut gefüllten Rucksäcke über Bergpässe, Geröllhalden, Erlengestrüppe und sumpfige Talböden zurück zum kleinen Bergsee, den wir mit dem Buschpiloten als Treffpunkt vereinbart hatten. Während der acht Tage gab's als Erfrischung künstlich gesüßten Tee – Assugrin und Teebeutel hatte der diebische Grislybär verschmäht –, sowie ab und zu eine Handvoll Heidelbeeren. Wir haben auch andere Beeren ausprobiert, aber sie schmeckten scheußlich, und um Käfer oder Würmer zu essen, war der Hunger noch längst nicht groß genug.

Die Genügsamkeit und Zuverlässigkeit der Huskies sowie ihre Bereitschaft, in Notsituationen auch ohne Futter längere Zeit durchzuhalten, machen sie zu perfekten Tourenkameraden. Dank diesen Eigenschaften erlebten sie eine Renaissance als unentbehrliche Arbeitskräfte im hohen Norden. In der Nachkriegszeit schien das der Urbevölkerung von Alaska verbilligt abgegebene Schneemobil die Schlittenhunde zu verdrängen. Indianer und Eskimos setzten auf den vordergründig bequemen, pflegeleichten technischen Fortschritt. Doch ein Ski-Doo besitzt keinen Riecher für lebensgefährliche Overflows, er findet seinen Weg nicht selbständig bei Nacht und Schneesturm, in Notsituationen fehlt ihm jeder Durchhaltewille, und ohne Benzin läuft gar nichts, während Hunde aus dem Land versorgt werden können und auch ohne Nahrung noch lange nicht aufgeben. Die radikale Umstellung auf Schneemobile brachte manchem Trapper den Tod bei Pannen und Unfällen in der Wildnis. Heute besitzen viele beides: einen Ski-Doo für die bequeme Tagesroutine bei guten Verhältnissen und ein Hundegespann für schwierige und heikle Fahrten. Bei widrigen Verhältnissen haben die Huskies ihre Überlegenheit über die moderne Technik auch in den Alpen bewiesen. So, als das Wetter beim ersten Versuch, ein Hochgebirgsrennen in der Silvretta durchzuführen, gründlich umschlug. Die großen Pistenmaschinen bekamen die Aufgabe, bei Nebel, Sturm und Neuschnee einen Trail über Kronenjoch und Ochsenscharte zu präparieren. Ein erster Ratrack wühlte sich prompt immer tiefer in den bodenlosen Schnee und steckte schließlich gründlich fest; der zweite, der zu Hilfe eilen wollte, blieb mit einer Panne liegen und nach vollbrachter Reparatur war das Benzin aufgebraucht. Nur die Hundegespanne zogen ihre Spur unbeirrt über die knapp 3000 Meter hohen Gletscherpässe. Der Neuschnee bremste das Tempo, das Rennen verwandelte sich in eine Hochtour, doch kein einziges Team gab auf.

Ein gewöhnlicher Rennschlitten ist der Belastung im alpinen Gelände kaum gewachsen. Für den wechselhaften Schnee eignet sich ein Toboggan besser, da er bei Pulverschnee oder Matsch weniger tief einsinkt. Er bietet außerdem mehr Raum für das Material, das sich im großen Packsack problemlos ohne komplizierte Aufbasterei versorgen läßt. Sehr zu empfehlen ist eine zusätzliche Tasche zuoberst auf dem Packsack, gerade unter dem Handgriff. Kleinere, häufig gebrauchte Gegenstände wie Sonnencrème, Trinkflasche, Karte, Höhenmesser, Kompaß, Sonnenbrille, Mütze, Reservehandschuhe können so griffbereit verstaut und während der Fahrt bequem hervorgeholt werden. Für anspruchsvolle Touren ist eine starke, breite Doppelklauenbremse ein absolutes Muß. Am Schräghang greift eine schmale Rennbremse, deren Krallen in der Mitte angeordnet sind, nicht mehr. Wer auf einer vereisten Traverse verzweifelt zu stoppen versucht und merkt, daß der Schlitten, anstatt das Tempo zu verlangsamen, immer stärker abdriftet – wenn unterhalb der Querung Felsstufen lauern, wird's besonders aufregend –, läßt sich rasch von der Überlegenheit der Doppelklauenbremse überzeugen. In einer Traverse sind außerdem Harscheisen nützlich, sie verhindern das seitliche Abrutschen des Schlittens. Albins Toboggan ist mit starken, demontierbaren Eisen ausgerüstet, die er jeweils vor einer längeren schwierigen Passage befestigt und anschließend wieder entfernt. Daneben benützt Albin noch kleine, flexibel montierte Harscheisen, die er während der Fahrt nach Bedarf rasch mit den Füßen nach unten treten kann. Sobald die heikle Stelle vorbei ist, nimmt Albin die Füße zurück, und die Eisen werden von einem Gummiband nach oben in die Ausgangsstellung gezogen, so daß sie die Fahrt nicht mehr bremsen.

Für steile Abfahrten reicht selbst die beste Doppelklauenbremse nicht mehr aus. In solchen Fällen muß eine Bremskette montiert werden, die unter der Gleitfläche des Toboggan durchgezogen wird und so das Tempo auf langen, steilen Gefällstrecken auf ein kontrollierbares Maß reduziert. Es ist wichtig, den Schlitten rechtzeitig vor einer schwierigen Abfahrt anzuhalten und die Bremskette zuverlässig zu befestigen, denn mitten im Steilhang läßt sich das Gefährt nicht mehr stoppen. Wenn sich Schwerkraft und Hundestärken vereinigen, vermögen ein gekippter Schlitten und ein verzweifelt im Schnee rudernder Musher nichts auszurichten, solche Bremsmanöver werden erst im flacheren Gelände wirksam. Das Aushängen der korrekt montierten Bremskette nach der Gefällstrecke ist dagegen einfach. Falls sich keine Karabiner verklemmt und keine Leinen verheddert haben, geht das ganz bequem während der Fahrt.

Zusätzlich zum normalen Schneeanker, der auch für Rennen vorgeschrieben ist, benötigt der Musher auf Touren weitere Hilfsmittel, um sein Gespann zu fixieren und während längeren Pausen zuverlässig zu verankern. Dabei sparen Mehrzweckgeräte Gewicht, ohne daß deswegen wichtige Ausrüstungsgegenstände fehlen. Mit einer Schneeschaufel kann man die Schlafmulden ausbessern, den Kot einsammeln, den Lagerplatz herrichten, ein Iglu bauen oder eine einfache Biwakhöhle graben und vieles mehr; doch wenige wissen, daß diese selbe Schaufel, mit einem dünnen Stahlkabel versehen und im richtigen Winkel in den Schnee gesteckt, als perfekter Firnanker dient. Auf einer Hochtour gehören Bergseil und Eiswerkzeug zur Ausrüstung. Da kein Sturz der Seilersten zu halten ist, genügt für das Husky Mountaineering eine starke 40 Meter lange Reepschnur, die zum Absichern von kurzen heiklen Passagen dienen kann und hoffentlich nie zur Rettung unvorsichtiger Menschen und Vierbeiner aus versteckten Spalten benützt werden muß. Ein Eisbeil erfüllt nicht nur seine Aufgaben als normales Eiswerkzeug, damit läßt sich auch der Stake-Out verankern oder der Schlitten fixieren. Weil das Eisbeil außerdem einen Hammer ersetzt, ist es trotz des kürzeren Stiels einem Eispickel überlegen. Wenn eine Gruppe mit Schlitten und Pulka unterwegs ist, erübrigt sich das Mitschleppen eines Holzpfahls – Eisenstangen, die an Rennen zur Befestigung der Stake-Out-Ketten benützt werden, gehören wegen ihres großen Gewichts sowieso nie auf eine Hochtour! –, denn tief im Schnee verankerte Skier eignen sich ausgezeichnet zum Fixieren des Stake-Outs.

In den Bergen haben schwere Ketten nichts zu suchen, aber auch der leichtere Touren-Stake-Out aus Stahldraht läßt sich einsparen, wenn die Zugleine ein starkes Stahlkabel als Kern besitzt. Dank diesem Kunstgriff verringert sich außerdem das Gewicht von Flickzeug und Ersatzleinen. Huskies erfüllen ihre Aufgabe mit ungestümer Begeisterung. Sie können die Weiterfahrt nach einer Pause kaum erwarten; manche beißen dabei vor lauter Freude und Aufregung in die Leinen, obschon sich das für gut erzogene Schlittenhunde nicht schickt. Uschba ist eine wahre Expertin: Sie trennt normale Leinen mit einem einzigen Biß so glatt wie mit einer Schere und entläßt die Gruppe, die vor ihrer Schnauze eingespannt ist, auf eine selbständige Reise. Wir mußten auf den ersten Touren – bevor wir den Stahlkabeltrick kannten – dauernd Zugleinen flicken und Necklines ersetzen.

Für die Begleitung der Pulka benötigen Musher und Musherin im Hochgebirge Alpinskis mit Fellen, eine Tourenbindung mit voller Fersenfreiheit und Harscheisen. Wenn die Hunde gut arbeiten, unterstützen sie ihren Zweibeiner in der Gleitphase; im flacheren Gelände nähert sich die Bewegung dem Langlauf. Ich benütze deshalb lange Skistöcke, die bis knapp zu den Schultern reichen, und schlüpfe im Schräghang aus der Schlaufe des Bergstocks. Außerdem trage ich anstelle der steifen, hohen Skistiefel relativ niedrige und leichte, skibindungstaugliche Bergschuhe. Diese schonen die Füße bei den raschen Aufstiegen – mit Skistiefeln sind Blasen unvermeidlich. Offensichtlich bieten Bergschuhe beim Schwingen weniger Halt und lassen keine präzise Skiführung zu, aber wer hinter einer Pulka nachfährt, muß den eleganten Stil sowieso vergessen.

Auf Touren im leicht kupierten Gelände, wie es für Jura und Schwarzwald typisch ist, bringt die Langlaufausrüstung große Vorteile – in gelegentlichen ruppigen Abfahrten kann man sich auf der Pulka sitzend durchmogeln. Für den Alpineinsatz sind Langlaufskis dagegen absolut ungeeignet. Das Laufen mit den leichten Latten macht in langen flachen Tälern und über sanfte Paßübergänge bei gut verfirntem Schnee, oder wenn ein pistenähnlicher Trail vorhanden ist, großen Spaß. Doch auf großen Touren sind steile Abfahrten und wechselhafter Schnee die Regel. Die Palette reicht von Windangeln im Gipfelhang über genußvollen Pulver, vereiste Steilstufen, Karrenfelder aus alten verharschten Spuren und traumhaften Sulz bis zum tiefen Pappschnee im Tal, öfters findet sich dazwischen noch eine neckische Einlage aus Bruchharsch. Deshalb wird die Abfahrt mit Langlaufskiern zum Problem, das auch eine gute Pulkabremse nicht zu lösen vermag. Mir behagt es gar nicht, tief über die in Kniehöhe montierte Bremse gebeugt mit einem Ski links, dem anderen rechts der Pulka und dem Gefährt zwischen den Beinen kopfvoran wie ein Kamikaze in den Steilhang zu stechen. Die Huskies lassen sich durch Schwierigkeiten ihrer Musherin überhaupt nicht beeindrucken und ziehen mit unveränderter Begeisterung. Wenn sich die schmalen Langlauflatten in den Naßschnee bohren oder wenn sie an verharschten Knollen anhängen, ist die Bauchlandung unvermeidlich.

Die nächste Frage lautet: Schwere Lastenpulka oder leichte, mit einigen Handgriffen ans Gebirge angepaßte Rennpulka? Beide Transportmittel haben ihre Stärken und Schwächen, nach meinen Erfahrungen sind die Vorteile der wendigen Rennpulka eindeutig größer. Richtig beladen – tiefer Schwerpunkt – ist die geräumige Lastenpulka recht stabil, deshalb kann der Bremsbügel auf Bauchhöhe montiert werden und das Gefährt kippt trotzdem nicht in jeder Kurve um. Dies erleichtert die Abfahrt, die sich ähnlich wie mit dem Schlitten gestalten läßt: Musher oder Musherin klammert sich an die in bequemer Höhe angebrachte Pulkabremse und drückt den Bügel dem Gelände entsprechend kräftig oder locker nach unten; an die Stelle der Schlittenkufen treten die Alpinskis, die nur noch als Standfläche und nicht mehr zum selbständigen Fahren und Schwingen benützt werden. Um eine schwere Lastenpulka zu ziehen, sind jedoch mindestens vier Hundestärken notwendig. Das stabile, gut gebremste Gefährt löst wohl einige Abfahrtsprobleme, doch man handelt sich als Ausgleich in steilen Anstiegen und heiklen Querungen jede Menge neuer Schwierigkeiten ein: Spitzkehren geraten zum Alptraum, und in steilen Traversen driftet das Ungetüm trotz Harscheisen ab, so daß die Musherin oberhalb der Pulka durch das Gelände turnen und mit aller Kraft am Hilfsseil aufwärtsreißen muß, und dies im Lauftempo, das die vier Huskies bestimmen! Im Vergleich dazu ist eine Tour mit der leichten, gebirgstüchtigen Rennpulka ein Sonntagsspaziergang; ich kann mich im Aufstieg voll auf meine zwei routinierten, arbeitswilligen Vierbeiner verlassen. Die beiden Renner managen die Pulka weitgehend selbständig und entlasten ihre Musherin großartig; ich muß Reina und Trampy nur in Ausnahmefällen unterstützen.

Rechts oben: Kabloona erwacht auf einer Tour am Stakeout nach einer Nacht mit Schneefall (Foto: Ernst Müller)

Rechts unten: Rast kurz unter dem Gipfel des Schneestocks (3608 m), oben links der Dammastock (3630 m), der ebenfalls mit dem Gespann befahren wurde. Der Aufstieg erfolgte vom Furkapaß über den Rhonegletscher (vgl. Tourenvorschlag 11a). Links bricht die Kette mit einer 400 Meter hohen Ostwand zum Dammagletscher ab (Vorsicht große Wächten); gegen Süden liegt ein Nebelmeer über der Talfurche des Wallis (Foto: Albin Schelbert)

Nächste Doppelseite: Im Aufstieg zum Col de l'Eveque (Wallis, vgl. Tourenvorschlag 17), im Hintergrund die Kette des M. Brulé. Der Nome-Style-Musher kann in den Flachstücken lässig auf den Schlittenkuven stehen, während die Pulka-Musherin hinter Reina und Polar nachzappelt (Foto: Klopfenstein)

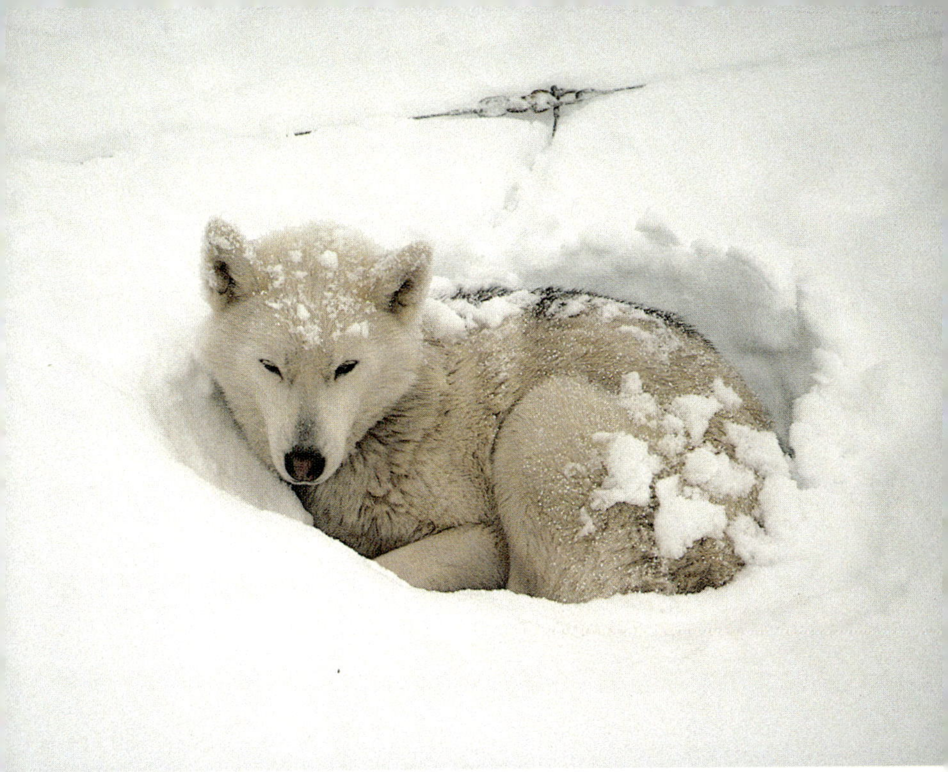

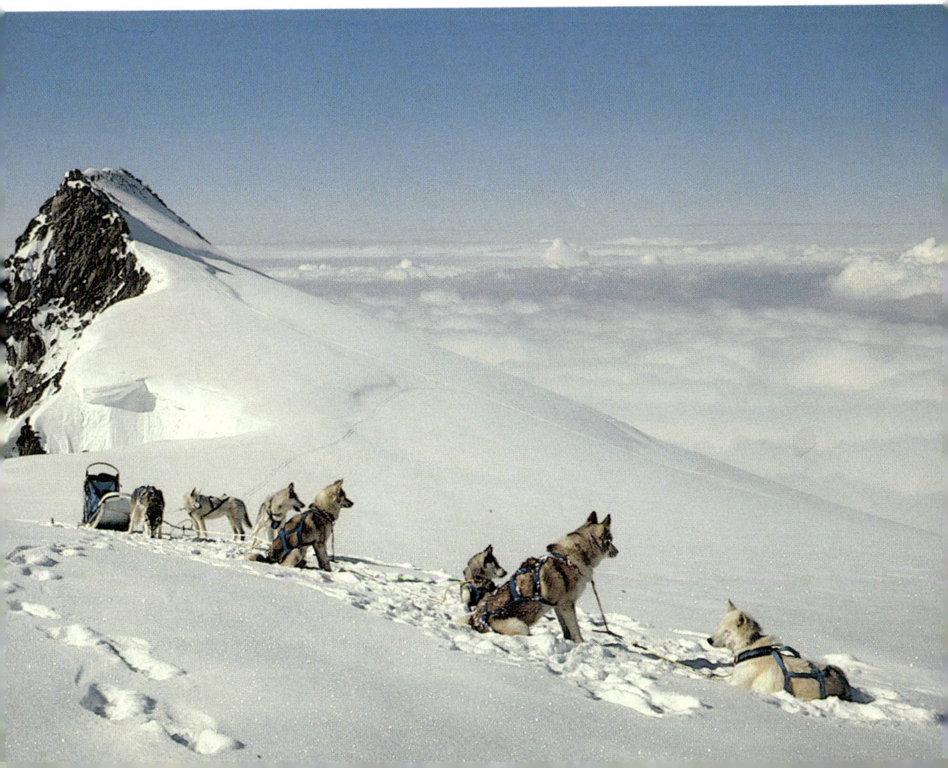

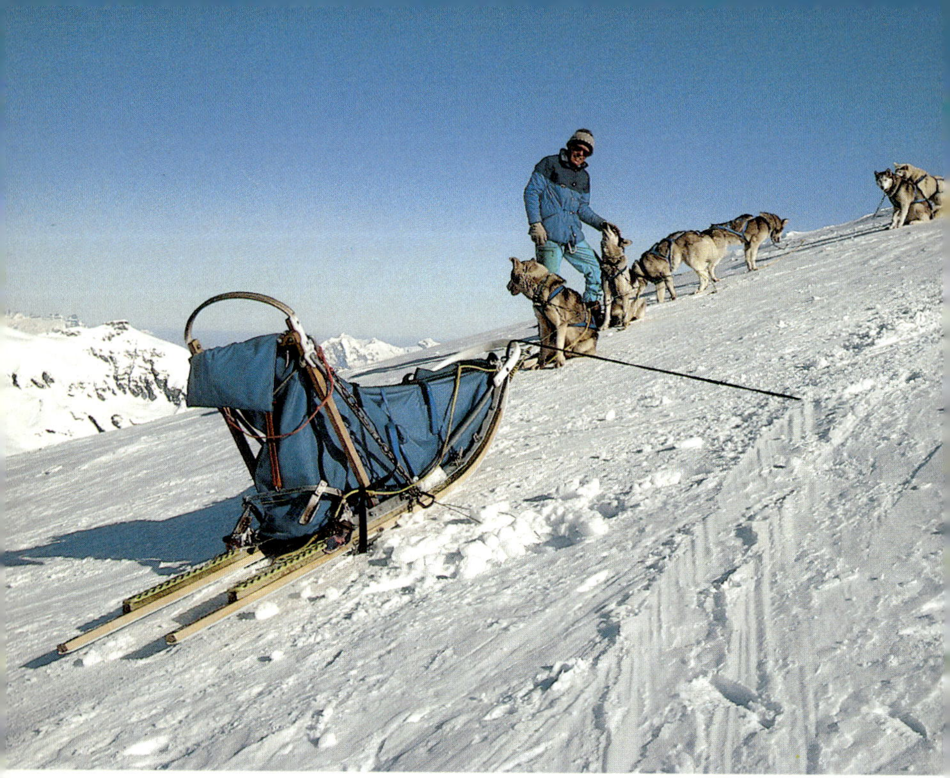

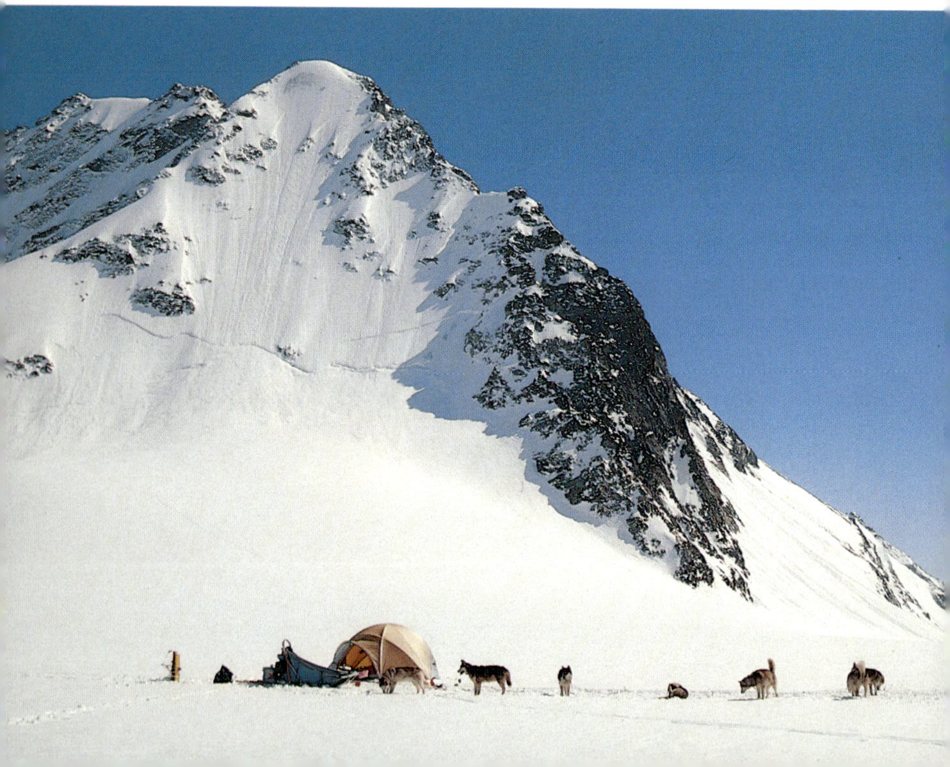

Die minimale Gebirgstauglichkeit der Rennpulka umfaßt dreierlei: ein Polypropylenseil mit Knoten als Verbindung zur Pulka, eine Bremskette und ein Tuchverdeck. Daneben kann sich jeder Musher weitere individuell angepaßte Extras ausdenken und deren Nützlichkeit in der Praxis selber ausprobieren. Die solide Bremskette dient als Lebensversicherung, falls sie rechtzeitig – vor Einfahrt in den Steilhang! – eingeklinkt wird. Andernfalls legt der Musher die Abfahrt auf allen möglichen Körperteilen, nur nicht auf den Skiern, zurück.

Die Verbindung zwischen Musherin und Pulka bildet ein vier Meter langes Stück Seil, in das in regelmäßigen Abständen acht Knoten geknüpft sind, an denen *frau* sich nach Bedarf rasch nach vorne hangeln kann. Ich benützte auf den ersten Touren die dünne Rennleine, die von einer bequemen Spiralfeder straff gehalten wird, so daß sich während der Fahrt keine lockeren Schlaufen um Skier und Beine wickeln können. Doch diese dünne Leine rutscht durch die Finger: Ich habe mir beim Versuch, mich rasch nach vorne zu ziehen, die Hände – trotz Handschuhen – tüchtig verbrannt. Noch schlimmer waren die Schrecksekunden während der Abfahrt vom Wildhorn. Bei der Einfahrt zum Steilhang unter dem Chilchli drängte sich ein abrupter »Textilstopp« auf, doch der Ruck war so stark, daß die Leine riß, und Hunde samt Pulka legten den Hang ungebremst in einem ungeordneten Knäuel zurück. Seither verzichte ich auf den praktischen Einrollmechanismus und plage mich mit den Tücken des Seilfahrens.

Wer seiner Pulka mit den Skiern folgt, sollte vier Hände besitzen: Zwei, ganz normal, für die Stöcke, eine zum Bedienen des Verbindungsseils, damit beim Schwingen kein Durcheinander entsteht, und eine vierte, um im richtigen Moment blitzschnell die Bremsleine zu packen, die hinter der Pulka im Schnee nachschleift. Diese Leine – eine Erfindung von Albin – ist am Bremsbügel befestigt, und wer sie erwischt, muß im Steilhang nicht nach vorne flitzen und sich tief über die Bremse beugen; er kann die Bremse bequem von hinten durch Ziehen an der Leine bedienen. Albin ist von den Vorzügen seiner Kon-

Links oben: Auf dem Gipfel der Pigne d'Arolla (3796m, vgl. Tourenvorschlag 17). Der Schlitten ist mit dem Schneeanker (vorne) und der als Firnanker eingesetzten Schneeschaufel (hinten) zuverlässig fixiert. Für die Verankerung der Zugleine dient der Pickelhammer, damit Racy, Reina, Ussa, Polar, Vegy und Nome sich nicht vorzeitig in die Abfahrt stürzen. Hinten am Toboggan ist deutlich die breite Doppelklauenbremse zu sehen (Foto: Albin Schelbert)

Links unten: Basislager auf dem Col de Chermotane (3053m, vgl. Tourenvorschlag 17), im Hintergrund die Nordwand des Petit M. Collon (Foto: Albin Schelbert)

struktion überzeugt, doch ich habe in der Praxis vor allem Seilsalat produziert und bin beim Versuch, die Leine zu packen, kopfvoran in den Hang geplumpst. Deshalb verzichte ich auf eine Pulkabremse, die sich im schwierigen Gelände doch nicht bedienen läßt und vertraue auf die Bremskette, die wie beim Schlitten unter der Gleitfläche durchgezogen wird, sowie aufs Abschwingen.

Das Tuchverdeck ist auf Touren viel praktischer als ein Kunststoffdeckel: Kleidungsstücke und andere Gegenstände lassen sich unterwegs rasch in die Pulka stopfen und später wieder herausziehen. Unter die sorgfältig angeordnete Verschnürung können notfalls Skier und Stöcke geschoben werden; so läßt sich eine Schlüsselstelle der Abfahrt unbequem, doch einigermaßen sicher auf der Pulka sitzend zurücklegen.

Wer eine Pulka auf Skiern begleitet, verdirbt seinen Fahrstil. Er zappelt im Aufstieg mit hängender Zunge hinter den Hunden nach, während auf der Abfahrt vor allem Bremsen gefragt ist; anstatt elegantes Wedeln stehen Abschwingen, Stemmen und öfters auch seitliches Abrutschen auf dem Programm. Es empfiehlt sich daher, zu Beginn der Saison die Fahrkünste aufzufrischen und zwischendurch einmal ohne Hunde auf Tour zu gehen.

Die Materialtips und Ratschläge für die Durchführung von Touren mit Schlitten und Pulka sind keine vollständige Gebrauchsanweisung. Niemand kann das Husky Mountaineering nur theoretisch aus Büchern lernen; um Sicherheit zu gewinnen, sind ausreichende Praxis und eigene Fehler – die sich bestimmt einstellen werden – notwendig. Auch erfahrene Alpinmusher haben nie ausgelernt, die Hunde sorgen dauernd für neue Überraschungen. So auch letztes Jahr im Wallis auf einer Etappe der Haute Route. Beim Aufstieg von Arolla über den Col de l'Evêque zum Col de Chermotane herrschte Bilderbuchwetter. Am nächsten Tag strahlte die Sonne noch immer vom wolkenlosen Himmel, und Albin glückte die erste Schlittenbefahrung der steilen Ostflanke der Pigne d'Arolla – ich zog es vor, die Pulka beim Zeltplatz zu deponieren und für einmal unbeschwertes Skifahren zu genießen. Auch während des Ausflugs über den Glacier d'Otemma zur Charionhütte und zurück zum Lagerplatz blieb das Wetter stabil, die Luft flimmerte vor Hitze. Wir verdösten die Nachmittage jeweils faul vor dem Zelt, schmierten und salbten verschwenderisch und färbten uns braun wie die Südseeinsulaner, während die Hunde bequem in ihren Schneekuhlen lagen und trotzdem vor Hitze hechelten.

Gegen den Abend des dritten Tages wurde die Idylle gestört: Polar begann zu speicheln und kurz darauf sabberten alle acht Vierbeiner und blickten uns aus tränenden Augen traurig und matt an. War das ganze Team krank? Hatte die Hitze das Futter verdorben oder steckten vom Wind herangewehte Verunreinigungen im Schnee und hätten wir deshalb das Wasser abkochen sollen? Nichts von alledem, die Hunde litten unter Sonnenbrand: Ihre Zungen waren stark gerötet, vereinzelt zeigten sich bereits Brandblasen; den armen Polar hatte es besonders stark erwischt, die Haut seiner hellen Schneenase war völlig verbrannt. Wir haben anschließend von Pierre-Philippe Oriet, dem langjährigen Betreuer der Grönlandhunde auf dem Eigergletscher, erfahren, daß Sonnenbrand bei Hunden gar nicht so selten ist. Er muß beim Herumkutschieren der Gäste auf dem Jungfraujoch außerdem darauf achten, daß seine Vierbeiner nicht schneeblind werden. Falls eine Sonnencrème für Hunde widerlich schmeckt und deshalb nicht abgeleckt wird, kann sie die Schneenasen schützen, für die Zunge der hechelnden Tiere ist Salben aber ungeeignet. Oriet benützte bei außergewöhnlichen Schönwetterlagen Sonnenhüte mit breiter Krempe, die auch das Risiko der Schneeblindheit reduzieren. Ich kann mir die perplexen Gesichter der Alpinisten vorstellen, wenn wir auf der nächsten Sonnentour mit acht weiß behuteten Huskies an ihnen vorbeipreschen würden.

Es gäbe noch viel über Hunde im Hochgebirge und über Musher und Musherin, die nicht immer elegant mit den Tücken von Schlitten und Pulka kämpfen, zu erzählen. »Wir steigen in die Berge, um Erinnerungen zu schaffen.« Albin und ich hoffen, daß dieser Erinnerungsschatz noch lange weiterwachsen wird, damit wir später gemütlich auf der Ofenbank sitzend von früheren Zeiten und den großen Leistungen unserer Huskies träumen können.

Tourentips

Vorhaben im Hochgebirge lassen sich nicht erzwingen. Kondition, ausreichende Fähigkeiten und eine gute Ausrüstung sind notwendige Voraussetzungen, doch dann entscheiden Wetter und Schneeverhältnisse darüber, ob die geplante Skitour tatsächlich durchgeführt werden kann. Die meisten Unfälle passieren, weil der Mensch seine Fähigkeiten überschätzt und die Bedingungen im Gelände falsch beurteilt, oder weil er ein Vorhaben trotz Wettersturz, Lawinengefahr und lausigem Schnee durchstieren will. Die Regel lautet: Der Alpinist hat sich den Bergen anzupassen; er muß bei widrigen Verhältnissen auf eine Tour verzichten können und bereit sein, umzukehren, auch wenn der Rückzug einen faden Geschmack hinterläßt. Eine erfahrene, leistungsstarke und gut ausgerüstete Seilschaft kann sich viel erlauben und zwischendurch auch einmal ein kalkuliertes Risiko eingehen. Wer eine größere Gruppe führt, muß die Fähigkeiten der Schützlinge berücksichtigen und im Zweifelsfall auf Nummer Sicher gehen. Diese Regel gilt ganz ausgeprägt für das Husky Mountaineering: Der Mensch übernimmt die Verantwortung für seine konditionsstarken und begeisterungsfähigen Sportkameraden, die aber kaum über alpine Kenntnisse verfügen. Deshalb ist bei der Planung und Durchführung einer Tour Vorsicht am Platz, der Musher muß eine ausreichende Sicherheitsmarge einbauen.

Ideale Husky-Berge sind relativ flach, sie weisen eine durchschnittliche Hangneigung von rund 15 Grad auf. Die Faustregel lautet: Wenn die Höhenkurven auf der Landeskarte (1:50000) näher als auf einen Millimeter zusammenrücken, gilt es aufzupassen – Millimeterabstand bedeutet 400 Höhenmeter auf einen Kilometer, und diese 40 Prozent Steigung entsprechen bereits einer Hangneigung von über 20 Grad. Kurze Steilstufen, die sanft auslaufen und in der Fallinie befahren werden können, sind meistens harmlos. Doch auf dem Kartenbild erkennt man nicht jeden kleinen, aber trotzdem giftigen Absatz und jeden heimtückischen Felskopf; unliebsame Überraschungen im Gelände sind daher jederzeit möglich. Garantiert heikel wird es, wenn felsdurchsetzte Steilhänge gequert werden müssen oder lange Passagen mit einer Hangneigung von über 25 Grad vorkommen. Bei schlechter Sicht oder miesen Schneeverhältnissen – vereiste Stellen, Harsch, schwerer Pappschnee usw. – sind in solchen Steilstufen die Grenzen von Schlitten und Pulka rasch erreicht. Da die Huskies Schwierigkeiten ihrer Menschen großzügig übersehen, kann es passieren, daß Musher und Musherin im dichten Nebel plötzlich mitten in einer »unbefahrbaren« Stelle stecken.

Die Planung mit Landeskarte und Skitourenführer – die meist ausgezeichneten Fotos vermitteln einen guten Eindruck von der Beschaffenheit des Geländes – hat für das Husky Mountaineering besonders sorgfältig zu erfolgen. Albin und ich haben schnell gelernt, daß sich die Perspektiven verschieben, wenn man mit Hunden unterwegs ist. Skitouren, die wir von früher her als »Kinderwagenweg« zu kennen glaubten, entpuppten sich bereits bei mittelprächtigen Verhältnissen als recht happig für ein Schlittengespann. Es ist keineswegs übertriebene Vorsicht, wenn Musher und Musherin eine Tour, die sie nur auf Grund der Landeskarte zusammengestellt haben oder deren Skibefahrung bereits lange Zeit zurückliegt, zuerst im Gelände rekognoszieren, bevor sie sich mit einem ganzen Hundeteam an die Sache wagen. Wichtig ist außerdem eine ausreichende Kondition. Die Hunde helfen wohl beim Aufstieg, aber sie zwingen den Menschen ein Tempo auf, das an die Grenze der Leistungsfähigkeit führen kann. Wer den Gipfel mit dem letzten Zwick erreicht und die Abfahrt anschließend vollkommen erschöpft in Angriff nimmt, gefährdet sich und die vierbeinigen Tourenkameraden. Konditionsreserven sind auch notwendig, weil sich Wetter und Schneeverhältnisse in den Bergen rasch verschlechtern können. Eine als leicht eingestufte Abfahrt wird bei widrigen Bedingungen schnell heikel, und wenn die Kräfte aufgebraucht sind, ereignen sich gefährliche Serienstürze.

Bei normalen Verhältnissen benötigt man für den Aufstieg mit einem Hundeteam nur knapp halb so lange wie eine Skifahrergruppe. Im flacheren Gelände ist der Nome-Style-Musher eindeutig im Vorteil. Ich bin oft mit hängender Zunge hinter der Pulka nachgehetzt und mußte trotzdem mitansehen, wie Albin – locker auf den Schlittenkufen stehend – immer weiter entschwand. Wenn es so steil wird, daß Pedalen nicht mehr ausreicht, sind die Nachteile eines Pulkagespanns geringer. Doch ihre Sternstunden erleben die Pulka-Musher, wenn die Hänge mit schwerem, weichem Schnee vollgepackt sind, dann können für einmal sie locker vorbeiziehen, während sich die Nome-Style-Musher mit dem Schlitten mühsam durch den weißen Brei wühlen. Die Abfahrt dauert mit Hunden etwas länger, als wenn gute Skiläufer in einer kleinen Gruppe unterwegs sind; mit einer größeren Gruppe und durchschnittlichen Tourenfahrern können Gespanne aber bequem Schritt halten. Bei der Planung einer Husky-Tour kann daher die im Skitourenführer angegebene Zeit grob gesprochen halbiert werden. Es ist jedoch zu beachten, daß die Hunde bei warmem Wetter am Nachmittag nicht mehr arbeiten sollten und daß tiefer, weicher Schnee das Tempo stark bremst. Ein letzter Hinweis: Gute Skifahrer sind bei guten Schneeverhältnissen mit einer Pulka in Traversen und auf steilen Abfahrten wendiger als ein Nome-Style-Musher und können etwas mehr riskieren. Bei unregelmäßigem Schnee liegen die Vorteile aber eindeutig beim Schlitten mit seiner Doppelklauenbremse. Es ist kein Zufall, daß Pulkateams noch seltener im Gebirge anzutreffen sind als Schlittengespanne.

Die folgenden Kurzbeschreibungen sollen den Einstieg ins Husky Mountaineering erleichtern. Die Liste einiger besonders lohnender Husky-Berge ist weit davon entfernt, vollständig zu sein; ich habe nur Touren aufgenommen, die wir gründlich ausprobiert und als gut befunden haben. Die angegebenen Zeiten (Totalzeit für Aufstieg und Abfahrt, ohne Rasten) beziehen sich auf normale Verhältnisse und ein gut trainiertes Gespann, sie können sich bei Konditionsmängeln oder wenn eine Spur im tiefen Pappschnee gezogen werden muß, leicht verdoppeln.

Voralpenziele

In den Voralpen fällt die Spaltengefahr weg, außerdem ist die Lawinengefahr wegen der geringeren Höhe der Gipfel meistens klein. Dafür verbarrikadieren häufig steile, bewaldete Hänge den Zugang zum idealen Skitourengelände über der Waldgrenze. Skitouristen können ihre Latten ein Stück weit über einen steilen, aperen Waldweg hinauftragen und manchmal sogar eine Kleinseilbahn benützen. Für Musher wird es dagegen recht mühsam, wenn das Auto mit den Hundeboxen nicht an der Schneegrenze – mit dem Beginn einer bequemen Spur – geparkt werden kann. Da sich für Tagestouren eine lange Anfahrt kaum lohnt, umfaßt die Liste nur Ziele im Einzugsgebiet unserer beiden Wohnorte: Zürich und Emmental.

1. Lachen (Steinegg, 454m) – Stöcklichrüz (1284m) – Rinderweidhorn (1316m) – Sattelegg (1190m)
Bei Schneemangel Start beim Schulhaus Vorderberg (640m). Lohnende, besonders einfache Hochwintertour, Abfahrt gleiche Route (einige kurze Gegensteigungen), 3 – 4 Stunden.
Bei besten Schneeverhältnissen Weiterweg zum *Chli Aubrig (1642m)* möglich, heikle Traverse in der Westflanke zur Wildegg (Hangneigung 40%). Landeskarte Blatt Lachen.

2. Obersee (992m), Zufahrt von Näfels – Lachengrat (1814m)
Einfache Hoch- bis Spätwintertour, Abfahrt gleiche Route, 2 – 3 Stunden.
Bei guten Schneeverhältnissen Weiterweg über *Roßlöcher* Richtung *Schijen (2258m)* möglich (Gipfelhang sehr steil, über 40%). Landeskarte Blatt Lachen.

3. Rundtour: Groß bei Einsiedeln (940m) – Amselnspitz (1491m)
Stock-Regenegg (1530m) – Großer Runs – Groß
Start bei der Brücke hinter der Sägerei. Hochwintertour rund um das
Tal des Großbachs, leicht bis zur Stockhütte. Die Traversen unterhalb
Butziflue–Gschwändstock–Regenegg sind trotz der geringen Höhe
nicht immer einfach. (Bei guter Schneelage sind die Forststraßen zu-
geschüttet!) Landeskarte Blatt Lachen.

4. Skitourengebiet: Pragelpaß (1550m) – Silberen (2314m)
Verschiedene einfache und mittelschwere Hoch- bis Spätwintertouren. Je nach Schneelage erfolgt der Start in Stalden (664m, letzter
Weiler Richtung Pragelpaß, Zufahrt durchs Muotathal von Schwyz)
oder an einem höheren Punkt der Pragelstraße. Auf Alpstraßen durch
den *Bödmerenwald* zum *Roggenstöckli* (1702m) und über die weiten
Karrenfelder von *Twären-Räui* und *Silberen;* das weitläufige, sanft
geneigte Gelände ermöglicht zahlreiche Varianten. Achtung: Ein Karrenfeld kann mit seinen Gräben, Löchern und tiefen Dolinen so heim-
tückisch wie ein verschrundeter Gletscher sein; bei Nebel ist mit einem Hundegespann größte Vorsicht notwendig! Kürzere Ausflüge
sind auch auf der Nordseite des *Pragelpaßes* Richtung *Himmelbach,*
Schinboden und *Schattgaden* möglich: P. 1748m und P. 1789m (keine
richtigen Gipfel).
Je nach Startpunkt und Tourenziel 2 – 6 Stunden. Falls der Abstecher
zum *Silberseeli–Dräckloch–Brunalpelihöchi* und zurück (nicht nach
Braunwald abfahren, sowohl Bützi als auch Bergeten sind für Hundegespanne äußerst heikel!) geplant ist, werden besser 2 Tage eingesetzt. Landeskarte Blatt Klausenpaß.

5. Schwarzenbach im Bisistal (955m), Zufahrt durchs Muothatal von
Schwyz – Gander Fur (2016m)
Die Fahrstraße durch den steilen Bergwald zum *Waldhüttli (1289m)*
bietet einen einfachen Zugang zum idealen Skigelände von *Galtenäb-*
nit. Abfahrt gleiche Route, leicht bis mittelschwer, ca. 2 Stunden.
Im Spätwinter bei guten Verhältnissen Weiterweg Richtung *Seestock*
(2428m), *Höch Pfaffen* (2458m), *Gamperstock* (2278m) möglich; alle drei Gipfelanstiege sind aber für ein Hundegespann zu steil, bzw. zu
felsig. Kurzer Abstecher zum *Mattner First* (2103m) meistens möglich. Landeskarte Blatt Klausenpaß.

6. *Unterschächen (995m) – Brunnialp (1402m) – Hoch Fulen (2506m, meistens nur bis zum Sattel P. 2362m)*
Schwierige Spätwinter oder Frühlingstour. Parkplatz beim Bad (Eingang ins Brunnital), für den Weiterweg unbedingt die neue Alpstraße am Ostufer des Schächenbachs benützen! Nach der Brunnialp folgt ein 400 Meter hoher Steilhang (40%)! Die Traverse nach dem Sattel (P. 2362) ist bei Hartschnee heikel. Abfahrt gleiche Route, ca. 3 Stunden. Landeskarte Blatt Klausenpaß.

7. *Glaubenbergpaß (1543m) – Langis – Schlierental*
Zufahrt von Entlebuch über Finsterwald bis zur Schneegrenze. Die Straße wird als Zufahrt zum Langlaufzentrum Langis nur von Sarnen her bis zur Paßhöhe geräumt. Einfache Hoch- bis Spätwintertour, zuerst auf der verschneiten Straße, dann ins sanfte Schlierental. Abfahrt gleiche Route, Zeitbedarf von der Höhe der Schneegrenze und vom Umkehrpunkt im Schlierental abhängig: 1,5 – 3 Stunden. Landeskarte Blatt Escholzmatt.

8. *Hohgantgebiet (zwischen 1092m und 2035m)*
Für a. und b. Parkplatz bei der Brücke vor Schönisei (1092m), Zufahrt von Schangnau über Chemmeribodenbad.
a. Einfache, kurze Hoch- bis Spätwintertour nach Süden entlang der neuen Alpstraße zur *Mirrenegg* (1380m) und weiter bis zur Steilstufe (ca. 1500m) unter dem *Allgäuli*. Abfahrt gleiche Route, ca. 1 Stunde. Weiterweg über *Allgäuli, Ober Läger* zur *Allgäu Lücke* (1918m, tolle Aussicht auf den Brienzersee) bei besten Schneeverhältnissen möglich; Traverse beim *Allgäuli* und Schlußhang unter der Lücke bis 50% steil.
b. Einfache, sehr lohnende Hoch- und Spätwintertour (eine heikle Stelle) auf dem Alpweg über *Schräpfenberg* (1278m), *Steini zum Steinbruch* (1385m), neue Alpstraße zum Nollen und zur Straßengabelung beim *Möser* (ca. 1600m): rechts zur *Blockhütte am Hohgant* (1805m), links zum *Bolberg* (1800m) und zur *Lombachalp* (Autozufahrt von Interlaken–Habkern, wenn auf dem Zugang von Schönisei zu wenig Schnee liegt). Abfahrt gleiche Route. Bei schlechter Schneelage Hunde einzeln über die kurze, steinige Steilstufe unterhalb Schrepfenberg hinunterführen oder vom Nollen direkt über Habchegg zum Harzisboden (steiler, aber keine Steine), je nach Route 2 – 3 Stunden.
c. *Trüschhübel* (1154m), Zufahrt von Schwarzenegg übers Eriztal –

Grünenbergpaß (1555m) – *Trogen* – *Aff* (2035m). Schwierige Spätwintertour. Die verschneite Paßstraße ist in den Steilkehren und ver-
blasenen Traversen für ein Hundegespann sehr heikel zu befahren,
und der Aufstieg zum Aff verlangt sehr sichere Schneeverhältnisse.
Abfahrt gleiche Route, 4 – 6 Stunden (genügend Zeit für eine vorsich-
tige Abfahrt einplanen!). Landeskarte Blatt Interlaken.

*9. Waglisei (1360m), Zufahrt von Schüpfheim über Flühli Richtung
Salwideli – Schrattenfluh (2091m)*
Einfache und mittelschwere Hoch- und Spätwintertouren. Bei ungün-
stigen Schneeverhältnissen sind einfache, kurze Touren auf verschiedene Vorgipfel (um 1800m) möglich; der *Hengst* (2091m) weist stei-
lere Hänge auf und verlangt gute Verhältnisse. Kleinere Varianten bei
der Abfahrt möglich, je nach Ziel 1 – 2 Stunden. Landeskarte Blatt
Escholzmatt.

*10. Schwarzwaldalp (1454m), Zufahrt von Meiringen – Große Schei-
degg (1962m)*
Einfache, kurze Frühlingstour; wenn die Straße noch nicht ganz geöffnet ist, kann weiter vorne im Rosenlauital gestartet werden. Abfahrt gleiche Route, ca. 1 Stunde. Verlängerung durch Abfahrt Richtung Grindelwald und Wiederaufstieg möglich. Bei besten Schneeverhältnissen Abfahrt zum Heidbiel und Aufstieg zum Gemschberg
(2658m, Neigung bis 50%). Landeskarte Blatt Interlaken.

Ziele in den Alpen

Gletscher bilden meistens den einfachsten Zugang für Schlitten und
Pulka. Vorsicht vor »einfachen« Paßstraßen! Was im Sommer als bequemer Weg erscheint, kann sich in einem schneereichen Winter als
vereister Steilhang ohne jede Andeutung einer Straße entpuppen. Die
Zugänge zu den kurzen Tunnelstücken von Grimsel und Susten sind
beispielsweise häufig mit Schnee und Eis verstopft und zwingen zu
gefährlichen Traversen über abschüssiges, felsdurchsetztes Gelände.

A. Ostschweiz und Graubünden
*1. Steinibach (Zufahrt durch das Sernftal bis P. 1261m, oberhalb
Elm) – Erbsalp (1695m) – Chli Chärpf (2700m, bzw. bis zur Schar-
te, P. 2649m)*

Mittelschwer bis zur Erbsalp, dann schwierige Spätwinter- und Frühlingstour (lange Passagen 40%, teilweise noch steiler), nur bei gutem Sulzschnee (Südosthänge). Abfahrt gleiche Route, ca. 3 Stunden. Landeskarte Blatt Sardona.

2. Jenatschgebiet

Mittelschwere und schwierige Frühlingstouren. Ausgangspunkt ist P. 2000m auf der Nordseite des *Julierpasses,* wo sich das *Val d'Agnel* öffnet. *P. 2000m – Fuorcla d'Agnel* (2984m), kurze Abfahrt und Wiederaufstieg zur *Fuorcla da Flix* (3065m). Mittelschwer, Abfahrt gleiche Route, 2 – 3 Stunden.

Man kann verschiedene kurze, mittelschwere Touren zu anderen Paßübergängen ausführen (u.a. P. 2865m, P. 2945m), während die meisten Gipfel für Schlitten und Pulka schwierig und heikel sind (steil, teilweise felsig). Landeskarte Blatt Julier.

3. Grialetschgebiet

Mittelschwere bis schwierige Frühlingstouren. Ausgangspunkt ist *Teufi* im *Dischmatal* (Zufahrt von Davos). Der Zugang von P. 1944m auf der Südostseite des Flüelapasses ist auch möglich, aber weniger angenehm.

Zugang: Teufi (1693m) – *Dürrboden* (2007m) – *Fuorcla da Grialetsch* (2537m) – kurze, steile Abfahrt ins *Val Grialetsch,* schöner Zeltplatz bei *P.2369m.* Einfach bis Dürrboden, Paßübergang mittelschwer (Abfahrt mit viel Gepäck bei ungünstigem Schnee heikel), 2 – 2,5 Stunden.

Touren vom Zeltplatz:

a.*Fuorcla Sarsura* (2923m) – *Piz Sarsura* (3178m). Mittelschwer, kurze Traverse nach der Fuorcla und letztes Stück des Gipfelhanges manchmal schwierig, Abfahrt gleiche Route, ca. 2 Stunden.

b.*Fuorcla Vallogia* (2969m) unterhalb des felsigen Piz Grialetsch – *Scalettahorn* (3068m). Mittelschwer bis schwierig (einige Steilstufen), Abfahrt gleiche Route, 2 – 3 Stunden. Abfahrt über Scalettapaß nach Norden direkt zum Dürrboden mit Schlitten und Pulka nicht zu empfehlen. Landeskarte Blätter Bergün, Ofenpaß, Prättigau.

4. S-charl (1810m) – Piz Sesvenna (3204m)

Zufahrt von Schuls ins Val S-charl bis zur Schneegrenze. Piz Sesvenna nur bis zum Skidepot (ca. 3100m). Schwierige Frühlingstour (einige Passagen über 40%), Abfahrt gleiche Route, 3 – 4 Stunden (abhängig von der Höhe der Schneegrenze). *Hinweis:* Von S-charl sind auch einfache, lohnende Talausflüge möglich: Über Alp Astras (2135m) Richtung *Paß da Costainas* oder zur *Fuorcla Funtana da S-charl* (2393) mit kurzen Abstechern in die Seitentäler, 1 – 3 Stunden, je nach Route. Die Abfahrt von der Fuorcla Funtana zum *Ofenpaß* ist im ersten Steilhang schwierig. Landeskarte Blatt Ofenpaß.

5. *Rundtour in der Silvretta (Österreich)*
Galtür (1584m) – Bielerhöhe (2040m) – Wiesbadnerhütte (2443m) Ochsenscharte (2913m) – Jamtalhütte (2165m) – Galtür.
In den Tälern einfache Frühlingstour, Ochsenscharte mittelschwer, 4 - 6 Stunden. Falls von der Jamtalhütte aus noch der Übergang übers *Kronenjoch* (2981m) mit Abfahrt durch das Fimbertal nach Ischgl (1376m) geplant ist (Kronenjoch mittelschwer, Abfahrt durch das Tal einfach), werden besser 2 Tage eingesetzt. Landeskarte Blatt Tarasp, Blatt Arlberg für die Abfahrt nach Ischgl.

B. Zentralschweiz (Gotthardgebiet)

6. *Hospental (1498m) Parkplatz beim Skilift Winterhorn – Gotthardpaß (2091m) – La Fibbia (2737m)*
Spätwinter- und Frühlingstour, bis Gotthardpaß sehr einfach (bei zugeblasener Straße und Hartschnee kann die Traverse unterhalb von Brüggloch heikel sein), Aufstieg zur Fibbia mittelschwer bis schwierig (teilweise 40%), Abfahrt gleiche Route, 3 – 4 Stunden. Landeskarte Blätter Sustenpaß und Nufenenpaß.

7. *Andermatt (ca. 1480m), da wo der Weg ins Unteralptal von der Oberalpstraße abzweigt – Vermigelhütte (1978m) – Maighelspaß (2420m) – Piz Borel (2952m),* Skidepot am Grat kurz unter dem Gipfel.
Spätwinter- und Frühlingstour, sehr einfach bis zur Vermigelhütte (manchmal kurze mühsame Lawinenkegel), nachher mittelschwer bis schwierig; der erste Hang zum Maighelspaß ist steil (kurze Passagen über 40%), Abfahrt gleiche Route (Rückweg über Maighelshütte–Oberalppaß nicht zu empfehlen, heikle Traversen unterhalb Tgatlems!), 5 – 6 Stunden. Landeskarte Blätter Sustenpaß und Disentis.

8. *Rundtour: Realp (1538m) bei der Abzweigung der Straße ins Wittenwasserental – Wittenwasserenstafel (2220m) – Wittenwasserenspaß (2819m) – namenloser Sattel (P. 2909m) – Leckipaß (2892m) – Wittenwasserenstafel – Realp.*

Frühlingstour, einfach bis Wittenwasserenstafel (Hang unterhalb Hohenbiel mit schwerem Schlitten bei weichem Schnee mühsam), nachher mittelschwer (kurzes, steiniges Steilstück bei P. 2909), 4 – 5 Stunden. Landeskarte Blätter Sustenpaß und Nufenenpaß.

9. Tiefenbach (2106m) – Chli Bielenhorn (2940m)

Frühlings- und Vorsommertour. Wenn die Furkastraße noch nicht bis Tiefenbach offen ist, erfolgt der Start weiter unten. Mittelschwer, Abfahrt gleiche Route (Vorsicht beim Steilhang oberhalb Tiefenbach), ca. 2 Stunden. Abstecher ins Becken des Tiefengletschers landschaftlich sehr lohnend, aber keine Gipfelbesteigung möglich. Landeskarte Blatt Sustenpaß.

10. All'Acqua (1614m), Zufahrt von Airolo durchs Bedrettotal – Alpe di Bedretto (2003m) – Cornohütte (2338m) – Griespaß (2462m) – Blinnenhorn (3373m, Skidepot ca. 3320m)

Frühlingstour, sehr einfach bis Alpe di Bedretto (entlang der Nufenenstraße), Steilhang zur Cornohütte mittelschwer (mit viel Gepäck schwierig), dann einfach bis zum Griespaß, Traverse Griespaß – Griesgletscher heikel (40%), Rest einfach bis mittelschwer. Abfahrt gleiche Route, 5 – 7 Stunden (bequemer in 2 Tagen, schöner Zeltplatz beim Cornopaß). Landeskarte Blatt Nufenenpaß.

11. Gipfel rund um den Rhone- und Triftgletscher

Sehr lohnende, mittelschwere Frühsommertouren (Furkastraße meist ab Juni offen).

Zugang: Belvédère (2274m), Zufahrt von Realp über den Furkapaß oder aus dem Wallis – Rhonegletscher – Undri Triftlimmi (3137m). Schöner Zeltplatz, oft mit Wasserloch als Badewanne. Mühsamer Zugang zum Gletscher: Das Hotel blockiert den Weg und Zäune bilden eine zusätzliche Schikane! Sonst einfach mit Ausnahme des meist mittelschweren Gletscherbruchs zwischen 2600m und 2800m, 2 – 3 Stunden; kurzer Abstecher auf den Tieralplistock (3382m) möglich.

Touren vom Zeltplatz:

a. Dammastock (2629m), Schneestock (3608m), Eggstock (3556m). Die Besteigung der drei Gipfel läßt sich leicht verbinden, mittelschwer. Je nach Schneelage sind die Gipfel zuoberst felsig. Es ist vorsichtiger, mit den Hunden auf die letzten Meter zu verzichten, denn nach Osten fällt die Kette mit 400 Meter hohen Steilabstürzen auf den Dammagletscher ab (Vorsicht Wächten!). Abfahrt gleiche Route, 2 –

148

3 Stunden für alle drei Gipfel, der *Wysse Nollen* (3398m) kann auf der Abfahrt vom Eggstock mit einem kleinen Umweg mitgenommen werden.

b. *Diechterhorn (3389m)* – Abfahrt zur *Trifthütte (2520m)* – *Wiederaufstieg zur Undri Triftlimmi*. Mittelschwer, aber Spaltengefahr im Triftkessel, 2 – 3 Stunden. Landeskarte Blatt Sustenpaß.

C. Berner Alpen

12. Iffigenalp (1584m), Zufahrt von Lenk – *Wildhornhütten (2303m)* – *Wildhorn (3247m)*

Schwierige Frühlingstour: 300 Meter hoher Steilhang zwischen Groppi und Egge (teilweise über 40%), heikle Traverse (über 40%!) unter den Felsen des Chilchli, Gipfelaufstieg einfach (flacher, firnartiger Gletscher), Abfahrt gleiche Route (Vorsicht beim Chilchli!), 4 – 6 Stunden. Falls die Straße zur Iffigenalp schneebedeckt und geschlossen ist, erfolgt der Start hinter Färiche (ca. 1260m). Der Aufstieg der Straße entlang ist einfach, doch werden in diesem Fall besser 2 Tage eingesetzt.

Kürzere Ausweichtour: Iffigenalp – Wildhornhütte – Silberritzenpaß (2738m, zwischen Hahnenschritthorn und Wildhorn). Abgesehen vom Steilhang oberhalb Groppi mittelschwer, Abfahrt gleiche Route, 3 – 4 Stunden. Landeskarte Blatt Wildstrubel.

13. Wildstrubelgebiet

Mittelschwere Frühlingstouren, Abfahrt durchs Ueschenetal sehr schwierig.

Zugang: Stock (1834m) Seilbahn von Kandersteg – *Schwarenbach (2060m) – Daubensee – Plateau SW der Lämmerenhütte (knapp 2500m).* Guter Zeltplatz. Einfach, nur der letzte Steilhang unter dem Zeltplatz ist schwierig und mit einem vollen Schlitten mühsam, 2 – 3 Stunden.

Hinweis: Wegen der Seilbahnbenützung (Aufstieg zu Fuß mit Schlitten und Pulka kaum möglich) Tour nicht an einem Wochenende der Hauptsaison durchführen; das Seilbahnpersonal ist sehr freundlich und hilfsbereit!

Touren vom Zeltplatz:

a.*Wildstrubel (3243m).* Mittelschwer, eine kurze heikle Traverse gleich nach dem Zeltplatz und ein Steilhang zwischen 2800 und 3000m, Abfahrt gleiche Route, ca. 2 Stunden.

b. *Steghorn (3146m)*. Mittelschwer, eine kurze heikle Traverse gleich nach dem Zeltplatz, Abfahrt gleiche Route, 1,5 – 2 Stunden.

Abfahrt über *Roter Totz-Lücke (2900m) – Tälliseeli (2405m) – Unterbächen (1900m) – Usser-Ueschene (1595m)* – Fahrstraße zur Talstation der Stockbahn.

Einfach bis unterhalb des Tälliseelis, dann sehr schwieriger 400 Meter hoher Steilhang (über 50%, heikle Traverse bei der Einfahrt in den Hang), der auch bei guten Schneeverhältnissen die Grenze der Befahrbarkeit für Schlitten und Pulka darstellt, einfach ab Unterbächen. Abfahrt auf der Zugangsroute zum Stock und mit der Seilbahn nach Kandersteg, abgesehen von der ersten kurzen Steilstufe einfach. Landeskarte Blatt Wildstrubel.

14. Steingletscher (1865m), Hotel am Sustenpaß, Zufahrt von Innertkirchen – *Giglistock (2900m)*
Bei guten Schneeverhältnissen mittelschwere, sonst schwierige Frühlings- und Vorsommertour (ab 2200m durchwegs steil, doch kaum über 40%). Abfahrt gleiche Route, 2 – 2,5 Stunden.
Hinweis: Sobald der Sustenpaß bis Steingletscher offen ist, wird diese beliebte Skitour überlaufen; wer an einem Sonntagmorgen anfährt, hat große Mühe, einen günstig gelegenen Parkplatz für den Start mit einem Hundegespann zu finden. Landeskarte Blatt Sustenpaß.

15. Jungfraugebiet
Die Gletscher und Firnfelder rund um den Konkordiaplatz und die kleine Berner Haute Route über die Grünhornlücke zum Fieschergletscher und weiter via Rotloch zum Oberaar- und Studerjoch sind ideales Husky-Gelände. Der Weiterweg zum Grimsel kann leider wegen der Pumptätigkeit der Kraftwerke Oberhasli nicht empfohlen werden (unzuverlässiges Eis auf den Stauseen); die Abfahrt ins Goms ist mit Schlitten und Pulka schwierig, außerdem sind die unteren Teile der Südhänge im Frühling meistens aper, was einen Abstieg mit Gepäck und Hunden sehr mühsam macht.
Zugang: Blatten (1540m), Straße von Goppenstein durchs Lötschental das ganze Jahr offen – *Langgletscher – Lötschenlücke (3178m) – Konkordiaplatz (ca. 2800m)*. Mittelschwere Frühlingstour, über weite Strecken einfach; je nach Schneelage kann der Aufstieg zum Gletscher mühsam sein. Bei der Abfahrt unbedingt links, auf der Südseite, bleiben! Die Skifahrer benützen öfters den Nordrand des Langgletschers; doch die Ausfahrt durch ein steiles, enges Couloir ist fürs Hus-

ky Mountaineering denkbar schlecht geeignet. Ca. 5 Stunden; wenn die Straße im Frühsommer bis Fafleralp (1766m) offen ist 1/2 Stunde kürzer.

Einfache Touren: leichtes Gelände, geringe Spaltengefahr, trotzdem muß der alpine Charakter beachtet werden (u.a. Höhe, Kälte und schwierige Orientierung bei Wettersturz).

a. *Rundtour: Konkordiaplatz – Ewigschneefeld – Oberes Mönchsjoch (3629m) – Jungfraufirn – Konkordiaplatz.* 3 – 4 Stunden.

b. *Konkordiaplatz – Grünhornlücke (3286m)* – Abfahrt zum *Fieschergletscher (3060m)* und weiter Richtung *Fiescherhorn* bis knapp 3400m. Abfahrt gleiche Route (Gegensteigung zur Grünhornlücke), ca. 3 Stunden.

c. *Konkordiaplatz – Grünhornlücke* – Abfahrt zum *Rotloch (2843m) – Oberaarjoch (3231m).* Abfahrt gleiche Route (Gegensteigung zur Grünhornlücke), 4 – 5 Stunden. Wenn der Abstecher aufs *Obere Studerjoch (3416m)* geplant ist, nicht bis ins Oberaarjoch aufsteigen, sondern in der flachen Mulde des Studerfirns bleiben, plus ca. 1 Stunde.

Mittelschwere und schwierige Gipfelbesteigungen:

a. *Walcherhorn (3692m),* Abstecher vom Ewigschneefeld (vgl. Rundtour), 300 Meter hoher Steilhang (30 – 40%), je nach Schneeverhältnissen mittelschwer bis schwierig, Abfahrt gleiche Route, ca. 1 Stunde.

b. *Groß Fiescherhorn (4048m).* Auf dem Fieschergletscher bis zum Gletscherbruch (ca. 3260m) leicht, dann schwierig bis sehr schwierig über den 300 Meter hohen zerschrundenen Steilhang (einige Passagen über 50%), Spur um die Spalten und über die Schneebrücken präzise einhalten! Ab ca. 3600m einfach bis zum Skidepot (3923m). Wer einen Vierbeiner über den Grat zum Gipfel mitnimmt, muß ihn unbedingt anseilen. Abfahrt gleiche Route (Vorsicht im Gletscherbruch!). 3 – 4 Stunden vom Zeltplatz auf dem Fieschergletscher, 5 – 7 Stunden vom Konkordiaplatz via Grünhornlücke.

c.*Ebnefluh (3962m).* Von der Lötschenlücke über den flachen Ebnefluhfirn einfach, ab 3600m mittelschwer, letztes Stück manchmal heikel (evtl. nur bis zum Bergschrund auf ca. 3900m), Abfahrt gleiche Route, ca. 2 Stunden von der Lötschenlücke, vom Konkordiaplatz 1 Stunde länger (nicht über P. 3472m abkürzen). Landeskarte Blatt Jungfrau.

D. Wallis

16. Signalkuppe (4554m)

Anspruchsvolle Frühlings- bis Vorsommertour.

Zugang: Täsch – Zermatt mit der Visp-Zermatt-Bahn; Zermatt – Rotenboden mit der Gornergratbahn (mühsame Umsteigerei). *Rotenboden (2815m)* – Traverse zum *Gornergletscher (P. 2680 m)* – *Plattje (2916m)*, schöner Zeltplatz. Solange Schnee liegt, ist die Traverse sehr heikel (Hangneigung teilweise über 50%!), während die direkte Skiroute durchs Couloir auf den Gletscher (zu P. 2500m) für ein Hundegespann zu steil ist. Wenn die Hänge des Usser Gornerli aper sind, ist die Traverse ungefährlich, die Gepäckschlepperei aber mühsam und anstrengend. Je nach Verhältnissen 2–4 Stunden (Strecke Rotenboden–Gletscher muß mehrmals zurückgelegt werden).

Zeltplatz (2916m) – *Signalkuppe (4554m)*. Mittelschwer, im Gletscherbruch (zwischen 3400m und 3700m) schwierig, Abfahrt gleiche Route, 4–5 Stunden. Landeskarte Blatt Mischabel.

17. Tourengebiet von Arolla

Anspruchsvolle Frühlings- und Vorsommertouren.

Zugang: Arolla (1998m), Zufahrt durch das Val d'Hérens –*Haut Glacier d'Arolla* – *Col de l'Evêque (3392m)* – *Col de Chermotane (3053m)*. Sehr schöner Zeltplatz gegenüber der rassigen Nordwand des Petit M. Collon. Mittelschwer (einige kürzere Steilstufen), ca. 4 Stunden. *Achtung:* Der kürzere direkte Aufstieg von Arolla via Vignetteshütte ist fürs Husky Mountaineering zu steil!

Touren vom Zeltplatz:

a. Abfahrt über den flachen *Otemmagletscher* zur *Chanrionhütte (2462m)*. Einfache, landschaftlich eindrückliche Tour, Wiederaufstieg gleiche Route, ca. 3 Stunden. *Hinweis:* Der Weiterweg von der *Chanrionhütte* zum *Col de la Serpentine (3547m)* ist mittelschwer.

b. *Pigne d'Arolla (3796m)*. Direkt über die steile Ostflanke (kurze Passagen über 50% steil), sehr schwierig, mit einem Hundegespann nur bei guten Verhältnissen und mit wenig Gepäck möglich, Abfahrt gleiche Route, 1,5–2 Stunden.

c. Kurzer Ausflug Richtung *L'Evêque (3716m)*. Mit Schlitten und Pulka nur bis zum Skidepot (ca. 3600m), zuerst einfach, dann immer steiler, Abfahrt gleiche Route, 1–1,5 Stunden. Landeskarte Blatt Arolla.

Letzte Hinweise: Alle, in den Kurzbeschreibungen erwähnten Blätter der Landeskarte sind im Maßstab 1:50 000. Die folgenden sind mit Skiroutenaufdruck erhältlich: Klausenpaß, Interlaken, Sardona, Ju-

152

lierpaß, Ofenpaß, Prättigau, Sustenpaß, Nufenenpaß, Wildstrubel, Jungfrau, Mischabel, Arolla. Die roten Routen auf der Karte bezeichnen die allgemeine Richtung, in der normalerweise eine Tour ausgeführt wird. Trotzdem müssen die Alpinisten ihren Weg im Gelände flexibel an die herrschenden Verhältnisse anpassen, sie dürfen sich keineswegs sklavisch an den roten Strich halten. Diese Regel gilt noch ausgeprägter fürs Husky Mountaineering. Man folgt mit Schlitten und Pulka ungefähr den Skirouten – es lohnt sich auf jeden Fall, die Landeskarten mit Skiroutenaufdruck anzuschaffen. Traversen sind aber nach Möglichkeit zu meiden; es ist einfacher und sicherer, mit den Hunden in der Fallinie aufzusteigen und abzufahren. Traversen oberhalb von Felsstufen und Gletscherspalten, die man mit Skiern an den Füßen kaum beachtet, sind mit Schlitten und Pulka bereits heikel und können bei Hartschnee und einer Hangneigung von über 40% sogar gefährlich sein.

Bei Abfahrten, die im Zickzack durch einen Gletscherbruch führen, muß das Tempo besonders sorgfältig dosiert werden. Die Geschwindigkeit darf nicht zu groß werden, damit Musher und Musherin ihre Gespanne immer zuverlässig unter Kontrolle haben. Trotzdem muß man in engen Kurven rasch beschleunigen, sonst werden die hinteren Hunde und das Gefährt ins Bogeninnere und damit direkt in die Spalten gezogen. Wer hinter der Pulka fährt und vor einer Kurve, die über eine Schneebrücke führt, stürzt, blockiert sein Gespann im dümmsten Moment und riskiert, mit dem ganzen Team in der Unterwelt zu verschwinden.

Man lasse sich durch die bescheidenen Zeitangaben nicht täuschen. Die Touren sind trotz des geringen Zeitbedarfs anstrengend und fordern die Zweibeiner. Wer beispielsweise drei Stunden im Husky-Tempo bergaufwärts rennt, ist mindestens so müde, um nicht zu sagen abgekämpft, wie nach einer sechsstündigen Skitour.

9. Ausblick

Robert Marshall, der in den dreißiger Jahren verschiedene Täler und Berge in der Brooksrange, dem zentralen Gebirgszug Alaskas, kartographierte, schrieb in seinem Buch »Alaska Wilderness« über das Fahren mit Hundeschlitten:

»Wir fuhren mit Hundeschlitten. Ernie hatte einen Schlitten mit vier Hunden, ich hatte einen mit drei. Zusammen beförderten wir ungefähr 200 kg Ausrüstung. Die Hälfte davon war Hundefutter in Form von getrocknetem Lachs, Fett, Maismehl, Reis und Hafermehl. Wir reisten auf drei verschiedene Arten mit den Schlitten. Wenn der Trail gut war oder wir einem vereisten Fluß folgten, standen wir auf den Kufenenden und steuerten den Schlitten, in dem wir am Handgriff drückten. Wir ließen uns von den Hunden ziehen. Wenn es aufwärts ging, rannten wir hinten nach. Wenn der Trail, speziell an Schräghängen, stark zugeblasen war, wurde es sehr schwierig, den Schlitten von hinten zu steuern, dann «geepolten» wir. Der Geepol ist ein Holzstab, der vorne auf der rechten Seite des Schlittens befestigt ist (ähnlich wie eine Deichsel). Je nach Geschwindigkeit der Hunde marschierten oder rannten wir auf Schneeschuhen zwischen Schlitten und Hunden, immer in Gefahr, in der Zugleine hängen zu bleiben. Es war aber von dort aus wenigstens einfach, den Schlitten mit dem Geepol seitwärts zu drücken, um ihn in der Spur zu halten. Bei sehr tiefem weichem Schnee, in welchem die Hunde bei jedem Schritt einsanken, mußten wir den Teams mit den Schneeschuhen vorausgehen. Damit es die Hunde etwas einfacher hatten, arbeiteten wir hart; Schritt für Schritt mußten wir den Schnee niederpressen.«

Diese Zeit, als Schlittenhunde vorwiegend Arbeitstiere waren, ist längst vorbei. Motorschlitten, Raupentraktoren und Flugzeuge haben das Arbeitshundeteam weitgehend ersetzt. Schon in den Sechziger Jahren gab es Dörfer in der Arktis wie z.B. Point Hope an der nördlichen Beringsee, wo kein einziger Schlittenhund mehr lebte. Die immer billiger werdenden Motorschlitten, die nur während der Arbeit gepflegt werden müssen, machten solche Entscheide leicht, zu ungunsten der »Fishburner« (Fischverwerter), wie man die meist mit getrockneten Fischen ernährten Hunde spaßeshalber nannte. Ganze Hundepopulationen verschwanden.

Wer kennt z.B. heute noch den Mackenzie River Husky, den Tanana River Dog, den St. Lawrence Dog, oder den Manitoba Dog?

Lorna Coppinger schreibt in ihrem Buch »The World of Sled Dogs«: *»In den Fünfziger Jahren bis hinein in die Sechziger gab es in den alaskischen Dörfern weniger Hunde als Motorschlitten.«* Das langsame Ende der Schlittenhunde insgesamt wäre absehbar gewesen, hätte sich nicht der Sport stark entwickelt. Natürlich war der Niedergang verschiedener Populationen von Arbeitshunden nicht aufzuhalten. Die Zeit der Lastenteams war vorbei. Erfahrung und Wissen blieben aber durch den Sport erhalten. Er verhinderte das Verschwinden eines Transportmittels, welches sowohl bei der Entdeckung des Nordpoles als auch des Südpoles eine entscheidende Rolle spielte.

Frühe Rennen wie das Eastern International Dogsled Derby in Quebec, Kanada, das Dog Derby in The Pas ebenfalls in Kanada, dann neuere Rennen wie der Caribou Carnival in Yellowknife, das Fur Rendezvous in Anchorage und natürlich das Iditarod und das Yukon Quest brachten eine große Publizität, machten Schlittenhunde und den Sport populär.

Langdistanzrennen wie Iditarod, Yukon Quest, Coldfoot Classic, der Beargrease Maraton einerseits (um nur einige zu nennen) und Sprinttrennen andererseits, wie das Fur Rendezvous in Anchorage, die North American Championship in Fairbanks, das All American Championship in Ely, zeigten bald, daß es dafür verschiedene Hunde braucht. Langdistanzrennen erfordern Hunde mit widerstandsfähigen Pfoten, einem lockeren, langen Trab, kräftigem Bau und mit genügend dickem Fell, um draußen in Schnee und Kälte zu schlafen. Für Sprinttrennen werden leichte Galopper gezüchtet, die ihre ganze Energie auf kurzer Distanz mobilisieren. Die Fellqualität und die Möglichkeit, mit wenig Nahrung viel zu leisten, ist dort nicht wesentlich. Die Entwicklung in beide Richtungen wird weitergehen, wobei zu hoffen ist, daß in Zukunft Institute, welche sich mit landwirtschaftlicher Haustier-Genetik befassen, sich auch um den Leistungs-Schlittenhund kümmern. Zuchtprogramme könnten helfen, bessere Resultate zu erreichen. Mehr Qualität statt Quantität ist das Anliegen.

155

Die Rassehundeclubs, die Clubs für nordische Hunde also, sollten sich nicht ganz vom Sport zurückziehen, halb beleidigt, halb erleichtert durch die Tatsache, daß heute weder der Sport für reinrassige Schlittenhunde noch der große Sport mit Alaskans mit ihrem Einverständnis stattfindet. Im Gegenteil, nur ihr permanentes Bemühen um Leistungsintegration neben der Schönheit, der äußeren Gestalt, bietet langfristig die Gewähr, daß die von ihnen betreuten Schlittenhunderassen als arbeitsfähige Tiere erhalten bleiben. Das muß doch wohl das Ziel dieser Vereine sein. Tourensport, Schlittenlager mit Trails für Clubmitglieder mit ihren Hunden, Sommerwanderungen mit der Packtasche, evtl. Vielseitigkeitsprüfungen wie Agility usw. würden den geforderten Zweck erfüllen und wären eine neue Motivation.

Ein großes Ziel, das Schlittenhundesportler vor Augen haben, sind die Olympischen Winterspiele. Eine Kommission in der IFSS befaßt sich damit und hofft, den Schritt zur olympischen Anerkennung zu schaffen. Die Schlittenhundesport-Organisationen haben in den letzten Jahren Strukturen geschaffen, welche dies früher oder später möglich machen sollten. Die Tatsache allerdings, daß neben der ESDRA und der IFSS und ihren angeschlossenen nationalen Verbänden eine ganze Reihe von reinrassigen Sport-Organisationen bestehen und sich weiterentwickeln, macht es notwendig, daß sowohl die »reinrassige« wie auch die »offene« Richtung olympisch vertreten sind.

ESDRA und IFSS lehnten es bisher ab, separate Rennkategorien für rassenreine Schlittenhunde mit FCI-Stammbaum auszuschreiben, weil eine seriöse Kontrolle nicht möglich war. Mit der neuen, am Alpirod 1990 zum ersten Mal an Schlittenhunden im Großversuch eingesetzten Identifikationsmöglichkeit können Hunde bis an ihr Lebensende eindeutig identifiziert werden. Ein in der Halsgegend unter die Haut plazierter Chip enthält einen Buchstaben-/Zahlencode, welcher sich jederzeit mit einem Scanner lesen läßt. Alle teilnehmenden 420 Hunde wurden vor dem Rennen damit markiert.

Natürlich können mit diesem System nicht nur Rennhunde identifiziert werden, sondern auch rassenreine Schlittenhunde. Dem möglichen Stammbaumbetrug kann damit ein Riegel geschoben werden, und eine seriöse Kontrolle ist möglich. Der Bewilligung von separaten Rennkategorien für rassenreine Schlittenhunde mit FCI-Stammbäumen durch ESDRA und IFSS würde nichts mehr im Weg stehen, ein großes Ziel wäre erreicht. Der Weg in eine gemeinsame Zukunft aller Schlittenhundesport-Organisationen könnte möglich werden. Rassenhundeclubs und kynologische Dachorganisationen sind aufgefordert, ihren Beitrag zu leisten.

ESDRA und IFSS als Organisationen, welche in erster Linie Spitzensport mit dafür gezüchteten Rennhunden und entsprechenden Athleten und Athletinnen, auf Skis in der Pulka-Klasse oder auf dem Schlitten in den Nome-Style-Kategorien durchführen, würden ideal ergänzt durch die Vereinigungen für rassenreine Schlittenhunde, welche die arktischen Hunderassen erhalten und artgerecht beschäftigen wollen. Der so oft zitierte Spitzen- und Breitensport würde endlich auch im Schlittenhundesport ein positives Nebeneinander finden.

Die mit Alaskan Malamutes, Siberian Huskies, Grönlandhunden, Samojeden und Alaskan Huskies verbundenen Abenteuer mögen ihre Fortsetzung finden. Der Mushing-Sport mit all seinen Möglichkeiten kann dazu beitragen. Dieses Buch soll Hilfe und Anregung für alle sein, die sich dem Abenteuer des Mushing-Sports verschrieben haben.

»Früher, wenn ich im Winter meine Fallen kontrollierte, war ich manchmal wochenlang allein. Wenn ich aber abends in meinem Zelt saß, fühlte ich mich nie verloren. Ich hatte mein Hundeteam, ich schwatzte mit ihnen. Heutzutage benutzen wir Snowmachines. Aber eine Maschine kann kein Freund sein.«

George Blondin, Indianer aus Yellowknife NWT Kanada.

Sachwortverzeichnis

Allgemeine Begriffe:

Cheechako: Alaskischer Begriff für Anfänger »Tschitschako«

Desire to go: Der bei guten Schlittenhunden »eingebaute« Wille zum ziehen und rennen

Dog Driver: In Alaska und Kanada verwendeter Begriff für Schlittenhundeführer

Double Lead: Einspannung von zwei Leithunden nebeneinander

Good Mushing!: Gute Fahrt!

Musher: Schlittenhundeführer, vom französischen Wort marcher = gehen abgeleitet

Mushermeeting: Treffen der Musher vor dem Rennen, an welchem die Rennleitung notwendige Informationen zum Anlaß vermittelt.

Overflow: Überfließendes, nicht sichtbares, Wasser auf gefrorenen Seen und Flüssen. Darüber liegt die Schneedecke oder dünnes zufrierendes Eis. Wer in einen Overflow gerät und naß wird, riskiert zu erfrieren wenn er sich nicht schnell genug umziehen, oder ein Feuer entfachen kann.

Snowmachine: Motorgetriebenes kleines offenes Raupenfahrzeug, Motorschlitten (Ski-Doo), Schneemobil

Trail: Weg, Hundepiste

White Out: Wetterverhältnis vor allem in der Arktis, bei der Beleuchtung, starker Wind und Schneetreiben direkt über dem Boden dazu führen, daß man nichts mehr sehen kann. Darüber herrscht blauer Himmel.

Hunde:

Alaskan Malamute: Größte und schwerste Schlittenhunderasse, ursprünglich aus Alaska stammend, vom AKC 1935 als Rasse anerkannt

Alaskan-Husky: auch »Alaskan« genannt, Begriff für Schlittenhunde ohne von kynologischen Dachor-

158

	ganisationen anerkannte Stammbäume, für Leistung gezüchtet ohne Rücksicht auf Schönheit
Canadian Eskimo Dog:	Kanadischer Eskimohund; mit dem Grönlandhund sehr eng verwandte Hunderasse aus der kanadischen Arktis, in den Vieziger-jahren vom Kanadischen Kynologenverband als Rasse anerkannt, in Europa kaum vorhanden
Grönlandhund:	Starke, ursprüngliche Schlittenhunderasse aus Grönland, vom schwedischen Kynologenverband 1950 als Rasse anerkannt
Husky:	»Husky Typ Dog« In Alaska verwendeter Begriff für einen Schlitten ziehenden Hund mit Stehohren. (Im Gegensatz zu den »Alaskans« welche Hängeohren haben können.) Husky = Einzahl, Huskies = Mehrzahl
Lead-Dog:	Leithund des Gespannes, er läuft zuvorderst
Point-Dogs:	Hunde direkt hinter dem Leithund. Dieser Ausdruck wird nur in den USA, außerhalb Alaskas, verwendet
Samojede:	Schlittenhunderasse mit weißemlanghaarigem Fell,ursprünglich aus Sibirien stammend, 1909 vom englischen Kynologenverband als Rasse anerkannt
Siberian Husky:	Kleinste und leichteste aller Schlittenhunderassen, ursprünglich aus Sibirien stammend,1930 vom AKC als Rasse anerkannt, »Siberian Husky« ist die offizielle Rassebezeichnung der FCI, die deutsche, nicht gebräuchliche Bezeichnung heißt »Sibirischer Husky«
Swingdog:	Hunde direkt hinter dem Leithund. Dieser Begriff ist in Alaska und Europa üblich
Team Dogs:	Alle Gespannhunde vor den Wheel Dogs und hinter den Swing Dogs
Wheel Dogs:	Das Hundepaar direkt vor dem Schlitten, meist die kräftigsten Hunde im Team

Material:

Ackja:	Von Rentieren gezogener Schlitten der Lappen (Samen) im Norden Skandinaviens
Basket:	Engl. Korb, Ladefläche des Schlittens
Booties:	Pfotenschuh aus Nylon oder Leder, zum Schutz gegen Verletzungen
Brake:	Bremse des Schlittens, mit dem Fuß betätigt
Bridle:	Zugvorrichtung am Schlitten (Seil) woran die Zugleine mit Karabiner befestigt wird
Brushbow:	Bogen, meist aus Holz, vorne am Schlitten, ähnlich Stoßstange am Auto, schützt Hunde vor Verletzungen beim Überholen der Gespanne und den Schlitten beim Touchieren von Hindernissen
Dog Pack:	Packtasche für den Hund, auch Pack-Bag genannt
Gang Line:	Hauptzugleine, zentrale Leine
Handle Bar:	Handgriff (Handbogen) des Schlittens, zum Festhalten und Lenken
Harness:	Zuggeschirr, in verschiedenen Ausführungen
Komatik:	Schlitten der Eskimos in Grönland und der kanadischen Arktis
Neckline:	Halsleine, kurze Leine welche das Halsband mit der Zentralleine, oder die Halsbänder zweier Leithunde verbindet
Notleine:	Lange Leine, um den Schlitten unterwegs anbinden zu können.
Panic-Snap:	Sicherheits-Karabinerhaken, der sich schnell öffnen läßt
Pulka:	Aus Skandinavien stammender kleiner, flacher, wannenförmiger Schlitten, an dem einer oder mehrere in Stangen eingespannte Hunde ziehen
Schneeanker:	Haken aus Stahl, mit Seil am Schlitten befestigt. Der Schneeanker wird in den Schnee getreten oder an einen Pfosten eingehängt, um den Schlitten festzuhalten

Startleine:	Leine, mit welcher der Schlitten zum Starten angebunden wird, meist mit »Panic-Snap« versehen.
Stake-Out:	Kette oder Drahtseil an der die Hunde an Rennen und auf Touren draußen angebunden werden. Von der längsgespannten Hauptkette zweigen in regelmäßigem Abstand einzelne kurze Ketten für die Hunde ab
Toboggan:	Ursprünglicher Schlitten der kanadischen Nordlandindianer, in moderner Form Transport- und Rennschlitten für Langdistanzrennen.
Towline:	Hauptzugleine, Zentrale Leine
Travois:	Indianische Trage-Zugvorrichtung für Hunde
Tuglinc.	Zugleine eines jeden Hundes zwischen Geschirr und Gangline
Zentralleine:	Hauptzugleine zwischen Schlitten und Leithund; auch Gangline oder Towline genannt

Einspannarten:

Single Tandem Hitch:	Alle Hunde laufen einzeln hintereinander und ziehen an rechts und links der Hunde laufenden Zugleinen; oder die Pulka an Zugstangen
Fan Hitch:	Fächergespann, jeder Hund ist mit seiner Zugleine direkt am Schlitten angehängt

Double Hitch, Gang Hitch, Tandem Hitch: Die Hunde laufen paarweise nebeneinander, der Leithund ist direkt an der Zentralleine, welche nach hinten zum Schlitten läuft, angehängt, die Hunde im Team sind mit kurzen Zugleinen an der Zentralleine angeleint

Kategorieneinteilung (Klassen) und übliche Renndistanzen an Sprintrennen:

Nome: C = 2 – 3 Hunde, Distanz 5 – 7 km = limitierte Klasse
     B = 3 – 6   "   "   8 – 14 km =   "
     A = 4 – 8   "   " 12 – 16 km =   "
        6 – 10 "   " 12 – 16 km =   "
     O = unbegrenzte Anzahl Hunde
                  Distanz 16 – 25 km = offene Klasse

Pulka: Anzahl der Hunde frei, jedoch pro Hund mitzuführendens Gewicht (meistens 20 kg pro Rüde, 15 kg pro Hündin), Distanz 8 – 14 km. Seit kurzem werden Damen und Herren an grossen Rennen separat gewertet.

Wichtige Mittel- und Langdistanzrennen:
** = mit Pulkaklasse

Europa:
Alpirod:	500 - 900 km in 10 - 12 Etappen in I, F, A, CH
Finnmarksloppet:	700 km, Nordnorwegen
Fjelldraget:	ca. 150 km, Kiruna, Schwedisch Lappland **
Gaustal Marathon:	ca. 200 km Lillehammar, Norwegen **
Helventinkolu:	ca. 315 km, Kuru, Finnland
La Pesse	ca. 115 km , französicher Jura **
Nordic Marathon:	ca. 230 km in Schwedisch Lappland
Polarhundloppet:	ca. 200 km, Hardangervidda, Norwegen **
Seppalaloppet:	ca 80 km, Oslo, Norwegen **
Silvretta 3000	62 km mit 5000 Meter Höhendifferenz in Österreich **
Transalpin	ca. 250 km von Briançon nach Megève Frankreich **

Nordamerika:
Beargrease Marathon:	ca. 800 km, Minnesota USA
Caribou Carneval:	3 x 80 km, Yelloknife, NWT, Kanada
Coldfoot Classic	Alaska, USA

Coldfoot Classic	Alaska, USA
Défi du Lac-St-Jean:	ca. 300 km, Québec, Kanada
Iditarod	ca. 1700 km, von Anchorage nach Nome, Alaska, USA
Kuskokwim 300	ca. 450 km, Alaska, USA
Montana Mountain Classic:	ca. 800 km, Montana, USA
Rouyn-Noranda:	ca. 210 km, Québec, Kanada
Yukon Quest	ca. 1600 km von Whitehorse Kanada nach Fairbanks Alaska

Bekannte Orte in Mitteleuropa mit regelmäßig stattfindenden Schlittenrennen:

in Deutschland:	Bad Wiessee, Bernau, Buchenberg, Clausthal-Zellerfeld, Liebenscheid, Todtmoos, Winterberg
in Frankreich:	Bessans, Chamrousse, Cuvery, Lans en Vercors, Les Fourgs
in Italien:	Bruneck, Livigno, Asiago
in Österreich:	Bad Mitterndorf, Galtür, Kötschach-Mauthen, Tannheim
in der Schweiz:	Andermatt, Champex, Gadmen, Lenk, Saignelégier, Sils/Silvaplana, Ste-Croix, St-Cergue, Studen

Organisationen:

AGFIS:	Association Général des Féderations Internationals de Sports Welt-Dachorganisation der internationalen Sportverbände
AGSD:	Arbeits-Gemeinschaft Schlittenhundesport Deutschland. Rennorganisation für die vier Schlittenhunderassen
AKC:	Amerikan Kennel Club Dachorganisation der amerikanischen Kynologen
DCNH:	Deutscher Club für Nordische Hunde Rassehundeorganisation der Schlittenhunde, der nordischen Jagdhunde und des Akita Inu
DSSV:	Deutscher Schlittenhunde Sport Verband Rennorganisation für alle Schlittenhunde.
ESDRA:	European Sled Dog Racing Association

	= Dachorganisation des Schlittenhundesportes in Europa
FCI:	Fédération Cynologique International
	Internationale Kynologen Organisation
	= Europäische Dachorganisation der kynologischen Landesverbände
FISTC:	Fédération Internationale de Sport de Traîneau Chiens
	Europäische Sportorganisation der Vereine für die vier Schlittenhunderassen
IFSS:	International Federation of Sled Dog Sports
	Verband des Schlittenhundsportes
	= Welt Dachorganisation für alle Schlittenhunde
ISDRA:	International Sled Dog Racing Association
	Schlittenhunde Renn Organisation
	Nordamerikanische Organisation für Schlittenhundesport
MSVÖ:	Musher Sport Verband Österreich
	Rennorganisation für alle Schlittenhunde
ÖCNHS:	Österreichischer Club für Nordische Hunde und Schlittenhundesport
	Rennorganisation für die vier Schlittenhunderassen
ÖKV:	Österreichischer Kynologen Verband
	Dachorganisation der österreichischen Kynologie
SKG:	Schweizerische Kynologische Gesellschaft
	Dachorganisation der Schweizer Kynologie
SKNH:	Schweizerischer Klub für Nordische Hunde
	Rassehundeorganisation der Schlittenhunde, der nordischen Jagdhunde und des Akita Inu
SKS:	Schweizerischer Klub für Schlittenhundesport
	Rennorganisation für die vier Schlittenhunderassen
SVS:	Schweizerischer Verband für Schlittenhundesport
	Rennorganisation für alle Schlittenhunde
SSK:	Schweizerischer Schlittenhundesport Klub
	Rennorganisation für die vier Schlittenhunderassen
TCE:	Trail Club of Europe
	Organisation, welche Rennen in mehreren europäischen Ländern durchführt
VDH:	Verband für das Deutsche Hundewesen
	Dachorganisation der Deutschen Kynologie

Hinweise auf Bücher:

Baumann D.,   *Nordische Hunde,* Ulmer Verlag.
Cropp W. U.,   *Hetzjagd durch Alaska,* Copreß Verlag, 1981.
                Bildband zum Iditarod-Rennen.
Maduschka L.   *Junger Mensch im Gebirge,* Richard Pflaum Verlag,
                4.Aufl.,o.J. – Aus diesem Buch stammen die Zitate in den
                beiden Kapiteln zum Husky Mountaineering.

Bücher zum Verhalten der Caniden:

Crisler L.,   *Wir heulten mit den Wölfen,* Brockhaus Verlag,
                5. Aufl., 1972.
Mech L. D.,   *The Arctic Wolf-Living with the Pack,* Voyageur,
                Press, 1988.
Mowat F.,   *Ein Sommer mit Wölfen,* Engelbert Verlag,
                Neuauflage, 1978.
Trumler E.,   *Ratgeber für den Hundefreund,* Piper Verlag, 1977.
Trumler E.,   *Meine wilden Freunde,* Piper Verlag, 1981.
Zimen, E.,   *Der Hund,* Bertelsmann Verlag, 1988.

Bücher über Hundehaltung und -erziehung:

Harmar H.,   *Sitz - Platz - Fuß,* Albert Müller Verlag, Rüschlikon 1987
Ochsenbein U., *ABC für Hundebesitzer,* Albert Müller Verlag, 1989.
Ochsenbein U., *Der neue Weg der Hundeausbildung,* Albert Müller Verlag,
                4. Auflage, Rüschlikon 1987
Pugnetti G.,   *Handbuch der Hunderassen,* Albert Müller Verlag,
                Rüschlikon 1989
Randolph E.,   *Vom Welpen zum Hund,* Albert Müller Verlag,
                Rüschlikon 1989
Reiter F.,   *So erzieht man seinen Hund zum Hausgenossen,*
                Albert Müller Verlag, 10. Auflage, Rüschlikon 1987
Tim/Ruperti M., *Hunde erziehen macht Spaß,* Albert Müller Verlag,
                2. Auflage, Rüschlikon 1986
Tortora D.,   *Schwieriger Hund - was tun?,* Albert Müller Verlag,
                Rüschlikon 1985
Woodhouse B.,   *Hunde-Erziehung leicht gemacht,* Albert Müller Verlag,
                3. Auflage, Rüschlikon 1988